Zu diesem Buch

Wer wirtschaftliche Zusammenhänge kritisch zu beurteilen versteht, läßt sich nicht durch Begriffe einschüchtern. Wer die Begriffe kennt, kann nicht mehr so leicht durch Parolen eingefangen werden. Das «Jugendlexikon Wirtschaft» erklärt daher nicht nur schwierige und umstrittene Begriffe, wie Inflation, Deflation oder Stagflation, die als Schreckgespenst durch die öffentliche Diskussion geistern. Es führt in verständlicher Sprache, unterstützt von graphischen Darstellungen, in Volks- und Betriebswirtschaftslehre ein. Die Vermittlung von Faktenwissen ordnet sich dabei dem Ziel unter, gesellschaftliche Bedingungen und Wirkungen wirtschaftlicher Aktivität einsehbar zu machen.

Horst Günter, geboren 1939 in Reichenberg (Tschechoslowakei), studierte Volkswirtschaft an der Universität Göttingen. 1970 Promotion, 1973 Professor für Volkswirtschaftslehre an der Technischen Universität Braunschweig. Horst Günter arbeitet auch in der Ausbildung von Wirtschaftspädagogen mit.

Das «Jugendlexikon Wirtschaft» erscheint in einer Reihe von Nachschlagewerken, die als Orientierungshilfen für Jugendliche in den Bereichen des öffentlichen Lebens und der persönlichen Entwicklung dienen sollen. Die Jugendlexika erläutern schwierige Begriffe, die in den Medien oder in Diskussionen häufig gebraucht werden. Sie klären darüber hinaus komplizierte Sachverhalte, die für Jugendliche mit dem Heranwachsen zunehmend an Bedeutung gewinnen.

Die Reihe umfaßt sechs Bände:
1. Jugendlexikon Politik (rororo handbuch 6183)
2. Jugendlexikon Wirtschaft (rororo handbuch 6189)
3. Jugendlexikon Gesellschaft (rororo handbuch 6195)
4. Jugendlexikon Recht (rororo handbuch 6201)
5. Jugendlexikon Psychologie (rororo handbuch 6198)
6. Jugendlexikon Erziehung (rororo handbuch 6202)

Horst Günter

Jugendlexikon Wirtschaft

Einfache Antworten
auf schwierige Fragen

rororo

Rowohlt

Redaktion Axel Schenck
Umschlagentwurf Werner Rebhuhn

1.– 20. Tausend August 1975
21.– 25. Tausend Dezember 1975
26.– 35. Tausend März 1976
36.– 48. Tausend November 1976
49.– 63. Tausend Mai 1977
64.– 75. Tausend April 1978
76.– 88. Tausend Januar 1979
89.–103. Tausend Dezember 1979
104.–118. Tausend Januar 1981
119.–130. Tausend Januar 1982

Erstausgabe
Veröffentlicht im Rowohlt Taschenbuch Verlag GmbH,
Reinbek bei Hamburg, August 1975

Satz Aldus (Linotron 505 C)
Gesamtherstellung Clausen & Bosse, Leck
Printed in Germany
680-ISBN 3 499 16189 3

Vorbemerkung zur ersten Auflage

Jugendliche, für die dieses Lexikon in erster Linie gedacht ist, werden in der Schule, im Beruf und im privaten Bereich mit wirtschaftlichen Begriffen, Fakten und Problemen konfrontiert, die ihnen in der Regel Verständnisschwierigkeiten bereiten. Das ist zum einen darauf zurückzuführen, daß sich die «Fachkundigen» – wer immer das auch sein mag – einer der Wirtschaft eigenen, dem Laien aber unverständlich gewordenen Fachsprache bedienen. Zum anderen sind die wirtschaftlichen Sachverhalte selbst komplizierter geworden, vor allem wenn sie auf ihre gesellschaftlichen Ursachen und Folgen hin durchleuchtet werden (siehe beispielsweise die Artikel «Wirtschaftswachstum» oder «Entwicklungsländer, Entwicklungshilfe»).

Diesen sprachlichen und inhaltlichen Schwierigkeiten versucht das «Jugendlexikon Wirtschaft» abzuhelfen. Natürlich kann es dabei kein Lehrbuch ersetzen; als Nachschlagewerk hat es eine andere Aufgabe zu erfüllen. Allerdings verfolgt es auch nicht den Zweck eines üblichen Lexikons, für möglichst viele Sachwörter möglichst kurze Definitionen zu liefern. Dort, wo es notwendig erscheint, werden einzelne Stichwörter (z. B. «Lohn-Preis-Spirale») in größerem Zusammenhang (z. B. «Inflation») systematisch dargestellt, wodurch sich die Länge der Artikel (bei verringerter Gesamtzahl) im Durchschnitt erhöht. Die unter einem Oberbegriff abgehandelten Stichwörter können mit Hilfe des dem Lexikon vorangestellten Hinweisverzeichnisses (Register) leicht gefunden werden.

Ein sachlicher Zusammenhang wird außerdem durch Verweise in den Artikeln hergestellt.

Zum besseren Verständnis wurde die abstrakte Sprache der Wirtschaftswissenschaften vereinfacht; die Abbildungen sollen helfen, Sachverhalte und Zusammenhänge anschaulich zu machen. Darüber hinaus sollen sie die in den Artikeln gegebenen Informationen ergänzen.

Zum Schluß möchte ich mich bei allen, die an der Fertigstellung des Lexikons mitgearbeitet haben, bedanken. Zu besonderem Dank bin ich Herrn Dipl.-Kaufmann, Dipl.-Handelslehrer Burkhard Schnelle verpflichtet, der mir bei der Überarbeitung der Artikel und Vorbereitung zur Drucklegung unermüdlich beigestanden hat. Außerdem danke ich den Herren Michael Beewen, Manfred Brink, Ulrich Jäger, Hans-Otto Kopf, Bernd Linsler, Wilhelm Dieter Piechot, Bernd Roski, Joachim Slotosch, Bernd-Armin Traue und Ernst F. Walz, die als Studierende des «Besonderen Studiengangs der graduierten Betriebswirte für das Höhere Handelslehramt» an der TU Braunschweig im Rahmen eines Seminars wesentliche Vorarbeiten geleistet haben. Nicht zuletzt gebührt Dank Frau Angelika Kaczmarek für das mühevolle Schreiben des Manuskripts und Herrn Dipl.-Ing. Ahmad Pakandam für seine wertvolle Hilfe bei zahlreichen Kleinarbeiten.

Braunschweig, 2. Mai 1975 Der Verfasser

Vorbemerkung zur dritten Auflage

Meinem Mitarbeiter, Herrn Dipl.-Kaufmann Peter Hömke, danke ich für die Hilfe bei der Überarbeitung der zweiten Auflage.

Zwei Hinweise für die Leser:

1. Am Anfang des Buches, Seite 7 bis S. 24 ist ein Register zu finden. In ihm sind alle Begriffe aufgeführt, die als Stichwort einen eigenen Artikel haben oder in einem Artikel erklärt werden.
2. In vielen Artikeln sind einige Wörter kursiv, das heißt schräg, gedruckt. Das bedeutet, sie sind als Stichwort mit eigenem Artikel im Lexikon erklärt. Auf Artikel, die einen systematischen Überblick bieten, wird mit einem Pfeil vor dem kursiv gedruckten Wort besonders hingewiesen.

Register

A

Abgaben Alle *Geld*leistungen (Gegensatz: Naturalleistungen, z. B. Wehrdienst), die der Staat (Bund, Länder, Gemeinden) seinen Bürgern auferlegt. Man unterscheidet zwischen Zwangsabgaben, die ohne eine bestimmte, unmittelbare Gegenleistung entrichtet werden müssen (↓*Steuern, Zoll*), sowie Gebühren und Beiträgen, für die eine bestimmte Gegenleistung erbracht wird.
Gebühren bezahlt man für die unmittelbare Inanspruchnahme einer *Dienstleistung* der öffentlichen Verwaltung, beispielsweise für bestimmte Amtshandlungen (z. B. Ausstellung eines Passes, Beurkundung) und für die Benutzung öffentlicher Einrichtungen (z. B. Badeanstalt).
Beiträge muß man für Vorhaben bezahlen, die im öffentlichen Interesse liegen; sie sind nicht wie die Gebühren an den unmittelbaren Empfang der öffentlichen Leistung geknüpft. Beispielsweise wird ein Urlauber in einem Badeort an der Küste als Beitrag eine Kurtaxe oder ein Hauseigentümer beim Bau einer Straße Anliegerbeiträge zu zahlen haben, gleichgültig ob von den Nutzungsmöglichkeiten, die der Grund der Beitragserhebung sind (gesäuberter Sandstrand, Straße), Gebrauch gemacht wird oder nicht.

Absatz Der Begriff Absatz wird unterschiedlich verwendet:
1. Absatz (oder Vertrieb) ist der letzte Abschnitt des betrieblichen Leistungsprozesses, der sich grob gliedern läßt in die Bereiche *Beschaffung, Produktion* und Absatz.
2. Absatz ist die Menge der in einem bestimmten Zeitraum verkauften Ware.
3. Absatz ist die Menge dieser Waren, multipliziert mit ihrem *Preis*. In diesem Sinn wird der Begriff Absatz weniger gebraucht und ist gleichbedeutend mit dem Begriff *Umsatz*. Beispiel: 2000 Stück abgesetzter Ware mit einem Verkaufspreis von 10 DM je Stück ergeben 20000 DM Umsatz.
Absatz im ersten (und üblichen) Sinn umfaßt die Vorbereitung, Anbahnung, Durchführung und Abwicklung von Verkäufen; im einzelnen dienen ihm vor allem die *Marktforschung, Absatzplanung* und *Absatzpolitik*.

Absatzmethode Die Absatzmethode gehört zur *Absatzpolitik*; sie bezeichnet die Art des Weges, den eine Ware vom *Produzent*en zum *Verbraucher* zurücklegt. Vom direkten (unmittelbaren) *Absatz* spricht man, wenn ein Produzent seine Waren ohne Einschaltung eines *Handelsbetriebe*s an die Verbraucher verkauft, wobei der Kontakt zwischen beiden beispielsweise von Reisenden

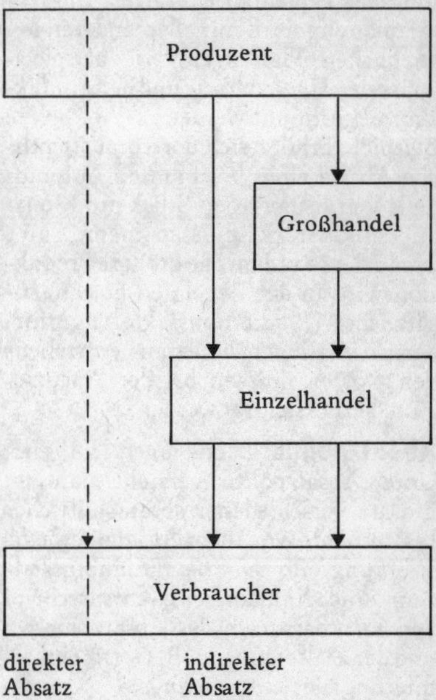

oder *Vertretern* hergestellt wird. Bei indirektem (mittelbarem) Absatz erfolgt der Verkauf einer Ware über Handelsbetriebe (*Großhandels*betriebe, *Einzelhandels*betriebe), wobei sogenannte Handelsketten (*Freiwillige Ketten*) entstehen können.
Der direkte Absatz kann zentralisiert oder dezentralisiert erfolgen. Letzteres liegt vor, wenn ein Produzent seine Erzeugnisse in eigenen Verkaufsniederlassungen an den einzelnen Absatzmärkten (↓*Markt*) an die Endverbraucher verkauft.

Absatzplanung (siehe auch *Absatz*) Die Absatzplanung dient der Absatzvorbereitung und bestimmt auf den Grundlagen der *Marktforschung* den möglichen *Umsatz* des *Unternehmens* für einen zukünftigen Zeitraum sowie die erforderlichen Maßnahmen der *Absatzpolitik* zur Erreichung und Sicherstellung des geplanten Umsatzes. Die Absatzplanung muß mit allen anderen betrieblichen Planungen, wie beispielsweise der *Finanzierung* und der *Produktion*, abgestimmt werden.
Beispiel: Erhöht sich der voraussichtliche Absatz eines bestimmten Automodells von bisher 1000 Stück pro Monat auf 1200 Stück, müssen mehr Autos produziert werden. Die größere Produktion wird in der Regel den Einsatz zusätzlicher *Produktionsfaktoren* erforderlich machen. Die daraus entstehenden *Kosten* müssen bei der Finanzierung berücksichtigt werden.

Absatzpolitik (siehe auch ↓*Absatz*) Unter Absatzpolitik versteht man den Einsatz verschiedener absatzpolitischer Instrumente, vor allem *Absatzmethode*, *Werbung*, *Preispolitik*, Produktgestaltung und *Kundendienst* entsprechend den Erfordernissen des Absatz*marktes* und der Zielsetzung (z. B. *Gewinn*maximierung) des *Unternehmens*.

Abschreibung Ein Teil der *Betriebs*ausstattung eines *Unternehmens*, wie Maschinen, Kraftfahrzeuge, Büromöbel, Büromaschinen usw., wird im Laufe der Zeit abgenutzt und somit im Wert gemindert. Eine zusätzliche Wertminderung tritt durch Veralten der Betriebsausstattung ein, da beispielsweise neue, häufig rationeller arbeitende Maschinen entwickelt werden (*Rationalisierung*), die den bisher eingesetzten überlegen sind. Diese ständigen Wertverluste stellen für das Unternehmen *Kosten* dar und werden deshalb in jährlichen «Raten» vom sog. Anlage*vermögen* (das zur dauernden Nutzung bestimmte Vermögen eines Unternehmens) abgezogen; man sagt: «Die Maschine wird abgeschrieben.»
Beispiel: Eine für 10 000 DM eingekaufte Maschine kann voraussichtlich etwa fünf Jahre im Betrieb eingesetzt werden. Durch die Wertminderung entstehen dem Unternehmen also durchschnittlich 2000 DM (= 10 000 DM : 5 Jahre) Kosten pro Jahr, die als Abschreibung erfaßt werden.
Die Kosten der Wertminderung werden im Rahmen der Kalkulation (*Kostenrechnung*) in den Verkaufs*preis* für die Produkte des Unternehmens eingerechnet. Auf diese Weise soll – bei unserem Beispiel – nach Ablauf von fünf Jahren ein Betrag von 10 000 DM zur Verfügung stehen, für den dann eine Ersatzmaschine angeschafft werden kann.

Abschwung Der Abschwung (Krise, von gr. krisis = Wendepunkt) ist ein zeitlicher Abschnitt der ↓*Konjunktur* mit rückläufiger *Produktion* und meist vorausgegangener *Stagnation*. Je nach der Schwere bezeichnet man ihn genauer auch als *Rezession* oder *Depression*. Tendenziell sinkt die *Nachfrage* unter das *Angebot* ab, weil die Unternehmer aus Angst vor weiterer Verschuldung weniger *Investitionsgüter* nachfragen und auch die privaten ↓*Haushalte* weniger konsumieren. Letzteres tritt zum Beispiel wegen der Furcht vor einer unsicheren Zukunft ein; in diesem Fall werden *Geld*mittel nicht sofort verausgabt, sondern zurückgelegt. Auch durch entstehende *Arbeitslosigkeit* sinkt mit den niedrigeren *Einkommen* die Nachfrage.

Agrarpolitik Mit Hilfe der Agrarpolitik soll den besonderen Problemen der Landwirtschaft Rechnung getragen werden. *Industrie*länder (z. B. die Bundesrepublik Deutschland) sind zwar nicht darauf angewiesen, ihren Nahrungsmittel*bedarf* überwiegend aus der eigenen landwirtschaftlichen *Produktion* zu decken, doch ist jede ↓*Volkswirtschaft* auch an eigener Nahrungsmittelproduktion interessiert, zum Beispiel um möglichen längerfristigen Versorgungsstörungen am Weltmarkt begegnen zu können. Dieses Interesse an einer leistungsfähigen Landwirtschaft dokumentiert sich in der Agrarpolitik. Da landwirtschaftliche Produkte von der Konkurrenz (*Wettbewerb*) auf dem Weltmarkt zu einem Großteil so billig angeboten werden, daß die Landwirte in der *Europäischen Wirtschaftsgemeinschaft (EWG)* zu diesen *Preis*en nicht einmal ihre Produktions*kosten* decken könnten, schirmt die EWG ihre Landwirtschaft gegen den Konkurrenzdruck der übrigen Welt durch sog. Abschöpfungen ab, indem sie den Einfuhren aus Nicht-EWG-Ländern («Drittländern») zuzüglich zum Weltmarktpreis einen so hohen Aufschlag auferlegt, daß der Einfuhrpreis der Gemeinschaft immer gleich hoch bleibt.
Diese Abschöpfungspolitik ist somit eine *Einkommen*spolitik zugunsten der Landwirtschaft in der EWG. Die Einkommenspolitik wird durch staatliche *Subventionen* aus *Steuer*mitteln (z. B. für den Kauf von Düngemitteln) und steuerliche Erleichterungen ergänzt. Aus den Abschöpfungsbeträgen, die in den sog. Europäischen Ausrichtungs- und Garantiefonds fließen, wird die *Ausfuhr* landwirtschaftlicher Produkte der EWG in Niedrigpreisländer unterstützt, indem man diese Beträge zum Ausgleich der Differenz zwischen Inlands- und Auslandspreis heranzieht. Weitere Mittel aus diesem Fonds werden unter anderem auch für Strukturverbesserungen in der Landwirtschaft der Gemeinschaft verwendet.
Im Rahmen der Verbesserungsmaßnahmen der Agrarstruktur wird die Anpassung der Landwirtschaft an veränderte Produktionsverhältnisse angestrebt, unter anderem durch Stillegung kleiner, nicht rentabler *Betrieb*e, um zu wettbewerbsfähigen Betriebsgrößen zu kommen.
Darüber hinaus versucht man, zersplitterte und auseinanderliegende landwirtschaftliche Flächen zusammenzulegen (Flurbereinigung), um eine rationellere Bewirtschaftung zu ermöglichen.
Eine nur reine Subventionspolitik bei gleichzeitiger Abschirmung des betreffenden *Wirtschaft*szweiges vor der Konkurrenz auf dem Weltmarkt ist problematisch. Kritiker sehen darin die Gefahr, daß der Landwirt bei fehlendem Konkurrenzdruck nicht zur Leistungssteigerung motiviert werde und dem Zwang zum Strukturwandel enthoben sei. Aus Fehlplanungen, die zum Beispiel in den letzten Jahren in der EWG zur Überproduktion und Vernichtung von Obst und Gemüse geführt haben, entstünden dem Landwirt auf Kosten der Steuerzahler, die höhere Steuern, sowie der *Verbrauch*er, die höhere Preise zu zahlen hätten, keine wirtschaftlichen Einbußen. Eine so verstandene Strukturpolitik würde sich letztlich als

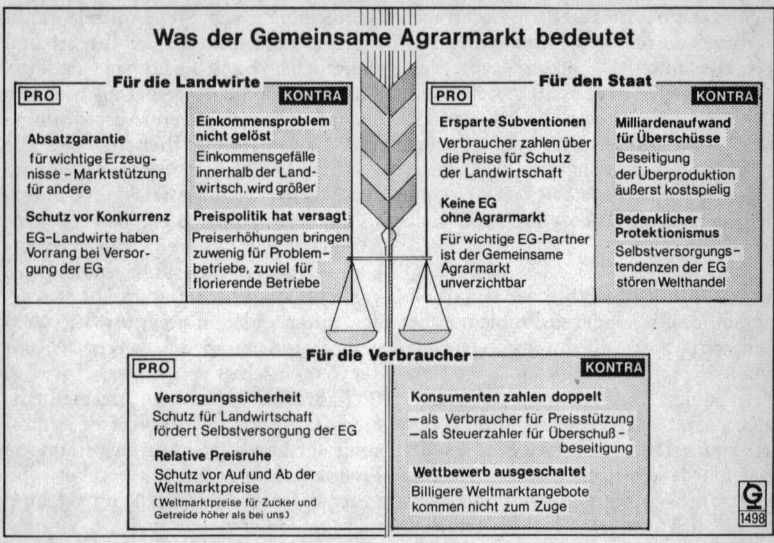

Was der Gemeinsame Agrarmarkt bedeutet
(Quelle: Globus-Kartendienst, Hamburg)

Einkommenspolitik und Agrar*protektionismus* herausstellen.
Ein neuer sehr wesentlicher Aspekt ist die Einbettung der landwirtschaftlichen Entwicklung in die *Raumordnung*spolitik.

Akkumulation (lat. accumulare = anhäufen, sammeln) Akkumulation ist in der kapitalistischen *Wirtschaft* (↓*Kapitalismus*) die fortschreitende Ansammlung von *Produktion*smitteln (↓*Kapital*). Da die Masse der Bevölkerung an diesem Produktionsvermögen kaum oder gar nicht beteiligt ist (↓Vermögen), versucht der Staat die Vermögensbildung in *Arbeitnehmer*hand zu fördern, um eine gleichmäßigere Beteiligung am Kapitalbesitz zu erreichen. Auch innerhalb der einzelnen Wirtschaftszweige ist die Akkumulation unterschiedlich. Am stärksten ist sie in der chemischen *Industrie* fortgeschritten. Der Kapitalstock (Summe aller Produktionsmittel einer *Volkswirtschaft* zu einem bestimmten Zeitpunkt) ist hier zwischen 1960 und 1970 um 91 % gestiegen (Durchschnitt der Zunahme aller Industriezweige : 83 %).
In der Akkumulation des Kapitals sieht der Marxismus die wesentliche Ursache für Wirtschaftskrisen im Kapitalismus (siehe auch ↓*Konjunktur*). Allerdings wird auch in der Deutschen Demokratischen Republik bewußt ein rascher Zuwachs der Akkumulation angestrebt, um über höhere *Investitionen* den *Verbrauch* in der Zukunft zu sichern.

Aktie ↓*Wertpapier* (Urkunde), durch das ein Anteil am Grundkapital einer ↓*Aktiengesellschaft (AG)* erworben

(Quelle: Betriebswirtschaftslehre der Unternehmung, Wuppertal o. J., 5. Auflage, nach S. 320, Verlag Europa-Lehrmittel)

wird. Die Anteilshöhe (Miteigentum) entspricht dem aufgedruckten *Nennwert*, in der Bundesrepublik Deutschland mindestens 50 DM je Aktie. Höhere Nennwerte müssen 100 DM oder ein Vielfaches davon betragen. Gehandelt, das heißt gekauft (nachgefragt) und verkauft (angeboten), werden Aktien meist an der ↓*Börse*. Der sich durch *Angebot* und *Nachfrage* bildende *Kurs*wert (*Preis*) der Aktie stimmt in der Regel nicht mit ihrem Nennwert überein, sondern kann darüber- oder darunterliegen. Für den *Aktionär* ergeben sich aus dem Aktienbesitz bestimmte Rechte (Ansprüche), insbesondere das *Stimmrecht* in der Hauptversammlung der Aktionäre, das Recht auf Beteiligung am ausgeschütteten, das heißt nicht von der AG zurückbehaltenen *Gewinn* (*Dividende*), sowie auf Beteiligung an *Liquidation*serlösen (Erlöse aus Auflösung bzw. Verkauf der AG) und das Recht auf Bezug sog. junger (neuausgegebener) Aktien (Bezugsrecht) bei *Kapitalerhöhung*.

Die Aktienurkunde besteht aus der eigentlichen Urkunde (Mantel) sowie dem Dividenden- und Erneuerungsschein (Bogen), nach dem die Dividendenauszahlung erfolgt.

Aktien treten vorwiegend als sog. Inhaberpapiere auf, das heißt, beim Verkauf werden die Rechte des Aktionärs durch

Übergabe der Aktie vom Verkäufer auf den Käufer übertragen (Inhaberaktie s. Abb.). Die selteneren Order- oder Namensaktien sind dagegen auf einen bestimmten Namen ausgestellt und nur durch einen Übergabevermerk (Indossament) übertragbar; außerdem muß die AG vom Verkauf unterrichtet werden (Namensaktie s. Abb.), um den Eigentumsvermerk in dem bei dieser Aktienform zu führenden Aktienbuch entsprechend ändern zu können. Ein Sonderfall sind die sog. vinkulierten Namensaktien, die nur mit Zustimmung der AG verkauft werden dürfen.

Neben der bisher behandelten Aktienform, den Stammaktien, zu denen auch die *Volksaktien* gehören, kann eine AG Vorzugsaktien ausgeben, die besondere Rechte einräumen, beispielsweise eine höhere Gewinnbeteiligung oder einen höheren Liquidationserlös.

Aktiengesellschaft (AG) Aktiengesellschaften gehören zu den *Unternehmen*, die ihr *Kapital*, Grund- oder Aktienkapital genannt, durch den Verkauf von Anteilscheinen (*Aktie*) aufbringen. Aktiengesellschaften gehören zur Gruppe der *Kapitalgesellschaften*. An ihrer Gründung müssen mindestens fünf Personen beteiligt sein, und der Nennwert ihres Grund- oder Aktienkapitals muß mindestens 100000 DM betragen. Die Gesellschafter (*Aktionäre*) der Aktiengesellschaft sind mit Einlagen an dem in Aktien zerlegten Grundkapital beteiligt ohne persönlich für die Verbindlichkeiten der Aktiengesellschaft zu haften. Die Leitung und Kontrolle einer Aktiengesellschaft wird von drei *Organen* wahrgenommen.

Das Unternehmen wird vom *Vorstand* (Geschäftsführung) geleitet, der aus einem oder mehreren Mitgliedern besteht und für längstens fünf Jahre vom Aufsichtsrat bestellt wird. Jedem Vorstandsmitglied untersteht ein bestimmter Unternehmensbereich, beispielsweise die Verwaltung, der Vertrieb, der Einkauf, die Forschung usw.

Wichtige unternehmenspolitische Ent-

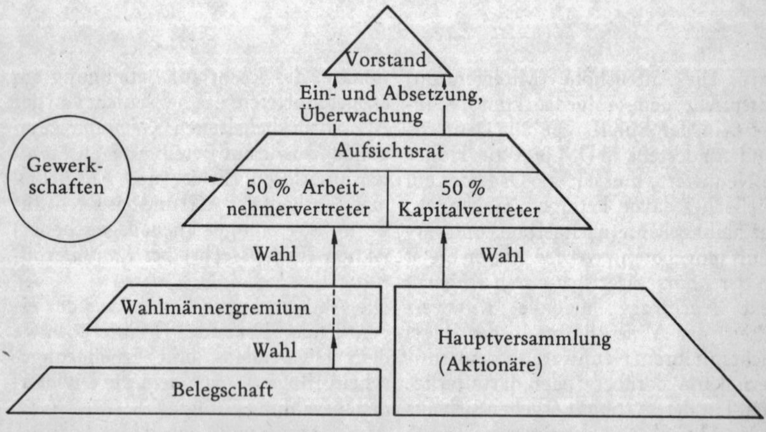

Geltungsbereich: Unternehmen (Kapitalgesellschaften) mit mindestens 200 Beschäftigten

scheidungen des Vorstands werden mit dem Aufsichtsrat abgestimmt, der aus wenigstens drei Mitgliedern besteht und sich in der Regel folgendermaßen zusammensetzt: Vertreter der Aktionäre (Eigentümer), gewählt von der Hauptversammlung, von der Belegschaft gewählte *Arbeitnehmer*vertreter (↓ *Mitbestimmung*). Seine Aufgaben liegen in der Überwachung der Geschäftsführung, der Prüfung des Jahresabschlusses und des Geschäftsberichts sowie – gemeinsam mit dem Vorstand in der Berichterstattung in der Hauptversammlung.

Die Hauptversammlung besteht aus den Aktionären der Aktiengesellschaft; sie wählt die Hälfte der Mitglieder des Aufsichtsrates bei Gesellschaften mit mehr als 2000 Arbeitnehmern (↓ *Mitbestimmung*) bzw. bei kleineren Gesellschaften 2/3 der Mitglieder des Aufsichtsrates, entlastet Vorstand und Aufsichtsrat und beschließt über die Verwendung des erwirtschafteten *Gewinns*. Dieser wird im allgemeinen nicht in voller Höhe als *Dividende* an die Aktionäre ausgezahlt, sondern dient auch zur Bildung von Rücklagen und für eventuell notwendige *Investitionen* (Kauf neuer Maschinen, Bau einer Montagehalle usw.). Bei Abstimmungen richtet sich das *Stimmrecht* nach der Höhe des vom Aktionär erworbenen *Nennwert*s des Grundkapitals. In der Hauptversammlung kann sich der Aktionär durch einen Bevollmächtigten (z. B. ein *Kreditinstitut*; Problem: Stimmrecht) vertreten lassen.

Die Zahl der Aktiengesellschaften ist in der BRD bei steigendem Grundkapital rückläufig: 1956 gab es 2600 Aktiengesellschaften mit 24,7 Mrd. DM Grundkapital, 1967 2351 Aktiengesellschaften mit 49,7 Mrd. DM Grundkapital. Ursache dieser Entwicklung ist die zunehmende ↓*Konzentration* (*Konzerne*, *Kartelle*).

Aktionär Inhaber von *Aktie*n einer *Aktiengesellschaft* und damit Miteigentümer bzw. Gesellschafter, allerdings in der Regel ohne aktive Mitarbeit im *Unternehmen*. Der Aktionär hat die Pflicht zur *Kapital*einlage gegenüber der Aktiengesellschaft; sein wichtigstes Recht ist das *Stimmrecht* in der Hauptversammlung. Er haftet nicht persönlich für die *Verbindlichkeiten* der Aktiengesellschaft, sondern nur in Höhe seiner Kapitaleinlage.

Man unterscheidet zwischen dem Kleinaktionär (Besitzer von einer oder wenigen Aktien) und dem Großaktionär, der im Besitz einer wesentlichen Beteiligung ist (Aktien im *Nennwert* von mindestens 25 % des Grundkapitals).

Direkten Einfluß auf die Unternehmenspolitik können Aktionäre nur über die Hauptversammlung der Aktiengesellschaft gewinnen, wobei ein Kleinaktionär mit seiner geringen Kapitaleinlage von vornherein dem Großaktionär bzw. den Großaktionären unterlegen ist. Großaktionäre sind also auf Grund ihres beherrschenden Einflusses auf das Unternehmen in der Lage, die wichtigsten Entscheidungen der Hauptversammlung, wie zum Beispiel die Wahl des Aufsichtsrates oder die Beschlußfassung über die *Gewinn*verwendung (*Dividende*nausschüttung, Bildung von Rücklagen, *Investition*en), zu ihren Gunsten zu beeinflussen. Dies kann nur durch eine breite Streuung des Aktienbesitzes verhindert werden, wie es bei der Ausgabe der *Volksaktien* versucht wurde.

Allgemeines Zoll- und Handelsabkommen (Gatt; engl. Abkürzung für: General Agreement on Tariffs and Trade.) Am 1. 1. 1948 in Kraft getretenes Abkommen, dem 82 Staaten, einschließlich der Bundesrepublik Deutschland, als Vollmitglieder ange-

hören.
Das Ziel des GATT besteht in einem freien Warenhandel (*Freihandel*) zwischen den Mitgliedsländern (Abbau von Handelshemmnissen). Die von 1964 bis 1967 dauernden Verhandlungen (nach ihrem Initiator «Kennedy-Runde» genannt) führten zu dem Ergebnis, daß die Zölle (*Zoll*) für Industrie*güter* um durchschnittlich 35 % gesenkt werden konnten.
In einer neuen Verhandlungsrunde, die am 11. 2. 1975 in Genf begann, sollen außer Zöllen auch andere Handelsbeschränkungen abgebaut werden. Zu diesen NTB's (non-tariff-barries) gehören zum Beispiel Ein- und *Ausfuhr*beschränkungen oder -stopps, Benachteiligung (Diskriminierung) von ausländischen Erzeugnissen gegenüber inländischen beim Einkauf durch staatliche Unternehmen oder *Konzerne*, Groß*subventionen*, das heißt staatliche Vergünstigungen von Exportartikeln und anderes. Außerdem strebt man die Einbeziehung von Agrarerzeugnissen in den Zollabbau und bessere Regelungen für *Entwicklungsländer* an.

Angebot Das Angebot ist die Menge an ↓*Gütern*, die von den *Produzenten* (*Unternehmen*) zum Verkauf auf den ↓*Markt* gebracht wird. In einer ↓*Marktwirtschaft* läßt sich der Unternehmer bei seinem Angebot vom erwarteten *Gewinn* leiten. Wenn steigende *Preise* einen wachsenden Gewinn versprechen, wird er mehr Güter produzieren und anbieten. Oder umgekehrt: Bei sinkenden Preisen geht das Angebot zurück. Im folgenden Zahlenbeispiel wird bei einem Preis von nur einer DM je kg eines Gutes nichts angeboten.
Beispiel: Angebot von Erdbeeren auf einem Wochenmarkt

Preis – DM je kg –	Angebot – in kg –
1	0
2	5
3	10
4	15
5	20

Diese Beziehungen zwischen Angebotsmenge und Preishöhe (= sog. Angebotsfunktion) veranschaulicht in der folgenden Abbildung die von links unten nach rechts oben ansteigende Kurve (= Angebotskurve):

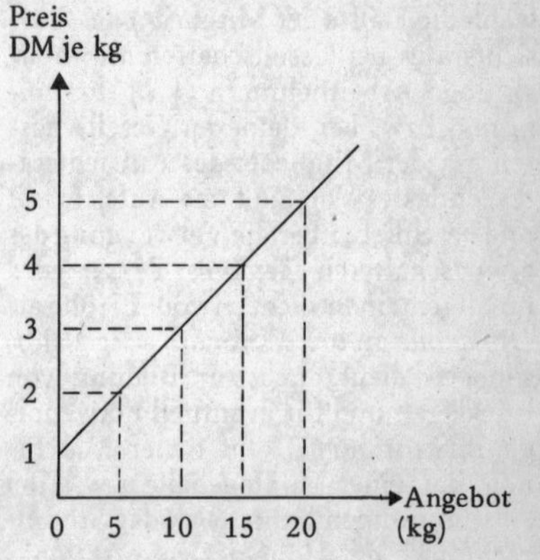

Die Höhe des tatsächlich vom Anbieter erzielten Preises bestimmt sich am Markt; sie ist mit abhängig von der *Nachfrage* der Haushalte.
Ein ähnlicher Zusammenhang besteht auch zwischen dem Angebot an ↓*Produktionsfaktoren* (*Arbeit*, *Boden*, *Kapital*) und deren Preisen (*Lohn*, Grundrente, *Zins*). Mit steigendem Lohn (z. B. je Arbeitsstunde) wird der Wunsch zunehmen, mehr zu arbeiten (z. B. Überstunden). Das gilt in der Regel aber nur bis zu einer bestimmten *Einkommens*-

höhe, jenseits der das Angebot an Arbeitsleistungen zugunsten von mehr Freizeit wieder abnimmt. Bei 8 DM je Arbeitsstunde (Preis des Faktors Arbeit) steigt im Beispiel die Menge angebotener Arbeit (z. B. Arbeitsstunden je Beschäftigter) nicht mehr. Steigt der Lohn sogar auf 9 DM/Arbeitsstunde, so nimmt der Arbeitseinsatz ab. Bei einem Lohnsatz von 12 DM würde der Beschäftigte täglich nur noch 7 Stunden arbeiten wollen.

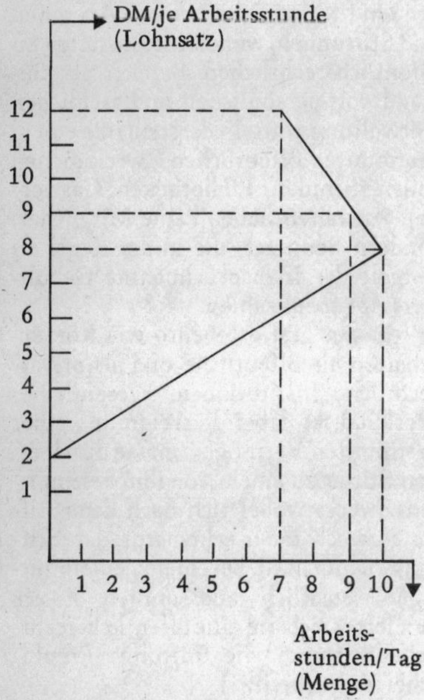

Angestellter Angestellte sind ↓*Arbeitnehmer*, die lange Zeit gegenüber den *Arbeitern* eine bevorzugte Stellung eingenommen haben (USA: «Weiße-Kragen-Arbeiter»). In arbeitsrechtlicher Hinsicht bestehen kaum noch Unterschiede zu den Arbeitern. Die Unterscheidung hat im allgemeinen nur noch für die Wahl und Zusammensetzung des *Betriebsrat*es Bedeutung sowie für den Abschluß von *Tarifverträgen*, für die *Sozialversicherung* und für Kündigungsfristen (*Kündigung*, *Arbeitsschutz*). Der Begriff «leitender Angestellter» ist umstritten; im allgemeinen kann man darunter solche Angestellten verstehen, die *arbeitgeber*ähnliche Aufgaben erfüllen (siehe z. B. *Prokura*).

Anleihe ↓*Wertpapier* (Urkunde), durch das sich langfristig entweder der Staat (Bund, Länder, Gemeinden oder andere Einrichtungen des öffentlichen Rechts, wie Bundesbahn und Bundespost) oder die Industrie bei privaten Anlegern (*Gläubiger*) verschuldet, um einen bestimmten *Bedarf* an *Geld* (z. B. für *Investitionen*) zu decken. Man spricht daher auch von Schuldverschreibungen.

Anleihen werden meist an der ↓*Börse* zu einem *Kurs* gehandelt, der über oder unter dem aufgedruckten *Nennwert* (in der Bundesrepublik Deutschland mindestens 100 DM) liegen kann. Die Laufzeit der Anleihen beträgt in der Regel 10 bis 30 Jahre. In dieser Zeit erfolgt die Rückzahlung an die Gläubiger nach einem festgelegten Tilgungsplan (*Tilgung*).

Der *Gläubiger* erhält einen festen *Zinssatz* pro Jahr. Da die Höhe des Zinses aber immer vom *Nennwert* (Nominalzins) gezahlt wird, ist sie meist nicht gleich dem tatsächlichen Ertrag des Wertpapiers (Effektivzins).

Beispiel: Ein Gläubiger kauft über sein *Kreditinstitut* an der Börse eine Staatsanleihe über 100 DM Nennwert zu einem Kurs von 98 % (= 98 DM). Der jährliche Nominalzins beträgt 8 %, die Rückzahlung erfolgt in 10 Jahren zum Nennwert. Der Effektivzins (E) wird nach folgender Formel errechnet:

$$E = \frac{\text{Nominalzins} \times \text{Nennwert}}{\text{Kaufpreis}} + \frac{\text{Rückzahlung} - \text{Kaufpreis}}{\text{Laufzeit}}$$

$$E = \frac{8 \times 100}{98} + \frac{2}{10} \qquad E = 8{,}36\,\%$$

Anleihen werden auch als Gläubigerpapiere bezeichnet, das heißt, ihre Käufer sind Gläubiger und nicht wie beim Aktienerwerb Teilhaber; sie haben demzufolge auch keine Teilhaberrechte, wie sie die *Aktie* gewährt.
Eine besondere Anleiheform stellte die 1973 von der Bundesregierung zur Stabilisierung der *Wirtschaft* aufgelegte Stabilitätsanleihe dar. Das aus dem Geldumlauf gezogene Kapital wurde stillgelegt und wirkte dadurch *liquiditäts*mindernd (*Geldvolumen, Inflation*).

Anstalt, Körperschaft, Stiftung Körperschaften sind Gebilde, die als sog. «juristische Personen» (wie Menschen als «natürliche Personen») Träger von Rechten und Pflichten (rechtsfähig) sind; das heißt, sie können im eigenen Namen Verträge (*Vertrag*) abschließen, klagen, verklagt werden usw. Körperschaften handeln durch *Organe* (z. B. *Vorstand*), die aus natürlichen (im Gegensatz zu juristischen) Personen zusammengesetzt sind. Zu den Körperschaften des Privatrechts zählen zum Beispiel die *Kapitalgesellschaften*.
Die Körperschaft des öffentlichen Rechts ist eine rechtsfähige Verwaltungseinheit mit *verbands*mäßiger Rechtsgestalt. Es müssen Mitglieder vorhanden sein, die die Körperschaft tragen und die Aufgaben bestimmen. Es gibt Gebietskörperschaften (z. B. Länder, Gemeinden, Landkreise) und Personalkörperschaften (z. B. *Industrie- und Handelskammer*).
Im Unterschied zur Körperschaft des Privatrechts werden solche des öffentlichen Rechts durch einen staatlichen Hoheitsakt (neues Gesetz oder durch eine Ermächtigung auf Grund eines bestehenden Gesetzes) errichtet. Abzugrenzen sind Körperschaften von Anstalten und Stiftungen, wobei sich Anstalten im öffentlich-rechtlichen Bereich als Bestand von persönlichen und sachlichen Verwaltungsmitteln darstellt, die einem bestimmten öffentlichen Zweck dienen sollen (Schulen, Bibliotheken, Gaswerke). Anstalten haben keine Mitglieder, sondern Benutzer, die in der Regel als Entgelt der Inanspruchnahme Gebühren (*Abgaben*) zahlen.
Stiftungen gibt es ebenso wie Körperschaften als öffentliche und als privatrechtliche Institutionen. Wesentliches Merkmal ist dabei die Widmung einer bestimmten Vermögensmasse durch einen Stifter zu einem von ihm bestimmten Zweck, wobei sich nach dem Stiftungszweck die Rechtsnatur der Stiftung richtet (z. B. bei einem gemeinnützigen, staatlich anerkannten Zweck handelt es sich um eine öffentlich-rechtliche Stiftung, wie Stiftung «Preußischer Kulturbesitz»).
Stiftungen entstehen wie Körperschaften durch einen staatlichen Hoheitsakt.

antizyklische Finanzpolitik Die Finanzpolitik als Teilbereich der ↓*Wirtschaftspolitik* beschränkt sich nicht wie früher darauf, die für die staatlichen Ausgaben notwendigen Einnahmen (u. a. *Steuern*) zu verschaffen (↓*Staats-*

haushaltsplan), sondern sie nimmt heute aktiv Einfluß auf den Ablauf des *Wirtschafts*geschehens (auf *Produktion* und *Konsum*). Auf diese Weise kann der Staat die ↓*Konjunktur* einer *Volkswirtschaft* beeinflussen, um gemeinsam mit anderen Instrumenten der Konjunktursteuerung (z. B. durch *Geldpolitik, Wechselkurse*) konjunkturpolitische Hauptziele (*magisches Viereck*) zu erreichen.
Das «Gesetz zur Förderung der Stabilität und des Wachstums» (sog. Stabilitätsgesetz) versetzt den Staat (Bund und Länder) in die Lage, dem Konjunkturverlauf entgegenzusteuern. Eine solche Politik mit Hilfe der Ausgaben und Einnahmen des Staates nennt man antizyklische Finanzpolitik. Herrscht ein wirtschaftlicher *Abschwung* (*Rezession*), so wird man versuchen, die Konjunktur anzuregen, zum Beispiel durch zusätzliche Staatsaufträge, die eventuell durch *Kredite* bei der *Bundesbank* finanziert werden (sog. deficit-spending). Der Staat kann aber auch – ersatzweise oder zusätzlich – die Steuern senken. Wird beispielsweise die Einkommensteuer gesenkt, haben die Haushalte mehr *Einkommen* zur Verfügung; entsteht daraus eine erhöhte *Nachfrage*, werden die *Unternehmen* unter Umständen ihre Produktion ausdehnen, so daß es zu einem neuen *Aufschwung* der Wirtschaft kommen kann.
Ist dagegen bei «überhitzter» Konjunktur die *Preisniveaustabilität* gefährdet, wird der Staat mit seinem finanzpolitischem Instrumentarium eher konjunkturdämpfend eingreifen. In diesem Fall sieht das Stabilitätsgesetz unter anderem folgende Möglichkeiten vor: Es können geplante öffentliche Ausgaben zeitlich verschoben und die nicht verausgabten Mittel als Rücklagen bei der Bundesbank gehalten werden (sog. Konjunkturausgleichsrücklage). Ferner können die Steuern erhöht werden. So wurde 1970 erstmals ein sog. Konjunkturzuschlag von 10 % auf die Lohn-, Einkommen- und Körperschaftsteuer erhoben. Durch solche Maßnahmen wird die *Kaufkraft* abgeschöpft. Die zusätzlichen Einnahmen werden bei der Bundesbank stillgelegt.
In der Praxis wird eine solche Konjunktursteuerung aus einer Reihe von Gründen erschwert. So sind zum Beispiel bei *Inflation* die Ausgaben schon deshalb nicht in beliebigem Umfang zu senken, weil diese Ausgaben (u. a. *Beamten*gehälter) gesetzlich für viele Jahre festgelegt sind.
Auch Steueränderungen können nicht sofort vorgenommen werden, da sie der Zustimmung der Gesetzgebungsorgane (Bundestag, Bundesrat) bedürfen. Hierdurch können solche Maßnahmen konjunkturpolitisch zu spät kommen.

Arbeit ist neben dem *Boden* (z. B. als Standort für einen *Betrieb*) und *Kapital* (z. B. Maschinen) ein zur Erzeugung oder Verteilung von *Gütern* oder *Dienstleistungen* erforderlicher ↓*Produktionsfaktor*. Da es sich bei der Arbeit aber nicht um Ware, sondern um Dienste des Menschen handelt, spielen nicht nur technische, sondern auch soziale Beziehungen eine Rolle. Dies ändert jedoch nichts daran, daß in einer ↓*Marktwirtschaft* auf dem Arbeits*markt* Arbeit angeboten und nachgefragt wird, und zwar gegen ein Entgelt, den *Lohn*.
Der technische Fortschritt hat die Arbeit in vielen Bereichen von der Leistung körperlicher Arbeit entlastet oder vollständig ersetzt (*Automation*). Die Arbeit wird immer mehr in die Funktionen der Bedienung und Überwachung der Maschinen verdrängt. Dadurch entsteht das soziale Problem einer zweischichtigen Gesellschaft: Diejenigen Arbeitskräfte, die willens und auf Grund ihrer

Ausbildung fähig sind, sich dem technischen Wandel anzupassen, haben berufliche Aufstiegsmöglichkeiten in leitende Positionen (dispositive Arbeit). Jene, denen es an angepaßten Kenntnissen fehlt, haben dagegen im allgemeinen lediglich Hilfsdienste zu leisten (z. B. ausländische Arbeitnehmer) oder werden auf Gelegenheitsarbeit verwiesen; ihre Arbeitsplätze geraten bei Entlassungen auch am ehesten in Gefahr (s. auch *Arbeitnehmer, -verbände, Arbeitsschutz, Arbeitgeber, -verbände*).

Arbeiter sind *Arbeitnehmer* mit vorwiegend körperlicher *Arbeit*, die weder *Auszubildende* noch *Angestellte* oder *Beamte* sind. Für den Verdienst der Arbeiter (*Lohn*) ist vor allem die Unterscheidung zwischen gelernten und ungelernten Arbeitern (Hilfsarbeiter) wichtig. Gelernte Arbeiter sind meistens sog. Facharbeiter, das heißt Arbeiter, die eine abgeschlossene Lehre in einem anerkannten Lehrberuf vorweisen können.

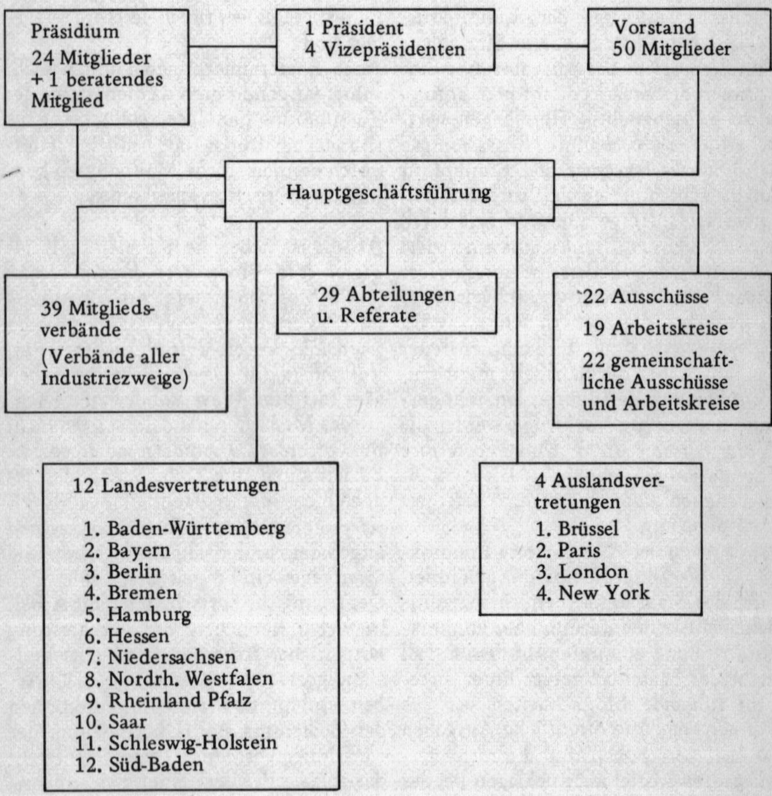

Bundesverband der Deutschen Industrie

Arbeitgeber Der Arbeitgeber (meistens = Unternehmer) ist eine natürliche oder juristische Person, zum Beispiel eine *Anstalt, Stiftung, Körperschaft,* die mindestens einen *Arbeitnehmer* beschäftigt. Aus diesem Beschäftigungsverhältnis ergeben sich Pflichten und Rechte. Neben der Fürsorgepflicht und der Pflicht, für seine Beschäftigten Zeugnisse auszustellen, ist der Arbeitgeber insbesondere zur *Lohn-* bzw. zur Gehaltszahlung und zur Leistung seines Anteils an der *Sozialversicherung* der Arbeitnehmer verpflichtet; er hat das Recht, seinen abhängig Beschäftigten Weisungen zu erteilen und ihnen im Rahmen der gesetzlichen Möglichkeiten (Kündigungsschutzgesetz) zu kündigen (*Kündigung, Arbeitsschutz*).

Arbeitgeberverbände sind Zusammenschlüsse (↓*Verband*) der *Arbeitgeber* zur Wahrung ihrer Interessen gegenüber den *Arbeitnehmern* (*Tarifvertrag, Arbeitnehmerverbände*) und gegenüber dem Staat, aber auch zur Pflege

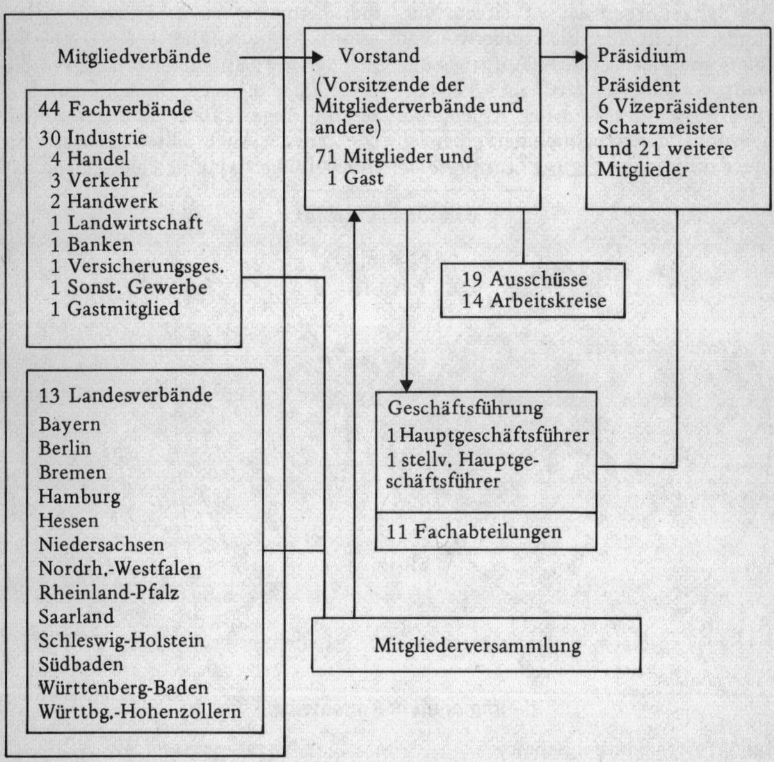

Bundesvereinigung der Deutschen Arbeitgeberverbände

gemeinsamer *Berufs*aufgaben. Ein Arbeitgeberverband mit überwiegend beruflich-fachlichen Aufgaben ist der Bundesverband der Deutschen Industrie (BDI), in dem die Verbände aller *Industrie*zweige der Bundesrepublik Deutschland zusammengeschlossen sind. Die insgesamt 39 Mitgliedsverbände vertreten etwa 94 000 Unternehmen.

Alle Arbeitgeberverbände der BRD sind in der Bundesvereinigung der Deutschen Arbeitgeberverbände (BDA), die ihren Sitz in Köln hat, zusammengefaßt.

Als Spitzen*organ* der Arbeitgeberverbände erfüllt die BDA überwiegend *lohn-* und sozialrechliche Aufgaben und wahrt vor allem die tarifpolitischen (Tarifvertrag) Interessen der Arbeitgeber gegenüber den Arbeitnehmerverbänden und der Bundesregierung (*Tarifautonomie, Konzertierte Aktion*). Allerdings schließt die BDA selbst keine Tarifverträge ab.

Arbeitnehmer sind Personen, die für den *Arbeitgeber* abhängige *Arbeit*en verrichten. Abhängigkeit bedeutet, daß die Art, Zeit, Dauer und der Ort der Arbeit von den Weisungen des Arbeitgebers bestimmt werden. In der Regel besteht auch eine wirtschaftliche Abhängigkeit vom Arbeitgeber, weil das Arbeitsentgelt (*Lohn*, Gehalt) für den Arbeitnehmer und seine Familie lebensnotwendig ist; daher ist der Arbeitnehmer besonders zu schützen (*Arbeitsschutz, Kündigung*).

Zu den Arbeitnehmern gehören die *Auszubildenden* (Lehrlinge), die *Arbeiter*, die *Angestellten* und die *Beamten.* Die Zahl der Angestellten und Beamten in der Bundesrepublik Deutschland hat

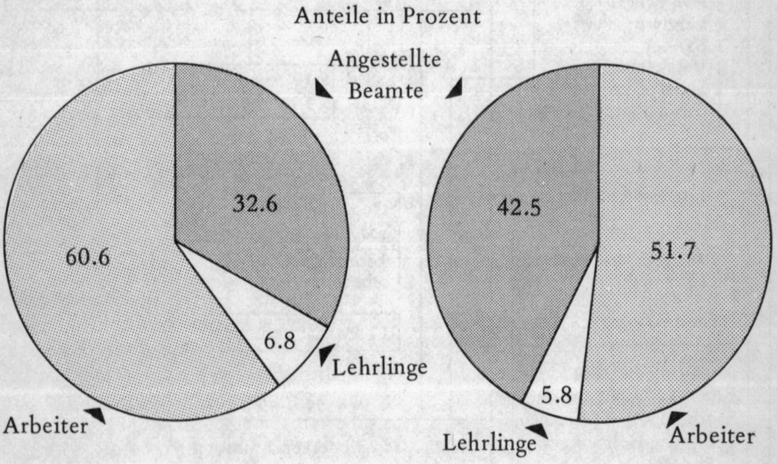

[1]) 1. Halbjahr

Immer mehr Angestellte

1960: 19,4 Mill. Arbeitnehmer **1974[1]: 22,2 Mill. Arbeitnehmer**

(Quelle: *Frankfurter Allgemeine Zeitung* vom 22. 11. 1974)

gegenüber den Arbeitern und Auszubildenden seit 1960 stark zugenommen (siehe Schaubild).
Unter den ungelernten Arbeitern überwiegt der Anteil der ausländischen Arbeitnehmer («Gastarbeiter») aus südeuropäischen Ländern (Türkei, Spanien, Jugoslawien, Griechenland), die vor allem für schmutzige, gefährliche, körperlich anstrengende Tätigkeiten eingesetzt werden und meistens unter schlechten sozialen Bedingungen leben. 1973 waren ungefähr 10 % der abhängigen Beschäftigten in der Bundesrepublik Deutschland ausländische Arbeitnehmer. Alle ausländischen Arbeitnehmer benötigen eine Aufenthaltsgenehmigung. Kommen sie aus Ländern außerhalb der *Europäischen Gemeinschaft (EG)*, so ist eine häufig an bestimmte *Unternehmen* gebundene Arbeitserlaubnis zusätzlich notwendig. Durch die Anwerbung von ausländischen Arbeitnehmern können die Arbeits*markt*verhältnisse (*Arbeitsmarkt, Markt*) in einer voll- oder überbeschäftigten *Wirtschaft* (*Konjunktur*) entspannt werden. Allerdings sollte bei ungünstiger Wirtschaftslage (*Abschwung*) arbeitslosen ausländischen Arbeitnehmern die gleiche *soziale Sicherheit* gewährt werden wie den einheimischen Arbeitnehmern. Der Anteil der ausländischen Arbeitnehmer an der Gesamtzahl der Arbeitnehmer in der BRD schwankt entsprechend der jeweiligen Konjunkturlage. So verringerte sich die Zahl der ausländischen Arbeitnehmer 1967/68 und 1974 infolge der nachlassenden Konjunktur erheblich (siehe Schaubild).

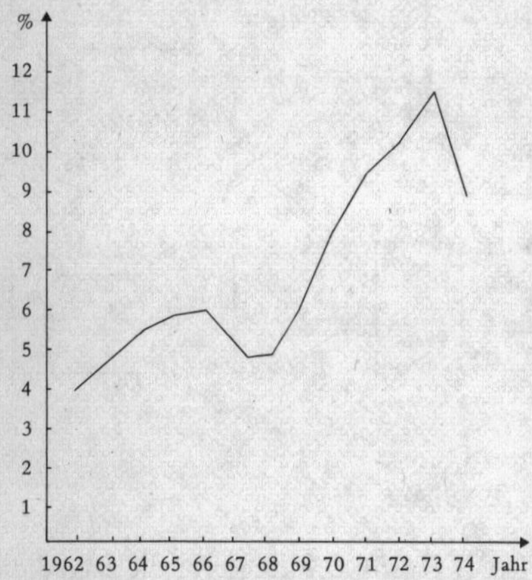

Entwicklung des Anteils der ausländischen Arbeitnehmer an den unselbständigen Erwerbspersonen in der Bundesrepublik Deutschland

(Zahlen nach: *Statistisches Jahrbuch für die Bundesrepublik Deutschland 1974*, hg. vom Statistischen Bundesamt)

Arbeitnehmerverbände (Gewerkschaften) Zusammenschlüsse (*Verband*) von *Arbeitnehmern* zur Vertretung ihrer Interessen gegenüber den *Arbeitgebern* und dem Staat. Das Recht zur Bildung von Arbeitnehmerverbänden ist im Grundgesetz verankert (sog. Koalitionsfreiheit); die Mitgliedschaft ist freiwillig.
Die Arbeitnehmerverbände verhandeln im Namen ihrer Mitglieder (*Tarifautonomie*) in erster Linie über Löhne bzw. Gehälter (*Lohn*) sowie die Verbesserung der Arbeitsbedingungen und schließen die *Tarifverträge* ab. Ferner setzen sie sich für die Pflege ihrer gemeinsamen *Beruf*saufgaben ein, unterstützen ihre Mitglieder bei Rechtsstreitigkeiten mit den Arbeitgebern, üben ein Mitbestimmungsrecht (*Mitbestimmung*) in den *Betrieben* aus und sorgen für berufliche Fortbildung und Umschulung.
Die Spitzenverbände der Arbeitnehmer sind in der Bundesrepublik Deutschland der Deutsche Gewerkschaftsbund

	Stichtag	1971	1972	1973	Tendenz
DGB	31. 12.	6868662	6985548	7167523	steigend
DAG	30. 9.	469932	468880	463370	rückläufig
DHV	30. 9.	60341	60116	60312	gleichbleibend
DBB	30. 9.	706605	713208	718047	steigend

Mitgliederzahlen ausgewählter Arbeitnehmerverbände

(Quelle: *Statistisches Jahrbuch der Bundesrepublik Deutschland für 1974*, S. 157)

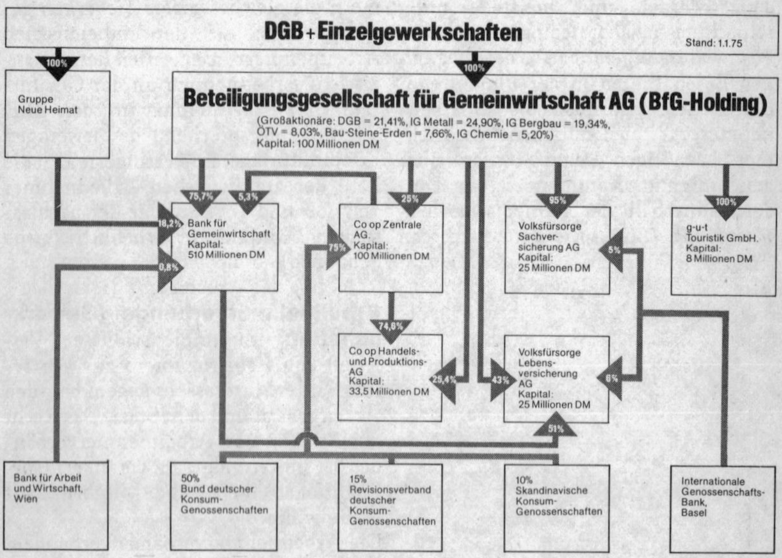

Arbeitnehmerverbände

(Quelle: *Wirtschaftswoche* Nr. 51 vom 13. 12. 1974)

(DGB) und die Deutsche Angestelltengewerkschaft (DAG), die nur die Betriebsgruppen der *Angestellten* umfaßt. Daneben gibt es den Deutschen Handels- und Industrieangestelltenverband (DHV), den Deutschen Beamtenbund (DBB), den Verband der weiblichen Angestellten (VWA), die Gewerkschaft der Polizeibeamten (GdP) und die Christliche Gewerkschaftsbewegung Deutschlands (CGB). Die obige Tabelle zeigt die Mitgliederzahlen ausgewählter Arbeitnehmerverbände.

Der Deutsche Gewerkschaftsbund (DGB) ist eine Vereinigung von 16 selbständigen Einzelgewerkschaften wie zum Beispiel die IG (Industrie-Gewerkschaft) Metall und die IG Druck und Papier.

Der DGB ist unabhängig und vertritt die

gemeinsamen Interessen der Gewerkschaftsmitglieder insbesondere in den Bereichen der Wirtschafts- und Sozialpolitik sowie auf kulturpolitischem Gebiet. Das Schaubild S. 40 verdeutlicht die Arbeitgebertätigkeiten des DGB: Der DGB bzw. die Einzelgewerkschaften sind bis zu 100 % an bestimmten *Unternehmen* beteiligt.

arbeitsintensiv Die *Produktion* eines *Betriebes* wird als arbeitsintensiv bezeichnet, wenn die menschliche *Arbeit* (ausgedrückt durch die Anzahl der Beschäftigten) im Vergleich mit den anderen *Produktionsfaktoren* (vgl. auch *Kapital*) überwiegt. Das gilt in besonderem Maß beispielsweise in der Landwirtschaft, im *Handwerk* und *Handel* und in *Unternehmen* mit *Einzelfertigung*. Ein Betrieb ist lohnintensiv, wenn die *Lohnkosten* im Verhältnis zu den übrigen *Kosten* besonders hoch sind, unabhängig von der Anzahl der Beschäftigten.
Das Gegenteil sind anlage- oder kapitalintensive Unternehmen, bei denen der Produktionsfaktor *Kapital* (z. B. Maschinen) überwiegt (zur *volkswirtschaft*lichen Bedeutung arbeitsintensiver Betriebe siehe auch: *Arbeitslosigkeit*).

Arbeitslosengeld; Arbeitslosenhilfe Die Zahlung von *Arbeit*slosengeld ist die wichtigste Leistung der Arbeitslosenversicherung (*Sozialversicherung*). Anspruch darauf hat jeder Versicherte, der a) unfreiwillig arbeitslos, aber arbeitsfähig und arbeitswillig ist, b) die Anwartschaft erfüllt hat, indem er während der letzten zwei Jahre vor der Arbeitslosenmeldung mindestens 26 Wochen versicherungspflichtig beschäftigt war und c) sich beim Arbeitsamt arbeitslos gemeldet und das Arbeitslosengeld beantragt hat. Das Arbeitslosengeld wird bis zu einem Jahr gewährt, wobei die Dauer von der Zeit der versicherungspflichtigen Beschäftigung abhängig ist. Die Höhe des Arbeitslosengelds richtet sich nach dem Familienstand und dem Durchschnittsverdienst der letzten drei Monate. Hat der versicherte *Arbeitnehmer* sein Beschäftigungsverhältnis von sich aus gekündigt, kann aber keine neue Arbeit finden, bekommt er das Arbeitslosengeld erst nach einer sog. Wartezeit von einem Monat.
Sollte der Arbeitslose bis zum Ende der Zahlung von Arbeitslosengeld keine Arbeit gefunden haben, erhält er anschließend Arbeitslosenhilfe, die ohne zeitliche Begrenzung gewährt wird und niedriger als das Arbeitslosengeld ist.

Arbeitslosenquote Unter *Arbeit*slosenquote versteht man das prozentuale Verhältnis der Arbeitslosen (*Arbeitslosigkeit*) zu den unselbständig Beschäftigten (alle *Angestellten*, *Arbeiter*, *Beamte* und *Auszubildende*). Die Arbeitslosenquote betrug beispielsweise im Jahr 1973 durchschnittlich 1,2 %. Sie stieg auf 2,6 % im Durchschnitt des Jahres 1974 an; das entsprach durchschnittlich 582 500 Arbeitslosen bei rund 22,4 Millionen unselbständig Beschäftigten:

$$\text{Arbeitslosenquote} = \frac{\text{Arbeitslosenzahl}}{\text{unselbständig Beschäftigte}}$$

$$= \frac{582\,500}{22\,403\,850} \times 100 = 2{,}6\,\%$$

Arbeitslosigkeit liegt vor, wenn *Arbeitnehmer*, obwohl arbeitsfähig und arbeitswillig, in keinem Beschäftigungsverhältnis stehen und als arbeitssuchend beim Arbeitsamt gemeldet sind. Arbeitslosigkeit ist Voraussetzung für die Leistung der Arbeitslosenversicherung (*Sozialversicherung*), nämlich das *Arbeitslosengeld* und die Arbeitslosenhilfe.

*Volkswirtschaft*lich stellt Arbeitslosigkeit die Gefährdung eines der gesamtwirtschaftlichen Hauptziele des «*magischen Vierecks*» (hoher Beschäftigungsgrad) dar. Die Maßnahmen zur Bekämpfung der Arbeitslosigkeit sind von der Art der Arbeitslosigkeit abhängig:

Saisonale Arbeitslosigkeit ist nur jahreszeitlich bedingt und auf Arbeitskräfte bestimmter *Wirtschaft*szweige (z. B. Land- und Forstwirtschaft, Bauwirtschaft, Konserven- und Zuckerindustrie) beschränkt; im allgemeinen reichen Übergangshilfen, wie das Arbeitslosengeld, aus.

Strukturelle Arbeitslosigkeit entsteht durch erhebliche dauerhafte Veränderungen der *Nachfrage*, weil für bestimmte ↓ *Güter* der *Bedarf* sinkt (z. B. Automobilindustrie).

Die konjunkturelle Arbeitslosigkeit ergibt sich aus den Schwankungen der wirtschaftlichen *Konjunktur* und tritt in den Phasen der *Rezession* oder gar *Depression* auf. Ihr wird mit den Instrumenten der *Konjunkturpolitik* begegnet.

Von struktureller und konjunktureller Arbeitslosigkeit sind besonders hart solche Regionen betroffen, in denen die Wirtschaftsstruktur einseitig ist, in denen also nicht viele *Unternehmen* mehrerer Branchen, sondern nur wenige Unternehmen einer oder weniger Branchen ansässig sind (z. B. ein Automobilproduzent und seine Zuliefererfirmen, wie Reifenhersteller usw.). Tritt hier eine Krise ein, sind alle Unternehmen gleichzeitig betroffen; die *Arbeitslosenquote* dieses Gebiets ist dann besonders hoch. Zum Beispiel: Im Raum Wolfsburg, Helmstedt, Gifhorn, wo der Arbeitsmarkt sehr stark von der Automobilindustrie (VW-Werk) abhängig ist, betrug Ende Januar 1975 die Arbeitslosenquote 7,2 %; im Vergleich dazu betrug sie zu diesem Zeitpunkt im Bundesdurchschnitt 5,1 %. Hier hat also die ↓ *Wirtschaftspolitik* für eine vielfältigere Wirtschaftsstruktur durch Ansiedlung anderer Gewerbezweige zu sorgen (branchenmäßige Strukturpolitik). Da von wirtschaftlichen Krisen meistens nicht alle Branchen gleichzeitig betroffen sind, ist die Arbeitslosenquote in branchenmäßig gemischten Regionen (z. B. Baden-Württemberg) geringer.

Arbeitsschutz Der *Arbeit*sschutz umfaßt alle gesetzlich festgelegten oder in *Tarifverträgen* abgestimmten Maßnahmen zum Schutz der Arbeitskraft und zu ihrer Erhaltung. Der *Arbeitgeber* ist grundsätzlich zum Gesundheits- und Unfallschutz verpflichtet, das heißt, er muß den Arbeitsplatz so gestalten, daß die *Arbeitnehmer* gegen Gesundheits- und Unfallschäden geschützt sind. Der Arbeitsschutz soll zu lange Arbeitszeiten verhindern und eine tägliche Ruhezeit nach Beendigung der Arbeit gewährleisten. Nach dem Gesetz gilt zwar noch die 48-Stunden-Woche, in vielen *Unternehmen* ist jedoch die 5-Tage-Woche mit 40 Wochenstunden bereits die Regel.

Während alle Arbeitnehmer normalerweise einen allgemeinen Schutz vor einer sozial ungerechtfertigten *Kündigung* genießen, haben *Betriebsrat*smitglieder, Schwerbeschädigte, Mütter während der Schwangerschaft und *Auszubildende* einen besonderen Kündigungsschutz. Im Falle der Arbeitsunfähigkeit infolge unverschuldeter Krankheit hat der *Arbeiter* bis zur Dauer von 6 Wochen einen Anspruch auf Lohnfortzahlung. Der berufstätigen Frau wird ein Frauen- und Mutterschutz gewährt, um die körperliche Verfassung der Frau

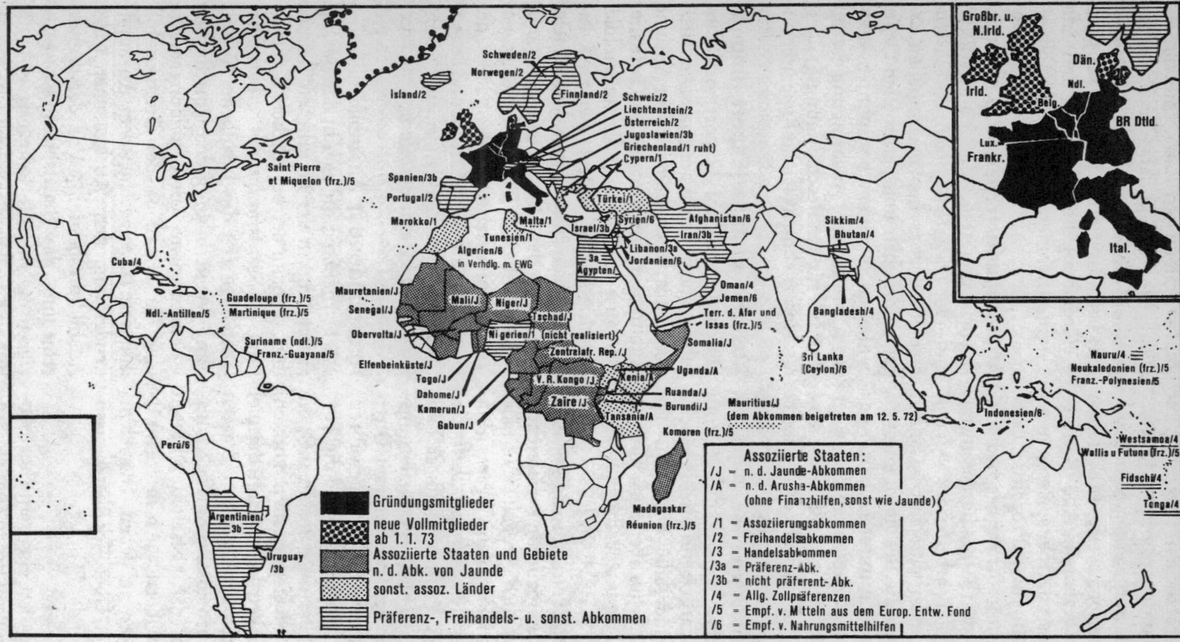

Europäische Gemeinschaft/EG
Vollmitglieder und assoziierte Länder der EWG sowie Gebiete, mit denen Handelsabkommen bestehen (Mitte September 1974)

(Quelle: *Der Fischer Weltalmanach 1974*, S. 213)

und ihrer zusätzlichen Belastung im Haushalt Rechnung zu tragen. Körperliche Arbeit in Bergwerken oder Stahlwerken ist beispielsweise für Frauen grundsätzlich verboten. Alle *Betriebe* mit mindestens 15 Arbeitsplätzen müssen einen bestimmten Prozentsatz der Arbeitsplätze mit Schwerbeschädigten besetzen (Schwerbeschädigtenschutz). Dem Schutz der arbeitenden Jugend dient der Jugendarbeitsschutz. Danach ist zum Beispiel die Beschäftigung von Kindern (Personen unter 14 Jahre) gesetzlich verboten. Außerdem regelt der Jugendarbeitsschutz vor allem die Arbeitszeit, die Ruhepausen, die Freizeit- und Urlaubsgewährung und Beschäftigungsbeschränkungen, wie zum Beispiel das Verbot von Akkord- (*Lohn*) und Fließbandarbeit für die Jugendlichen; das sind alle Personen, die mindestens 14 Jahre aber noch nicht 18 Jahre alt sind.

Assoziierung (von lat. socio = vereinigen) Mit Assoziierung bezeichnet man ein *vertrag*lich geregeltes Verhältnis einer internationalen Organisation, beispielsweise der *Europäischen Gemeinschaft (EG)*, mit bestimmten Ländern (Drittländern). Die Assoziierungsverträge haben den Zweck, diesen Drittländern Handelsvorteile zu gewähren. Staaten wie Griechenland und die Türkei sind assoziierte Länder der EG, die auch Vollmitglieder werden können. Diese Möglichkeit haben zum Beispiel die assoziierten afrikanischen Staaten nicht. Der Europäische Entwicklungsfonds der EG ist dafür geschaffen, diesen Ländern im beiderseitigen Interesse finanzielle Hilfen zu geben. Die Abbildung gibt einen Überblick über die assoziierten Länder der EG.

Aufschwung ist ein zeitlicher Abschnitt der *Konjunktur*, in dem die *Produktion* mit hohen Raten (Zunahmen) steigt. Man spricht daher auch von Expansion (von lat. expandere = ausbreiten) bzw. Prosperität (von lat. prospera = Gedeihen). Beschäftigung und *Einkommen* nehmen ebenfalls zu.

Ausbringung (Ertrag, engl.: output) Ausbringung ist die Menge an ↓ *Güter*n und/oder *Dienstleistung*en, die ein *Unternehmen* mit seinen maschinellen, organisatorischen und personellen Gegebenheiten in einem bestimmten Zeitraum produziert. Ausbringung ist oft ein Maß für den Beschäftigungsgrad eines Unternehmens (siehe *Kapazität*).

Ausfuhr, Einfuhr (Export, Import) Durch die Ausfuhr (Export) und Einfuhr (Import) von Waren und *Dienstleistung*en ist das Inland mit dem Ausland (Weltmarkt) verbunden. Die Käufe und Verkäufe von Waren (z. B. Automobile, Maschinen, Rohstoffe) zwischen In- und Ausländern werden in der Handelsbilanz, die der Dienstleistungen (z. B. Reiseverkehr, Transportleistungen, Versicherungsleistungen) in der Dienstleistungsbilanz erfaßt und gegenübergestellt. Beide Bilanzen sind Teilbilanzen der ↓ *Zahlungsbilanz*.

Auszubildender Auszubildende sind ↓*Arbeitnehmer*, die sich in der *Beruf*sausbildung, in der beruflichen Fortbildung oder in der beruflichen Umschulung (*Berufsförderung*) befinden. Grundlage für die berufliche Ausbildung, Weiterbildung und Umschulung ist nach dem «Berufsbildungsgesetz vom 14. 8. 1969» der Berufsausbildungs*vertrag* zwischen dem Auszubildenden und dem Ausbildenden (oder Ausbildungsbetrieb). Vor der Verabschiedung des Berufsbildungsgesetzes waren die Begriffe Lehrvertrag, Lehrling und Lehrherr gebräuchlich.

Der Berufsausbildungsvertrag begründet bestimmte Rechte und Pflichten des Auszubildenden und des Ausbildenden. So ist der Ausbildende insbesondere dazu verpflichtet, dem Auszubildenden die Kenntnisse und Fertigkeiten zu vermitteln, die er für die spätere Berufsausübung braucht, ferner hat er ihm eine Vergütung zu bezahlen. Der Auszubildende hingegen muß beispielsweise den Weisungen des Ausbildenden folgen und die *Berufsschule* regelmäßig besuchen.
Die berufliche Fortbildung soll die beruflichen Kenntnisse und Fertigkeiten erhalten, sie erweitern und der technischen Entwicklung anpassen oder es ermöglichen, sich im ausgeübten Beruf für den Aufstieg zu qualifizieren. Dagegen soll die berufliche Umschulung zur Ausübung eines anderen Berufs befähigen (Berufswechsel).

Autarkie (von gr. autarkes = unabhängig) Die wirtschaftliche Unabhängigkeit eines Landes von ausländischen Lieferungen durch Selbstversorgung. Wenn ein Land alles, was es braucht, selbst besitzt oder erzeugt, spricht man von natürlicher Autarkie. Verzichtet es aus politischen oder militärischen Gründen auf bestimmte ausländische Lieferungen, betreibt es eine künstliche Autarkiepolitik. *Protektionismus* und Autarkiepolitik wirken sich nachteilig auf den Welthandel aus (s. *Freihandel*). Die Bundesrepublik Deutschland ist beispielsweise ein *Industrie*land, das über wenig Rohstoffe verfügt, also abhängig ist von der Einfuhr von Erdöl, Erzen usw. Gleichzeitig ist ihr Exportanteil am *Sozialprodukt* sehr hoch (↓*Zahlungsbilanz*).

Automation (von gr. auto-matos = sich selbst bewegend, von selbst) Die technische Entwicklung und Einrichtung von automatischen Anlagen, zum Beispiel in der *Produktion*. Kennzeichnend für die Automation ist die automatische Steuerung, Kontrolle und Korrektur des gesamten Arbeitsablaufs nach einem vorgegebenen Programm. Mit ihrer Hilfe lassen sich mehrere Arbeitsgänge selbsttätig von automatisch gesteuerten Maschinen durchführen, indem das zu bearbeitende Produkt von einem Bearbeitungsplatz zum nächsten über vollmechanisierte (Mechanisierung) Transporteinrichtungen weitergeleitet wird, ohne daß bei der Bearbeitung oder beim Transport menschliche *Arbeit*skräfte eingesetzt werden. Der Mensch hat also nur noch Überwachungsaufgaben, so daß einerseits insgesamt die Anzahl der benötigten Arbeitskräfte sinkt, während andererseits für die Planung, den Bau, die Wartung und Reparatur automatisch gesteuerter Anlagen auch neue, allerdings hochqualifizierte Arbeitskräfte gebraucht werden (*Rationalisierung*).

B

Bankgeheimnis Als Bankgeheimnis bezeichnet man die Pflicht eines *Kreditinstitut*es, über die wirtschaftlichen Verhältnisse eines Kunden, die dem Kreditinstitut auf Grund der Geschäftsbeziehung (*Konto*führung, *Kredit*e usw.) bekannt sind, strenges Stillschweigen gegenüber Dritten (z. B. Geschäftspartnern) zu wahren.
Bei Verletzung des Bankgeheimnisses kann das Kreditinstitut vom Kunden haftbar gemacht und zur Rechenschaft gezogen werden, sofern ihm ein finanzieller oder ein nicht in *Geld* ausdrückbarer (z. B. Schädigung des persönlichen Rufs) Verlust entsteht.
Das Bankgeheimnis kann in bestimmten Fällen der Auskunftspflicht gegen-

über dem Finanzamt gebrochen werden. Hierunter fallen *Steuer*ermittlungsverfahren, Steuerstrafverfahren (auf Grund einer richterlichen Anordnung) und die Anzeige des Nachlaßvermögens beim Tod eines Kunden.

Bankkonto Ein von einem *Kreditinstitut* für einen Kunden geführtes Verzeichnis, das *Geld*bewegungen zu dessen Gunsten (= Geldeingänge) oder Lasten (= Geldausgänge) aufzeigt (Beispiel siehe *Kontokorrent*).
Bei der Einrichtung eines Bankkontos hat sich das Kreditinstitut genau über die Person (Namen, Wohnung usw.) des zukünftigen *Konto*inhabers zu informieren. Über die jeweiligen Kontobewegungen (Ein- und Ausgänge) wird vom Kreditinstitut ein Kontoauszug gefertigt, der den Kontoinhaber über die Bewegungen und über den jeweiligen Kontostand (Guthaben oder Schulden) unterrichtet. Die Kontoführung ist gebührenpflichtig.
Unterschieden werden Geld- und *Depot*konten. Geldkonten sind zum Beispiel das Sparkonto, das Kontokorrentkonto und das Terminkonto (Konto zur *Kapital*anlage; Geld wird dem Kreditinstitut für eine von vornherein feststehende Zeit ver*zins*lich zur Verfügung gestellt). Ein Depotkonto wird für ein beim Kreditinstitut unterhaltenes Depot geführt und zeichnet alle Ein- und Ausgänge der dem Kunden gehörenden *Wertpapiere* auf.

Banknote Banknoten sind von einem dazu ermächtigten *Kreditinstitut* ausgegebenes Papier*geld*. In der Bundesrepublik Deutschland ist allein die *Bundesbank* berechtigt, Banknoten der Landes*währung* (DM) drucken zu lassen und in Umlauf zu bringen (Notenprivileg). Banknoten sind gesetzliche *Zahlungsmittel* (Banknoten und Münzen). Gesetzliche Deckungsvorschriften in *Gold* und *Devisen* bestehen in der Bundesrepublik für sie nicht (*Gold*währung).

Bargeld besteht aus Münzen und *Banknote*n einer einheimischen *Währung* (z. B. Deutsche Mark). Im Gegensatz zu den früher verwendeten Goldmünzen sind die heute in der Bundesrepublik Deutschland geprägten Münzen Scheidemünzen, das heißt, ihr aufgedruckter Wert ist höher als der Metallwert. Aus dem Prägen dieser unterwertigen Scheidemünzen ergeben sich Einnahmen des Bundesfinanzministers in Höhe der Differenz zwischen Metall- und *Nennwert*. In der Bundesrepublik ist allein die Bundesregierung (nicht die *Bundesbank*) berechtigt, Münzen prägen zu lassen (Münzregal); der Umfang der Münzprägung ist jedoch abhängig von der Zustimmung des Zentralbankrates (Bundesbank). Zu den Barmitteln gehören in erster Linie noch Guthaben auf *Konten* bei Postscheckämtern und *Kreditinstitute*n sowie diskontfähige (*Diskontpolitik*) *Wechsel* (s. a. *Geld*).

bargeldloser Zahlungsverkehr Zahlungsvorgänge ohne Verwendung von *Bargeld*. Grundlage dieses *Zahlungsverkehr*s ist das *Buchgeld*, das als Guthaben auf den Konten bei Postscheckämtern oder *Kreditinstitute*n jederzeit für eine schnelle und sichere Zahlung zur Verfügung steht, wobei allerdings beide Teilnehmer (*Gläubiger* und Schuldner) ein Postscheck- oder *Bankkonto* besitzen müssen. Der bargeldlose Zahlungsverkehr wird vor allem mit Hilfe von *Scheck* und Überweisung (von Konto zu Konto) sowie neuerdings durch Abbuchung abgewickelt. Dieses Verfahren ermöglicht es beispielsweise der Post, auf Grund einer einmalig erteilten Vollmacht die Rundfunk- und Fernsehgebühren kostensparend vierteljährlich vom Konto des Zahlungspflichtigen abbuchen zu lassen.

Bausparen Im Gegensatz zum Kontensparen (Spareinlagen, siehe *Bankkonto*) bei den *Kreditinstitut*en oder der Post (Postsparbuch) erwirbt der Sparer bei einer *Bausparkasse* nicht nur ein Guthaben, sondern auch den Anspruch auf spätere Zuteilung eines *zins*günstigen (billigen) *Darlehens* zur *Finanzierung* eines Eigenheims oder einer Eigentumswohnung. Beim Abschluß des sog. Bausparvertrages zwischen Bausparkasse und Sparer wird die gewünschte Bausparsumme festgelegt, die später nach Einzahlung eines bestimmten Prozentsatzes (z. B. 40 %) und nach Ablauf einer Wartezeit (z. B. 18 Monate) zugeteilt, das heißt ausgezahlt wird. Diese Summe erhält also neben dem angesparten Kapital auch ein Bauspardarlehen in Höhe des Unterschiedes zwischen Sparanteil und Vertragssumme (z. B. 60 %).
Das Bausparen genießt nach Wahl des Bausparers *Steuer*- oder Prämienbegünstigung.

Bausparkasse *Kreditinstitut*, dessen Hauptaufgabe in der Ansammlung von Bausparkapital (*Bausparen*) für die Gewährung *zins*günstiger *Darlehen* an die Bausparer zur Förderung des privaten Wohnungsbaus besteht. Die Sparbeiträge aller Bausparer fließen in eine gemeinsame Kasse, aus der die Mittel nach einem bestimmten Verteilungsschlüssel zugeteilt werden. Private Bausparkassen müssen die *Unternehmensform* einer *Kapitalgesellschaft* besitzen; sie unterliegen der Kontrolle des «Bundesaufsichtsamtes für Versicherungs- und Bausparwesen» in Berlin. Öffentliche Bausparkassen unterliegen der Kontrolle des zuständigen Landesministeriums.

Beamter Beamte sind im öffentlichen Dienst beschäftigte *Arbeitnehmer*, die durch Aushändigung einer Ernennungsurkunde vom Staat in ein besonderes Dienst- und Treueverhältnis (Beamtenverhältnis) berufen worden sind. Sie «dienen» dem ganzen Volk und sollen vor allem unparteiisch und gerecht das Wohl der Allgemeinheit wahren. Daraus ergibt sich auch die Forderung, daß Beamte jederzeit für die freiheitliche demokratische Grundordnung einstehen müssen. Wenn daran Zweifel bestehen, dürfen Bewerber nicht zu Beamten ernannt werden (Radikalenerlaß). Auch das *Streik*verbot zählt zu den Auflagen, obwohl diese oft durch sog. Bummelstreiks (Dienst nach Vorschrift) unterlaufen werden. Die Nichtbeachtung dieser Pflichten kann zur Bestrafung wegen Dienstvergehens und Haftung auf Schadenersatz führen.
Diesem Pflichtenkreis stehen auf der anderen Seite besondere Rechte der Beamten gegenüber. Der Staat hat eine Fürsorge- und Schutzpflicht gegenüber seinen Beamten (Entlassung z. B. nur bei besonders schwerwiegenden Fehlhandlungen; *Kündigung*). Der Staat muß Beamte angemessen besolden (Versorgungsbezüge) und auch Ruhegehaltsbezüge (Pensionen) bezahlen. Weiterhin haben Beamte Anspruch auf eine Amtsbezeichnung (z. B. Inspektor). Für eine Reihe von Aufwendungen, zum Beispiel im Krankheitsfall, enthalten Beamte eine Beihilfe.
Man unterscheidet Beamte auf Lebenszeit, Beamte auf Zeit (z. B. Gemeindedirektoren, Oberkreisdirektoren auf 12 Jahre), Beamte auf Widerruf (z. B. Beamte im Vorbereitungsdienst) und Beamte auf Probe (Probezeit für ein vorgesehenes Beamtenverhältnis auf Lebenszeit).
Die Beamten können nach Laufbahngruppen unterteilt werden in Beamte

des einfachen, des mittleren, des gehobenen und des höheren Dienstes.

Bedarf, Bedürfnis Jeder Mensch hat täglich verschiedene Bedürfnisse, beispielsweise Durst und Hunger, oder er empfindet seinen körperlichen oder seelischen Zustand, vielleicht auch seine Bildung, als unzulänglich. Diese Empfindungen eines Mangels geben einen Anstoß zur Suche, wie er am besten zu beseitigen ist. Sobald genau angegeben werden kann, wie beispielsweise dem Gefühl «urlaubsreif» zu sein (Bedürfnis nach Erholung), Abhilfe zu schaffen ist (z. B. Reise an die See), spricht man von Bedarf (↓ *Konsumgesellschaft*). Es handelt sich also um konkrete Möglichkeiten der Bedürfnisbefriedigung. Ein Gegenstand befriedigt häufig mehrere Bedürfnisse. Mit dem Fahrrad gelangt der Schüler schneller in die Schule; man kann damit aber auch zu Freunden oder ins Grüne fahren. Ein Teil des Bedarfs wird durch Eigen*produktion* gewonnen (Früchte und Blumen aus dem Garten, selbstgebackener Kuchen, Hauskonzert). Der andere Teil muß am ↓ *Markt* gekauft werden. Hierzu wird *Geld* benötigt. Da es knapp ist, können nicht alle *Güter*, nach denen Bedarf besteht, gekauft werden. Es ist genau zu überlegen, wie die Wahl zu treffen ist.
Dieser mit *Kaufkraft* (↓ *Einkommen*) versehene, am Markt wirksam werdene Bedarf stellt die *Nachfrage* dar.

Beruf Als Beruf bezeichnet man die Ausübung bzw. Anwendung der im Rahmen der beruflichen Ausbildung, Fortbildung und Umschulung (*Auszubildender*) erlernten Fertigkeiten und Kenntnisse. Der Beruf ist in der Regel eine auf Erwerb gerichtete Tätigkeit, die den Berufstätigen und seiner Familie als wirtschaftliche Existenzgrundlage dient. Durch die Berufsausübung leistet der Berufstätige auf Grund seiner Teilnahme am *Produktion*sprozeß oder an der Bereitstellung von *Dienstleistung*en einen Beitrag zum ↓ *Sozialprodukt*.
Die freie Berufswahl wird in der Bundesrepublik Deutschland als wesentlicher Bestandteil der Gesellschaftsordnung unter den besonderen Schutz des Grundgesetzes, Artikel 12, gestellt.

Berufsberatung Die Beratung von Personen, die vor der *Beruf*swahl oder einem Berufswechsel stehen. Die insbesondere von den Arbeitsämtern durchgeführte Beratung umfaßt die Beschreibung der jeweiligen Berufe, ihre Anforderungen an den Berufstätigen und ihre zukünftigen Aussichten. Sie kann gegebenenfalls durch einen psychologischen Eignungstest ergänzt werden.

Berufsförderung Die *Beruf*sförderung umfaßt alle Maßnahmen zur Erlangung, Wiedergewinnung oder Verbesserung der Erwerbsfähigkeit durch Leistung der *Angestellten-* und *Arbeiter*rentenversicherung (↓ *Sozialversicherung*). Neben der Unterstützung der Ausbildung und Umschulung (*Auszubildender*) gehört auch die Hilfe bei der Erhaltung oder Erlangung eines Arbeitsplatzes zur Berufsförderung.
Durch das geplante «Berufsausbildungsförderungsgesetz» soll die Berufsförderung auf eine einheitlich rechtliche Basis gestellt werden; unter anderem wird dann auch eine zentrale Berufsförderungsanstalt mit entsprechenden Forschungseinrichtungen errichtet werden. Diese Maßnahmen treten neben die bisher schon gegebenen Möglichkeiten des «Arbeitsförderungsgesetzes».

Berufsschule Berufsschulen sind den *Beruf* begleitende Pflichtschulen für Jugendliche, die in der Berufsausbildung (*Auszubildender*) stehen, ohne Berück-

sichtigung ihrer Schulvorbildung. In der Berufsschule soll die betriebliche Ausbildung durch Unterricht in den berufsbezogenen Fächern ergänzt und vertieft werden. Im Mittelpunkt der gegenwärtigen wirtschaftspädagogischen Diskussion steht die Frage, inwieweit der heute vermittelte Wissensstoff der Entwicklung des Jugendlichen zu einer kritischen Persönlichkeit dient und ob nicht ein Teil des zu lernenden Stoffes zu ersetzen ist durch allgemeinbildende Inhalte (z. B. der Gesellschaftslehre).
Die nebeneinander herlaufende theoretische Ausbildung in der Berufsschule und praktische Ausbildung im Betrieb bezeichnet man als duale Ausbildung. Entsprechend heißt das berufliche Ausbildungssystem in der Bundesrepublik Deutschland duales Ausbildungssystem. Man unterscheidet den Teilzeitunterricht, bei dem die Auszubildenden an 2 Wochentagen 8–12 Unterrichtsstunden haben, von dem in der letzten Zeit häufiger durchgeführten Vollzeitunterricht (Blockunterricht). Beim Vollzeitunterricht werden die Berufsschüler in der Regel 6 bis 12 Wochen lang bis zu 8 Stunden täglich unterrichtet. In der übrigen Zeit erfolgt die praktische Ausbildung im Betrieb. In der Bundesrepublik gibt es Berufsschulen für alle kaufmännischen (*Kaufmann*), gewerblichen (*Gewerbe*), hauswirtschaftlichen und bergmännischen Berufe.

Beschaffung Als Beschaffung bezeichnet man sämtliche Tätigkeiten eines *Unternehmens* zur Deckung der durch die Unternehmenstätigkeit und -ziele entstehenden personellen, finanziellen und materiellen Bedürfnisse (*Bedarf*). Die Einstellung eines neuen Mitarbeiters durch die Personalabteilung ist die Beschaffung einer neuen *Arbeits*kraft. Die Besorgung eines *Kredits* durch die Finanzabteilung (*Finanzierung*) ist Beschaffung von *Fremdkapital*. Die Beschaffung von *Werkstoffen* und anderen materiellen *Gütern* (z. B. Maschinen, Werkzeuge, Rohstoffe) erfolgt durch die Einkaufsabteilung und wird als Einkauf bezeichnet.

Beschaffungspreis (auch Einstands*preis*, Bezugspreis) ist der bei der ↓ *Beschaffung* zu zahlende Rechnungspreis einer Ware, zuzüglich der Beschaffungs*kosten*, wie Transportkosten, Verpackungskosten, Zölle (*Zoll*), Transportversicherung (*Preis*).

Bestellmenge, optimale Bestellmenge Die optimale Bestellmenge ist die Warenmenge, bei deren Höhe ein *Unternehmen* am *kosten*günstigsten einkauft. Bei der Berechnung der optimalen Bestellmenge berücksichtigt man einerseits die Vorteile der Großeinkäufe von Waren (z. B. Mengen*rabatt*, Vermeiden von *Preis*zuschlägen auf kleine Einkaufsmengen), andererseits die Nachteile einer größeren *Lagerhaltung* (z. B. höhere Lagerkosten, *Zins*belastung durch das ruhende *Kapital*, Risiko des Veraltens bzw. des Verderbs der Waren; siehe auch *eiserner Bestand*).

Betrieb Als Betrieb bezeichnet man in der ↓ *Betriebswirtschaftslehre* eine planvoll organisierte Wirtschaftseinheit, in der die ↓ *Produktionsfaktoren Arbeit, Boden* und *Kapital* (*Werkstoffe*, Maschinen, Werkzeug) in der Absicht kombiniert werden, *Güter* (Rohstoffe, Halb- oder Fertigprodukte) zu produzieren oder *Dienstleistungen* bereitzustellen. Es gibt landwirtschaftliche, handwerkliche und industrielle Produktionsbereiche. Der *Groß-* und *Einzelhandel*, die *Kreditinstitute* und die *Versicherungen* zählen zu den Dienstleistungsbetrieben. In jedem Betrieb tauchen tech-

nische, menschliche, rechtliche, politische und wirtschaftliche Probleme auf; mit letzteren beschäftigt sich die Betriebswirtschaftslehre.
Anders als in einer ↓ *Planwirtschaft* (siehe auch *Volkseigener Betrieb*) wird im marktwirtschaftlichen System (↓ *Marktwirtschaft*) der Betrieb auch – mit entsprechender Bedeutungsverschiebung – als *Unternehmen* bezeichnet.

Betriebsrat Der Betriebsrat ist die auf drei Jahre gewählte Vertretung der *Arbeitnehmer* eines *Betriebes* zur Wahrnehmung der gemeinsamen Interessen gegenüber dem *Arbeitgeber*. Arbeitnehmer ab 18 Jahren können den Betriebsrat wählen und selbst gewählt werden. Betriebsratsmitglieder sind, soweit erforderlich, für ihre Tätigkeit von der *Arbeit* freizustellen. Nach dem «Betriebsverfassungsgesetz vom 15. 1. 1972» haben grundsätzlich alle Betriebe mit mindestens fünf wahlberechtigten Arbeitnehmern das Recht, einen Betriebsrat zu wählen.
In Betrieben und Verwaltungen des Bundes, der Länder, der Gemeinden und anderer Körperschaften (siehe *Anstalt*) des öffentlichen Rechts heißt die Interessenvertretung der Arbeitnehmer Personalrat (Personalvertretungsgesetze des Bundes und der Länder).
Zu den allgemeinen Aufgaben des Betriebsrats gehören die Förderung der Belange der Schwerbeschädigten, Jugendlichen, älteren und ausländischen Arbeitnehmer und die Kontrolle der Einhaltung der *Arbeitsschutz*gesetze und der *Tarifverträge*. Im einzelnen besitzt der Betriebsrat nach dem Betriebsverfassungsgesetz das Recht zur auf innerbetriebliche Fragen begrenzten ↓ *Mitbestimmung* (z. B. bei der Arbeitszeit- und Urlaubsregelung, bei Versetzung und *Kündigung*, bei betrieblichen *Beruf*sbildungsmaßnahmen), zur Mitwirkung (z. B. bei Stillegung und Verlegung des Betriebes, bei Planung von Neubauten und technischen Anlagen, bei der Behandlung von Beschwerden) und schließlich ein Informationsrecht, auf Grund dessen er Unterrichtung über bestimmte betriebliche Vorgänge verlangen kann (z. B. Unterrichtung über Unfall- und Gesundheitsgefahren im Betrieb). Einmal im Vierteljahr muß der Betriebsrat in einer Betriebsversammlung, zu der alle Arbeitnehmer des Betriebes und der Arbeitgeber einzuladen sind, einen Tätigkeitsbericht abgeben. In Betrieben mit mehr als 100 ständigen Arbeitnehmern wählen die Betriebsratsmitglieder einen Wirtschaftsausschuß, der beispielsweise die finanzielle Situation sowie *Produktion* und *Absatz* des *Unternehmens* mit dem Arbeitgeber berät und den Betriebsrat darüber unterrichtet. Die Arbeitnehmer unter 18 Jahren wählen in Betrieben mit mindestens 5 Jugendlichen eine eigene Jugendvertretung, die insbesondere Maßnahmen der *Beruf*sausbildung (*Auszubildender*) fördern und die Einhaltung von Bestimmungen zugunsten der jugendlichen Arbeitnehmer (*Arbeitsschutz*) überwachen soll. Die Betriebsverfassung ist neben der *Tarifautonomie* der Kern des Arbeitsrechts in der Bundesrepublik Deutschland.

Betriebsstoffe (siehe auch *Werkstoffe*) sind ↓ *Güter*, die im betrieblichen *Produktion*sprozeß verbraucht werden, ohne Bestandteil des neuen *Produkt*s zu werden (z. B. Schmiermittel, Öl, Benzin für Maschinen, Schleifpapier oder Büromaterial). Die *Kosten* werden in der *Kostenrechnung* als Gemeinkosten erfaßt.

Betriebswirtschaftslehre Die Betriebswirtschaftslehre ist neben der *Volkswirtschaftslehre* ein Teilgebiet der

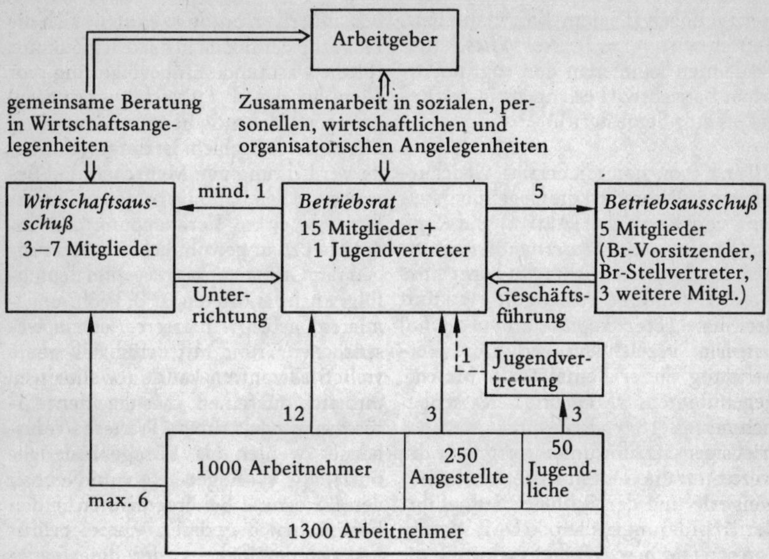

Wahl und Aufgaben des Betriebsrats in einem Betrieb mit 1300 Beschäftigten

↓ *Wirtschaftswissenschaften.* Sie untersucht sowohl den einzelnen *Betrieb* bzw. das *Unternehmen* als auch die Beziehungen dieses Betriebes bzw. Unternehmens zum ↓ *Markt.* Die Betriebswirtschaftslehre soll die wirtschaftliche Tätigkeit im Betrieb beschreiben, erklären und Regelmäßigkeiten im betrieblichen Leistungsprozeß aufzeigen, um daraus Verhaltensweisen für die Betriebspraxis ableiten zu können. Man unterscheidet zwischen allgemeiner und spezieller Betriebswirtschaftslehre. Während sich die allgemeine Betriebswirtschaftslehre mit den allen *Wirtschaft*szweigen gemeinsamen Problemen beschäftigt, wie Fragen der *Investition* und *Finanzierung,* der *Beschaffung,* der *Produktion,* der Kalkulation (*Kostenrechnung*) und des *Absatzes,* untersucht die spezielle Betriebswirtschaftslehre die besonderen Probleme der einzelnen Wirtschaftszweige, beispielsweise der *Kreditinstitute* (Bankbetriebslehre), der *Industrie* (Industriebetriebslehre) und der *Handelsbetriebe* (Handelsbetriebslehre).

Neben dieser nicht immer ganz befriedigenden Gliederung der Betriebswirtschaftslehre ist auch eine Gliederung nach den betrieblichen Funktionen (Tätigkeiten), die sog. funktionale Gliederung, möglich. Betriebliche Funktionen sind beispielsweise *Organisation,* Finanzierung, *Rechnungswesen,* Beschaffung, Produktion und Absatz.

Ein Studium der Betriebswirtschaftslehre ist an den meisten deutschen Hochschulen und Fachhochschulen in einer Studienzeit von 8 bzw. 6 Semestern möglich (Diplom-Kaufmann bzw. Betriebswirt [grad.]). An Wirtschaftsakademien kann man den sog. praktischen Betriebswirt erlangen (in der Regel bis zu 7 Semestern).

Bilanz (von ital. bilancia = Gleichgewicht der Waage) ist die Gegenüberstellung von *Vermögen* (Aktiva) und *Kapital* (Passiva) eines *Unternehmens* an einem bestimmten Stichtag in Form eines *Kontos*. Während Passiva die Herkunft der Mittel (*Eigenkapital, Fremdkapital*) angeben, bezeichnen Aktiva die Verwendung dieser Mittel (z. B. Maschinen, Bauten, Rohstoffe, Kassenbestände).
Im Gegensatz zum *Inventar* sind in der Bilanz nur die Gesamtwerte der Vermögensteile und der Schulden aufgeführt (z. B. Forderungen: 28 000 DM, Waren: 136 000 DM usw.). Daher vermittelt die Bilanz einen schnellen Überblick über die Höhe von Vermögen und Schulden. Die meisten Unternehmen sind zur *Buchführung* und zur Aufstellung einer Bilanz verpflichtet.
Zur volkswirtschaftlichen Bedeutung der Bilanz siehe *Zahlungsbilanz* und *Volkswirtschaftliche Gesamtrechnung*.

Boden Neben der menschlichen *Arbeit* und dem *Kapital* ist der Boden mit seinen natürlichen Wachstumskräften und Naturstoffen (z. B. Erze) sowie als Standort der *Betriebe* ein mengenmäßig nicht vermehrbarer ↓*Produktionsfaktor*, ohne den nicht gewirtschaftet werden kann. Das aus dem Besitz bzw. der Nutzung des Bodens erzielte *Einkommen* wird in der *Volkwirtschaftslehre* Grundrente genannt.
Im Zusammenhang mit dem Boden wird gerade in der Gegenwart die zunehmende Knappheit wichtiger Bodenschätze (z. B. Erdöl, Metalle) deutlich. Dazu kommt die Problematik der Lebensmittelversorgung; es stellt sich die Frage, ob der Boden in nächster Zukunft für die wachsende Erdbevölkerung (vor allem in den ↓ *Entwicklungsländern*) genügend Nahrung hergeben kann.
Ein weiteres Problem ist die zunehmende Verdichtung von Menschen und Betrieben in den Ballungsgebieten. Die dadurch bewirkte Verknappung des Bodens hat zu ungewöhnlichen Steigerungen der Grundstücks*preise* und demzufolge auch der Mieten (z. B. Wohnungsmieten) geführt. Letzteres ist ein wesentlicher Grund mit dafür, daß heute viele Stadtzentren kaum bewohnt sind und sich zu reinen «Management-Cities» gewandelt haben. Frühere Wohnhäuser werden als Bürogebäude genutzt, alte Wohngebäude zum Neubau von Büro- und Behördenbauten in den Kernstädten abgerissen. Heute bemühen sich die Städte wieder, die Abwanderung der Wohnbevölkerung ins Umland aufzuhalten und das Wohnen in der Stadt attraktiver zu machen (z. B. durch Grünflächen, wie Parks, Schrebergärten usw.). Dies allein genügt jedoch nicht, wenn im städtischen Bereich Bodeneigentum zu ungerechtfertigten Bereicherungen (Bodenwucher) führt. Es wird daher eine Reform des Bodenrechts gefordert, um derartige unsoziale Auswirkungen des Bodeneigentums zu verhindern.
Aus der folgenden Abbildung geht die Nutzung des Bodens (gegliedert durch Nutzungsarten) in der Bundesrepublik Deutschland hervor.

Börse Das Wort «Börse» stammt aus den Niederlanden, wo im 14. Jahrhundert im Haus des Brügger Kaufmanns van der Burse ein bekannter Treffpunkt der Kaufleute bestanden haben soll. Heute versteht man unter Börse einen an allen Werktagen stattfindenden ↓ *Markt* für vertretbare ↓ *Güter*; das

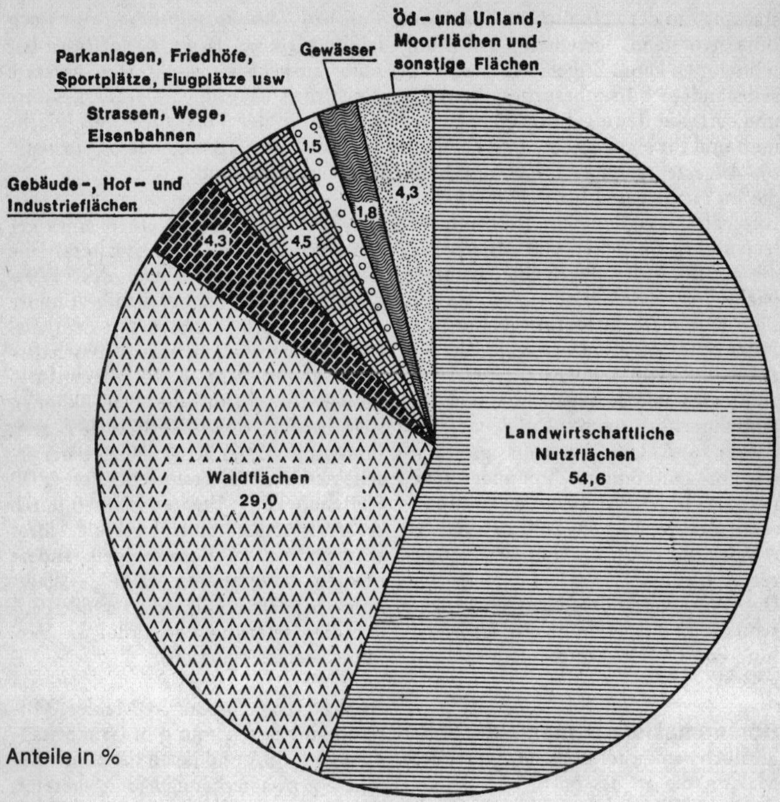

Flächennutzung im Bundesgebiet 1971

heißt, die gehandelten Werte sind nicht in der Börse vorhanden, sondern werden nur «vertreten». Käufer und Verkäufer tauschen keine Gegenstände, sondern verpflichten sich zur späteren Lieferung und Bezahlung genormter oder typisierter Wertobjekte, deren Beschaffung keiner Prüfung bedarf, sondern allgemein bekannt ist. Die Ermittlung des *Preis*es der Güter, hier *Kurs* genannt, erfolgt durch die Gegenüberstellung von *Angebot* (Verkauf) und *Nachfrage* (Kauf). Unterschieden werden a) Warenbörsen (Handel mit Waren, z. B. Baumwolle), b) Wertpapierbörsen (Handel mit *Wertpapier*en, z. B. *Aktien*), c) *Devisen*börsen (Handel mit ausländischen ↓ *Zahlungsmittel*n, z. B. Dollar) und d) *Versicherung*s- und Frachtbörsen (Handel mit Schiffahrtsversicherungen).
Die Börse ist eine geschlossene Veran-

staltung, an der man nur mit einer vom Börsenvorstand erteilten Zulassung teilnehmen kann. Zugelassen werden a) selbständige Börsenbesucher (Bankiers und evtl. Kaufleute), die im eigenen Namen und für eigene Rechnung handeln, b) *Angestellte* eines Börsenmitglieds, die im Namen und für Rechnung ihres Geschäftsherrn handeln (Börsenhändler) und c) Besucher und Mitarbeiter, die am Börsenhandel nicht teilnehmen (siehe *Börsenmakler*).
Eine besondere Bedeutung kommt der Wertpapierbörse bei der *Kapital*anlage zu, da auf Grund der Kursentwicklung zu erwartende Kursgewinne und *Gewinn*ausschüttungen (*Dividende*) den Sparer zur Anlage überschüssigen Kapitals anregen können. Zum anderen benötigen *Aktiengesellschaft*en häufig zusätzliches Kapital, um zum Beispiel den Ausbau ihres Unternehmens finanzieren zu können.
Die Wertpapierbörse ermöglicht eine schnelle und unkomplizierte Umwandlung von *Geld* in Wertpapiere und umgekehrt.

Börsenmakler (Kursmakler) Behördlich angestellte und vereidigte Makler, die an der amtlichen Festsetzung der Börsen*kurse* (*Börse*) mitwirken. Sie sind dazu verpflichtet, für jeden am Börsenverkehr Zugelassenen Kauf- und Verkaufsaufträge abzuwickeln, dürfen selbst aber keine Eigengeschäfte betreiben, um möglichst unabhängig und unparteiisch zwischen Käufer und Verkäufer vermitteln zu können. Für diesen Dienst steht ihnen die Maklergebühr (Courtage) zu, die der Käufer zu zahlen hat.

Boom (engl. boom = wirtschaftliches Hoch) ist mit Hochkonjunktur gleichzusetzen. Es ist der zeitliche Abschnitt der ↓ *Konjunktur*, in dem die *Produktion* bzw. das *Sozialprodukt* nur noch langsam steigt, da die *Kapazität*en bereits ausgelastet sind. Die gesamte *Nachfrage* ist größer als das gesamte *Angebot* in der *Volkswirtschaft* (Nachfrageüberhang); steigende *Preise* sind die Folge (*Inflation*).

Boykott (nach dem Namen eines geächteten irischen Gutsverwalters) eine besonders scharfe Form des *Wirtschaft*skampfes, bei der sich bestimmte Gruppen bzw. Nationen mit dem Ziel zusammenschließen, ihre Wirtschaftsbeziehungen zum «geächteten» Boykottgegner abzubrechen. So können sich beispielsweise Verbraucher zum Boykott (Kaufverzicht) von zu teuer erscheinenden Waren entschließen (z. B. Fleischboykott); Staaten können durch Abbruch oder Einschränkung ihrer wirtschaftlichen Beziehungen andere Staaten boykottieren (z. B. «Ölboykott», bei dem erdölproduzierende Länder die Lieferung von Erdöl an Verbrauchsländer sperrten).

Broker (engl. broker = Makler, Mittelsmann) Bezeichnung in Großbritannien, den USA und Japan für berufsmäßige *Wertpapier*händler und -berater. Der Broker ist allein berechtigt, Kauf- und Verkaufsverträge der *Kreditinstitute* und des Publikums (Privatpersonen) anzunehmen und durchzuführen. Im Gegensatz zum *Börsenmakler* führt der Broker die Aufträge nicht selbst aus, sondern bedient sich des *Jobbers*, der Geschäfte nur für eigene Rechnung (Gegensatz: für fremde Rechnung) abschließen darf.

Buchführung ist die lückenlose Aufzeichnung aller Geschäfte (Geschäftsvorfälle wie Einkauf und Verkauf von Waren, Aufnahme von *Krediten*, Zahlung von Rechnungen, Überweisung der *Steuern* an das Finanzamt, Auszahlung von Löhnen und Gehältern usw.) eines *Unternehmens*. Auf diese Weise kann der *Kaufmann* die Höhe seines *Vermögens* (z. B. Grundstücke, Maschinen, *Forderungen*) und der Schulden (*Fremdkapital, Verbindlichkeiten*) ermitteln und feststellen, ob sein Geschäft mit *Gewinn* oder Verlust arbeitet, das heißt, ob es sich rentiert (*Rentabilität*). Die Buchführung liefert ferner Unterlagen für unternehmerische Entscheidungen (wenn z. B. bestimmte *Kosten* relativ hoch sind, müssen Maßnahmen zur Kosteneinsparung getroffen werden) und für die Kalkulation (*Kostenrechnung*). Gesetzlich sind alle Kaufleute, soweit sie nicht nur ein kleines Geschäft, zum Beispiel einen kleinen Bäckerladen, betreiben, zur Buchführung verpflichtet. Die Buchführungspflicht umfaßt insbesondere die Aufstellung von *Inventar* und *Bilanz*.

Ein wichtiges Hilfsmittel der Buchführung sind die Konten (*Konto*), auf denen die Geschäftsvorfälle des Unternehmens eingetragen (verbucht) werden. Damit das einzelne Unternehmen die Erkenntnisse aus einer Buchführung (z. B. Vermögen, Schulden, Gewinn, Kostenentwicklung) mit anderen Unternehmen des gleichen Wirtschaftszweiges (*Handelsbetriebe*, *Industrie*betriebe) vergleichen kann, sind sog. Kontenrahmen für Handel und Industrie entwickelt worden, in denen alle Kosten eindeutig bezeichnet und scharf gegeneinander abgegrenzt sind. Auf der Grundlage des Kontenrahmens stellen die Unternehmen einer Branche die für sie erforderlichen Konten in einem sog. Kontenplan zusammen. Auf diese Weise wird die Buchführung vereinheitlicht und damit vergleichbar.

Buchgeld (**Giralgeld**; von gr. gyros = Kreis) Guthaben auf Konten (*Konto*) bei *Kreditinstitut*en, Postscheckämtern oder der *Bundesbank*, über das jederzeit mit *Scheck*, Überweisung, Barabhebung unter anderem verfügt werden kann. Buchgeld entsteht entweder durch Bareinzahlung auf ein Konto oder durch den ↓ *bargeldlosen Zahlungsverkehr*, bei dem Beträge durch Umbuchung von einem auf ein anderes Konto den Eigentümer wechseln. Ferner tragen die Kreditinstitute mit *Kredit*gewährungen zur Schaffung von Buchgeld bei.

Das Buchgeld hat eine wesentlich größere Bedeutung als das *Bargeld*. In der Bundesrepublik Deutschland erfolgen zur Zeit etwa 80 % aller Zahlungen bargeldlos.

Bundesbank; Deutsche Bundesbank Die Deutsche Bundesbank wurde am 26. 7. 1957 als Notenbank (Zentralbank) der Bundesrepublik Deutschland einschließlich Berlin/West mit Sitz in Frankfurt/M. gegründet. In jedem der Bundesländer unterhält sie eine Hauptverwaltung mit der Bezeichnung Landeszentralbank (in Berlin: Berliner Zentralbank). Das oberste *Organ* der Bundesbank ist der Zentralbankrat, der aus den Präsidenten der Landeszentralbanken und den Mitgliedern des Direktoriums unter dem Vorsitz des Bundesbankpräsidenten besteht. Der Zentralbankrat bestimmt vor allem die Währungs- und *Kredit*politik (↓*Geldpolitik*) der Bank. – Das Direktorium setzt sich aus dem Präsidenten und Vizepräsidenten der Bundesbank und bis zu acht weiteren Mitgliedern zusammen, die vom Bundespräsidenten auf Vorschlag der Bundesregierung für acht (mindestens aber für zwei) Jahre bestellt werden. Dieses *Organ* ist insbesondere für die Durchführung der Entscheidungen des Zentralbankrats verantwortlich.

Die Bundesbank trifft ihre geldpolitischen Entscheidungen nach ihrem eigenen Ermessen. Ihre wichtigste Aufgabe ist es, mit Hilfe der geldpolitischen Instrumente (*Diskontpolitik, Offenmarktpolitik, Mindestreservepolitik*) zu versuchen, daß weder ↓*Inflation* noch *Deflation* eintritt (Sicherung der *Währung*, des Geldwertes bzw. der *Kaufkraft*). Zur Erfüllung dieser Aufgabe ist der Bundesbank das alleinige Recht zur Notenausgabe in der Bundesrepublik verliehen worden. Allerdings hat die Bundesbank trotz ihrer Unabhängigkeit die ↓*Wirtschaftspolitik* der Bundesregierung zu unterstützen; zum Beispiel kann sie bei Inflation die Geldversorgung der *Wirtschaft* nicht so weit einschränken, daß dadurch Massen*arbeitslosigkeit* entsteht. Die Unabhängigkeit der Bundesbank gewährleistet aber, daß nicht der Staat nach eigenem Ermessen seinen Staatsaufwand «aus der Notenpresse» in unbegrenztem Umfang finanzieren kann. Die Kreditgewährung an den Staat (z. B. Bund, Länder, Bundesbahn, Bundespost) ist gesetzlich begrenzt.

D

Darlehen Eine einmalige Bereitstellung von *Geld* oder anderen «vertretbaren Sachen» (*Börse*) zur grundsätzlich freien Verfügung eines Darlehensnehmers durch Abschluß eines *Vertrages*. Eine Ausnahme besteht beim Bauspardarlehen (*Bausparen*), das nur für wohnwirtschaftliche Zwecke (insbesondere für den Bau bzw. Kauf von Wohngebäuden, Eigentumswohnungen und Baugrundstücken) verfügbar ist. Bei der Gewährung eines Darlehens wird vereinbart, daß der Empfänger (Darlehensnehmer) Sachen gleicher Art, Güte und Menge nach einer festgelegten Zeit oder nach Kündigung des Darlehens zurückzugeben hat. *Zinsen* werden nach einer besonderen Vereinbarung berechnet.
Das Darlehen wird in der Praxis mit *Kredit* gleichgesetzt. Es dient dazu, dem Darlehensnehmer im allgemeinen gegen Zinsen eine zeitweilige Nutzung des Geldbetrages bzw. anderer ↓*Güter* zu gewähren.

Datenverarbeitung; elektronische Datenverarbeitung (EDV) Als automatische oder elektronische Datenverarbeitung bezeichnet man die Verarbeitung insbesondere *betrieb*licher Informationen (z. B. die Höhe der *Forderungen* gegenüber einem Kunden, die Rechnungserteilung an einen Kunden auf Grund eines Warenverkaufs, die Überweisung einer Lieferantenrechnung durch ein *Kreditinstitut*) mit Hilfe von elektronisch gesteuerten Datenverarbeitungsanlagen bzw. Computern (von engl. to compute = rechnen, berechnen).
Die Erfassung der Daten erfolgt häufig auf Lochkarten, ihre Speicherung auf Magnetbändern oder -platten, wodurch die Daten aufbewahrt und jederzeit abgefragt werden können. Die Erfassung, Speicherung und Verarbeitung der Informationen vollzieht der Computer nach einem bestimmten Programm, das von Fachleuten, sog. Programmierern, festgelegt wird. Den Vorgang nennt man Programmieren.
Der Anwendungsbereich elektronischer Datenverarbeitungsanlagen ist sehr groß, da sie praktisch alle Informationen wesentlich schneller und sicherer als ein Mensch erfassen und verarbeiten können. Im Bereich der *Wirtschaft* werden sie häufig in der *Buchführung* (z. B. für *Lohn*- und Gehaltsabrechnungen) und in der *Kostenrechnung* eingesetzt. Elektronische Datenverarbeitungsanlagen sind allerdings relativ teuer, so daß sich meistens nur größere *Unternehmen* ihre Anschaffung leisten können (*Wirtschaftlichkeit, Rentabilität, Leasing*).

Deflation Im Gegensatz zur ↓*Inflation* übersteigt bei Deflation das gesamte *Angebot* an ↓*Gütern* und *Dienstleistungen* die *Nachfrage* am ↓*Markt*. Der Angebotsüberschuß führt normalerweise zu größerer *Lagerhaltung* bei sinkenden *Preisen* und *Gewinnen* (↓*Konjunktur*). Die Gefahr der Deflation besteht darin, daß *Produktion* und Beschäftigung eingeschränkt werden und zur *Depression* führen. In Deutschland herrschte in den Jahren 1930 bis 1933 ein solcher Zustand der Massen*arbeitslosigkeit*.

Depositen (von lat. depositum = anvertraute Sache), Termingeld. Das von den Kunden eines *Kreditinstituts* zum Zwecke der *Kapital*anlage kurz- oder mittelfristig gegen Verzinsung angelegte *Geld*, soweit es sich nicht um Spar- oder Sichteinlagen handelt (*Sparen*, *Kontokorrent*). Die Höhe des *Zinses* richtet sich in erster Linie nach der Anlagedauer.
Bei den Depositen unterscheidet man *Kündigungs*- und Festgelder. Kündigungsgelder werden dem Kreditinstitut mit der Vereinbarung einer bestimmten Kündigungsfrist (z. B. drei Monate) überlassen, während Festgelder den Kreditinstituten für eine bestimmte Frist (z. B. bis zum 30. Juni) zur Verfügung stehen. Depositen stellen also ein *Darlehen* des Kunden an das Kreditinstitut dar.

Depot, Depotgeschäft Als Depotgeschäft der *Kreditinstitute* bezeichnet man die gebührenpflichtige (Depotgebühr) Verwahrung und Verwaltung von *Wertpapieren*; ihr Aufbewahrungsort ist das Depot (siehe auch *Stimmrecht*).

Depression (von lat. deprimere = niederdrücken) Es handelt sich um einen zeitlichen Abschnitt der ↓*Konjunktur* mit erheblichem Rückgang der *Produktion* bzw. des *Sozialprodukts* (*Abschwung*, *Rezession*). *Arbeitslosigkeit* größeren Ausmaßes, ein hoher Überschuß des *Angebots* über die *Nachfrage* und *Konkurse* sind charakteristische Merkmale. Die *Preise* sinken erheblich (*Deflation*). Ein solches Konjunkturtief über längere Zeit hat es in den Industriestaaten 1929 bis 1932 (sog. Weltwirtschaftskrise) gegeben.

Devisen (von lat. de viso = auf Sicht) Im weiteren Sinn alle ausländischen *Banknoten* und Münzen, zutreffender ist jedoch der Begriff *Sorten*. Im engeren Sinn versteht man unter Devisen internationale *Kredit*beziehungen.

Dienstleistung Die menschlichen Bedürfnisse (*Bedarf*, *Bedürfnisse*) richten sich nicht nur auf den *Konsum* materieller ↓*Güter*, wie beispielsweise Lebensmittel, Autos und Fernseher, sondern in immer stärkerem Maß auch auf die Inanspruchnahme bestimmter Dienste, wie beispielsweise *Versicherungen*, Taxifahrten, *Steuerberater* und ärztliche Versorgung. Diese Dienstleistungen werden gegen entsprechendes Entgelt von den *Dienstleistungsbetrieben* erbracht.

Dienstleistungsbetrieb Eine *Betriebs*form, die keine materiellen ↓*Güter*, sondern *Dienstleistungen* produziert, wie den Haarschnitt durch einen Friseur oder die Untersuchung durch einen Arzt.
Zu den Dienstleistungsbetrieben gehören:
a) Verkehrsbetriebe, wie die Deutsche Bundespost, die Deutsche Bundesbahn, Spediteure und Luftfahrtgesellschaften, die die Aufgabe des Transports von Personen, *Gütern* und Nachrichten übernehmen,
b) *Kreditinstitute*, die unter anderem

für die Abwicklung des *Zahlungsverkehrs*, für die Beschaffung von *Krediten*, den Kauf und Verkauf von *Wertpapieren* sorgen,
c) *Versicherungs*gesellschaften, die gegen Zahlung einer Versicherungsprämie die Risiken des täglichen Lebens abdecken,
d) *Handelsbetriebe*, wie *Groß*- und *Einzelhandelsbetriebe*, die die Verbindung zwischen den *Produzenten* und den *Verbrauchern* herstellen,
e) freie Berufe, wie Rechtsanwalt und *Steuerberater*, die persönliche Beratungen durchführen, Arzt, Architekt, Journalist usw.,
f) Fremdenverkehrs*gewerbe* (Hotel- und Gaststättengewerbe), das mit abnehmender *Arbeits*zeit bzw. zunehmender Freizeit wachsende Bedeutung erlangt.

Direktor Leitender (weisungsberechtigter, *Prokura*) ↓*Angestellter* im kaufmännischen oder technischen Bereich, zum Beispiel der Geschäftsführer einer *Gesellschaft mit beschränkter Haftung* oder ein *Vorstands*mitglied einer *Aktiengesellschaft* (siehe auch *Manager*).

Dirigismus (von lat. dirigere = ausrichten, lenken) In der ↓*Planwirtschaft* staatliche Lenkung der *Wirtschaft* nach einem Gesamtplan, in der ↓*Marktwirtschaft* Eingriffe des Staates in den Wirtschaftsprozeß, die unmittelbar das freie Spiel von *Angebot* und *Nachfrage* auf dem *Markt* ausschalten. Dies kann dadurch geschehen, daß die *Preise* oder die *Produktions*mengen (vorübergehend) festgelegt werden (z. B. bei *Inflation*, *Lohn*- und Preisstopp; *Kontingentierung*).

Discountladen Ein *Einzelhandelsbetrieb*, der seine Waren zu niedrigeren als zu den normalerweise üblichen Einzelhandelspreisen verkauft. Diese relative *Preis*günstigkeit erreicht er sowohl durch Beschränkung des *Sortiments* auf gängige Waren als auch durch Senkung der Geschäfts*kosten* (wenig Personal, einfache Ladenausstattung).

Diskontpolitik (von ital. disconto = Abzug) Wird einem *Kreditinstitut* ein *Wechsel* (z. B. über 1000 DM) verkauft, so zahlt die Bank nicht die volle Wechselsumme (also 1000 DM) dafür aus, sondern zieht davon einen *Zins*betrag, den Diskont, ab (z. B. 10 %). Man sagt, der Wechsel wird von ihr abgezinst bzw. diskontiert. Das Kreditinstitut, das den Wechsel gekauft hat, kann ihn an die Deutsche *Bundesbank* weiterverkaufen. Auf diese Weise fließt der Bank wieder

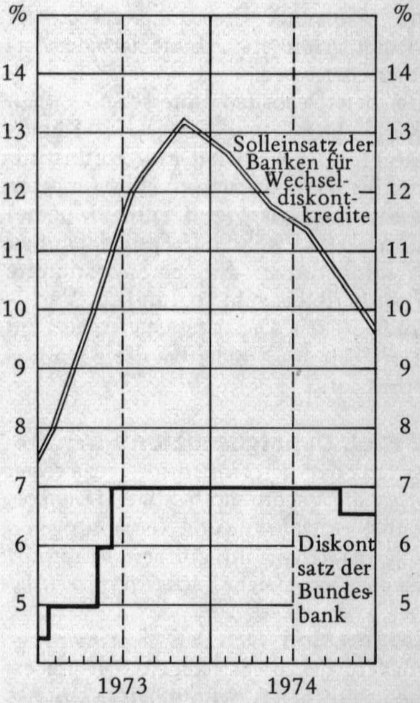

Entwicklung der Diskontsätze seit 1973

Rediskontsenkung

(Quelle: Tiedtke-Witthoff: *Wirtschafts- und Gesellschaftslehre*, Verlagsbuchhandlung Dr. Max Gehlen, Bad Homburg v. d. H., S. 224)

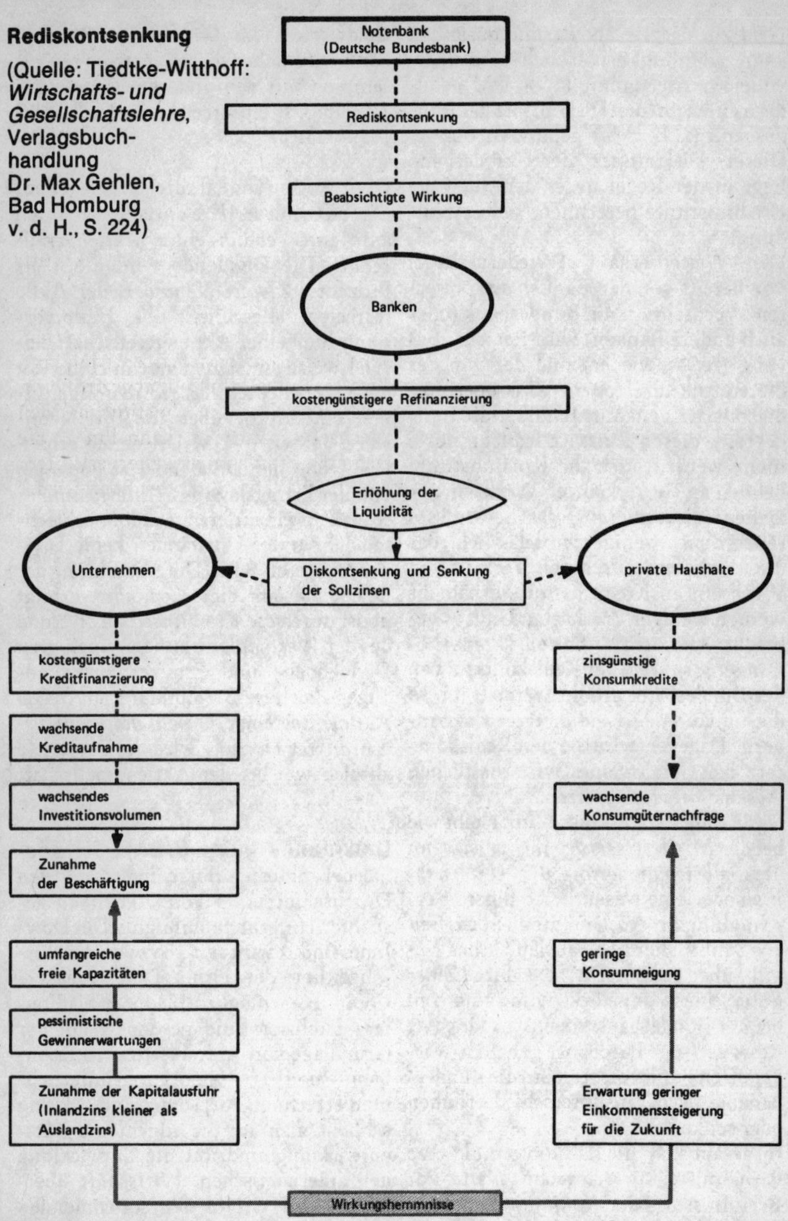

Geld zu, das sie als *Kredit*e ausleihen kann; allerdings erhält auch sie nicht die volle Wechselsumme (1000 DM), sondern einen um den Diskontsatz der Bundesbank (z. B. 7 %) gekürzten Betrag. Dieser Diskontsatz der Bundesbank liegt in der Regel unter dem, den die Kreditinstitute berechnen (siehe Abbildung).

Der Weiterverkauf (Wiederverkauf) von bereits von den Banken diskontierten Wechseln an die Bundesbank (oder auch andere Banken) wird Rediskontierung (re = wieder) und der von der Notenbank abgezogene Zins auch Rediskontsatz genannt. Je höher die Bundesbank diesen Zinssatz festlegt, desto mehr werden auch die Kreditinstitute bei den an sie verkauften Wechseln abziehen (diskontieren), das heißt desto teuerer bzw. weniger wird das Geld, das die *Wirtschaft* durch den Verkauf von Wechseln an Kreditinstitute erhält. Es werden weniger Wechsel in Umlauf gebracht. Herrscht *Inflation* (*Preis*erhöhungen), so wird der Rediskontsatz von der Bundesbank erhöht werden, um so die umlaufende *Geldmenge* zu verringern. Dagegen wird sie den Rediskontsatz bei Gefahr eines wirtschaftlichen *Abschwung*s herabsetzen.

Der Erfolg der Diskontpolitik bleibt wie bei der *Mindestreservepolitik* aus, wenn die *Selbstfinanzierung* der *Unternehmen* oder eine wesentlich billigere Verschuldung im Ausland möglich ist. Seit 1972 muß allerdings ausländisches *Kapital* über 500000 DM, das durch Zinsunterschiede angelockt wird, zum Teil bei der Bundesbank zinslos als eine Art Reserve (sog. Bardepot) gehalten werden. Den Bardepotsatz kann die Bundesbank je nach Zinsunterschied erhöhen oder senken.

Insgesamt ist die Diskontpolitik eine verhältnismäßig schwache Waffe zur Beeinflussung der *Konjunktur* und des Geldwertes (*Kaufkraft*). Die Bundesbank wird daher dieses Instrument zusammen mit den anderen Mitteln der ↓*Geldpolitik* einsetzen (siehe auch *Lombardkredit).*

Dividende (von lat. dividere = teilen) Der auf eine ↓ *Aktie* entfallende Anteil am Jahres*gewinn* einer *Aktiengesellschaft*. Die Dividende wird meist als Prozentsatz vom *Nennwert* der Aktie festgelegt. Beschließt die Hauptversammlung einer Aktiengesellschaft beispielsweise eine Dividende in Höhe von 6 %, so bedeutet dies für den Eigentümer einer Aktie über 500 DM Nennwert, daß er 30 DM Dividende erhält. Die Höhe der Dividende ist abhängig von der Ertragslage des *Unternehmen*s, so daß in einem ertragsmäßig schlechten Jahr unter Umständen keine Dividende gezahlt wird. Die Auszahlung der Dividende an die *Aktionär*e erfolgt meist durch die *Kreditinstitut*e an Hand des der *Wertpapier*urkunde beigefügten Dividenden- und Erneuerungsscheinbogens (siehe z. B. Abbildung zu Artikel Aktie). Bei einer *Gesellschaft mit beschränkter Haftung* wird die Dividende ähnlich wie bei der Aktiengesellschaft verteilt.

Dow-Jones-Index (USA) International bekanntester *Börsen*index, der den Durchschnitts*kurs* von *Aktie*n ausgesuchter *Unternehmen* angibt. Der Dow-Jones-Index wird seit 1897 von der Börsenzeitung der Firma Dow, Jones & Comp. börsentäglich (Montag bis Freitag) publiziert und gesondert auf der Grundlage von 30 Industrie-, 20 Eisenbahn- und 15 Versorgungsunternehmen errechnet. Aus seiner Entwicklung schließt man auf die allgemeine *Kurs*entwicklung und auf die Entwicklung der amerikanischen *Wirtschaft* überhaupt. Auf Grund der zunehmenden

Verflechtung der Kapitalmärkte (*Kapitalmarkt*) der westlichen Welt wird dieser Index auch in Europa berücksichtigt, wegen seiner schmalen Basis allerdings hier wie in den USA auch kritisiert. In der Bundesrepublik Deutschland errechnen unter anderen das Statistische Bundesamt, die Frankfurter Allgemeine Zeitung und die Commerzbank eigene Indizes.

Dumping (von engl. to dump = verschleudern) Ein echtes Dumping liegt vor, wenn inländische *Produzent*en ihre Produkte in einem anderen Land zu einem *Preis* anbieten, der unter dem Inlandspreis im Herkunftsland, möglicherweise sogar unter den Selbst*kosten* (*Kostenrechnung*) liegt. Hieraus entstehen *Wettbewerb*sverfälschungen bzw. Diskriminierungen (Behinderungen) im internationalen Handel.
Von Subventionsdumping spricht man, wenn staatliche *Subvention*en an die Erzeuger gezahlt werden, um ihre Produkte im Ausland billiger anbieten zu können. Beispielsweise subventioniert die *Europäische Wirtschaftsgemeinschaft* (*EWG*) ihre Agrarexporte (*Agrarpolitik*), um der Landwirtschaft den *Absatz* außerhalb der EWG zu ermöglichen. Dumping zieht meistens Gegenmaßnahmen des betroffenen Auslands nach sich (z. B. Einfuhrverbote, Sonderzölle [*Zoll*] usw.).

E

eidesstattliche Versicherung ist eine von einem Schuldner (↓*Gläubiger*) vor Gericht abzugebende Erklärung, zu der er von einem Gläubiger gezwungen werden kann, wenn *Pfändung*en in das dem Gläubiger bekannte *Vermögen* erfolglos bleiben. Dann nämlich muß der Schuldner versichern, daß er keine weiteren Vermögenswerte besitzt, die der Pfändung unterliegen.
Diese eidesstattliche Versicherung hat den früher zu leistenden Offenbarungseid abgelöst. Durch diese Umwandlung ist eine Entschärfung dadurch eingetreten, daß kein Eid, sondern nur eine eidesstattliche Versicherung vor dem Richter abzulegen ist; bei Unwahrheit fällt die Strafe im allgemeinen milder als bei einem Eid aus.

Eigenfinanzierung Bereitstellung eigener *Geld*mittel für *Finanzierung*szwecke des *Unternehmens*, entweder durch Einlage neuen *Eigenkapital*s durch die Eigentümer (Inhaber, Gesellschafter, *Aktionär*e) oder durch Zurückhaltung von erzielten *Gewinn*en (sog. *Selbstfinanzierung*). Der Anteil der Eigenfinanzierung ist häufig zugleich Grundlage für die *Fremdfinanzierung*, da ohne ausreichende Sicherheiten (Garantiekapital) normalerweise keine fremden *Kapital*geber zu gewinnen sind (siehe *Eigen-*, *Fremdkapital*).

Eigenkapital Eigene Mittel der Eigentümer eines *Unternehmen*s (Inhaber, Gesellschafter, *Aktionär*e). In der *Bilanz* ergibt sich das Eigenkapital aus der Differenz zwischen *Vermögen* (z. B. Grundstücke, Maschinen) und Schulden (z. B. *Darlehen*, *Verbindlichkeiten*); es hat sowohl eine *Finanzierung*s- als auch eine Garantiefunktion und dient somit der Ausstattung des Unternehmens mit betrieblichem Vermögen und gleichzeitig als Sicherheit für die *Gläubiger* (*Fremdkapital*, *Eigenfinanzierung*).

Einkommen sind in der modernen *Wirtschaft Geld*einkünfte. Selten wird eine erbrachte Leistung (z. B. in der Landwirtschaft) noch in Naturalien (Eier, Kartoffeln) «bezahlt». Die *Volks-*

wirtschaftslehre unterscheidet zwischen dem Einkommen der ↓*Produktionsfaktoren* (funktionelle Einkommensverteilung) und dem Einkommen privater *Haushalte* (personelle Einkommensverteilung).
Bei der funktionellen Einkommensverteilung handelt es sich um die Aufteilung (Verteilung) des ↓*Sozialprodukts* bzw. Volkseinkommens auf die an seiner Erzeugung beteiligten Produktionsfaktoren *Arbeit*, *Boden* und *Kapital*. Die Einkommensarten heißen *Lohn*, Grundrente und *Zins*. Grundrente und Zins werden auch als Besitzeinkommen bezeichnet, während der Lohn ein Arbeitseinkommen ist. Der darüber hinaus erwirtschaftete *Gewinn* (Unternehmergewinn) wird als ein Resteinkommen (sog. Residualeinkommen, von lat. residus = übrigbleibend) für die Risikoübernahme der Unternehmer angesehen. Die Höhe jeder Einkommensart hängt davon ab, mit welchem Anteil die Produktionsfaktoren an der Erstellung des Sozialprodukts beteiligt sind (Knappheitsverhältnisse).

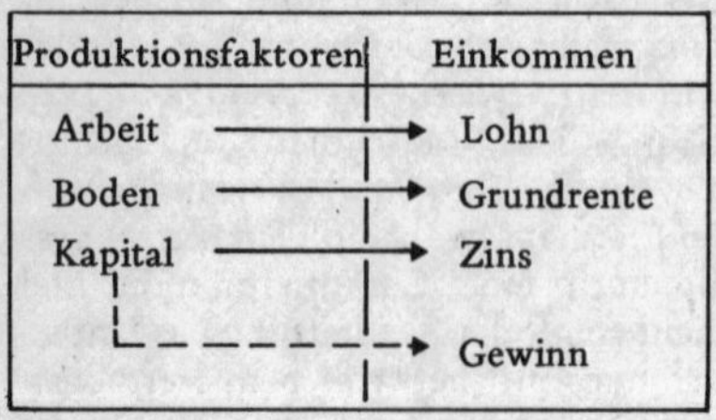

Aus volkswirtschaftlicher Sicht ist die funktionelle Einkommensverteilung von großer Bedeutung, da die Verteilung des Gesamteinkommens zwischen den Besitzern der Produktionsfaktoren (*Arbeitnehmer – Arbeitgeber*) umstritten ist und zu sozialen und politischen Spannungen, zum sog. Verteilungskampf, führen kann. Vom Arbeitnehmer her gesehen, haben Lohnverhandlungen das Ziel, den in der «Lohnquote» ausgedrückten prozentualen Anteil des Lohns am Volkseinkommen zu erhöhen. So ist die Lohnquote von 1950 bis 1975 von 58,4 % um 13,2 Prozentpunkte auf 71,6 % gestiegen.

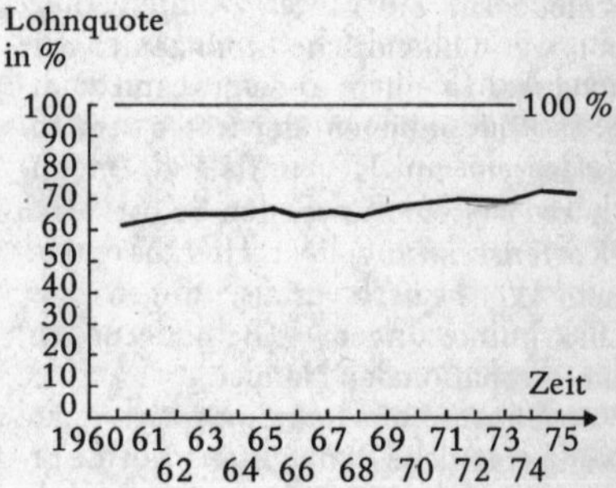

Allerdings ist im gleichen Zeitraum die Zahl der Arbeitnehmer kräftig gewachsen (von rd. 13,7 Millionen auf rd. 21,4 Millionen), während die Zahl der Selbständigen (einschließlich mithelfender Familienangehöriger) gesunken ist (von rd. 6,3 Millionen auf rd. 4,0 Millionen). Durch die Zunahme der Arbeitnehmerzahl hat der Anteil der Unselbständigen an den Erwerbstätigen (= Arbeitnehmer und Arbeitgeber) in dieser Zeitspanne erheblich zugenommen (von 68 % auf 84 %), während der der Selbständigen entsprechend von 32 % auf 16 %) gefallen ist. Eine Erhöhung des prozentualen Anteils der Unselbständigen an den Erwerbstätigen von 16 Prozentpunkten steht eine Steigerung der Lohnquote (s. oben) von nur 13,2 Prozentpunkten gegenüber. Hinsicht

lich der personellen Einkommensverteilung könnte daraus gefolgert werden: der größer gewordene Arbeitnehmeranteil am Volkseinkommen (Lohnquote) teilt sich auf erheblich mehr Unselbständigenhaushalte auf; der restliche Teil des Volkseinkommens entfällt auf relativ wenige Selbständige (*Konzentration, Vermögen*). Einer solchen Argumentation steht jedoch entgegen, daß der über die Lohnquote hinausgehende restliche Teil des Volkseinkommens (Bruttoeinkommen aus Unternehmertätigkeit und Vermögen) auch Einkommen enthält, die nicht den Selbständigen, sondern den Arbeitnehmern (z. B. Vermögenseinkommen, freiwillige Sozialleistungen) und dem Staat (als Gewinne aus staatlicher Unternehmertätigkeit) zufließen. Die Aussagekraft der Lohnquote bezüglich der Umverteilung des Einkommens (sog. Redistribution, von lat. redistributio = Umverteilung) wird hierdurch erheblich eingeschränkt.
Dies zeigt auch ein Vergleich zwischen dem Geldeinkommen der Selbständigen und Unselbständigen. Das in Geldeinheiten (DM) ausgedrückte Einkommen heißt Nominaleinkommen; es kann in Bruttoeinkommen (einschließlich Sozialabgaben und Lohn- bzw. Einkommensteuer) und Nettoeinkommen (ohne *Abgaben*) unterschieden werden. Ein wachsendes Nominaleinkommen muß noch nicht bedeuten, daß damit auch die Fähigkeit der Haushalte gestiegen ist, sich mehr *Güter* und *Dienstleistungen* kaufen zu können, daß sich also der *Wohlstand* bzw. Lebensstandard erhöht hat. Es kann sein, daß die *Preise* der Konsumgüter (Brot, Waschmaschinen usw.) den gestiegenen Nominaleinkommen «davonlaufen» (↓*Inflation*). Es kommt also nicht auf die nominelle Höhe des Einkommens an, sondern darauf, welche Mengen an Gütern und Diensten damit gekauft werden können (*Kaufkraft* des Geldeinkommens oder Geldwert). Im Gegensatz zum Nominaleinkommen spricht man hier von Realeinkommen. Nehmen wir an, das Geldeinkommen würde sich nicht erhöhen oder verringern, die Güterpreise aber würden fallen, dann könnten mit demselben Nominaleinkommen mehr Güter erworben werden, das heißt, das Realeinkommen hätte sich erhöht. Das Geld wäre mehr wert, da man für jede Mark mehr erhält (Geldwertsteigerung); die *Nachfrage* ist kaufkräftiger geworden. Ein Vergleich zwischen dem Zuwachs des Nominal- und Realeinkommens zeigt zum Beispiel für 1973: Das Nominaleinkommen je Arbeitnehmer (netto, also nach Abzug der Steuer) ist durchschnittlich um 8,1 % gegenüber dem Vorjahr gestiegen; real bedeutet dieser Zuwachs aber nur eine Steigerung von 1,3 %, da sich gleichzeitig die Preise (*Preisindex für die Lebenshaltung*) um 6,8 % erhöhten.
Die Einkommen der Selbständigen und Unselbständigen stellen Einkommen aus produktiver Tätigkeit dar. Daneben gibt es Geldeinkommen, die der Staat an Nichtselbständigenhaushalte zahlt (z. B. Stipendien, Renten, Pensionen, Kriegsopferversorgung usw.). Diese Einkommen zur sozialen Sicherung werden Sozialeinkommen oder Transferzahlungen (von lat. transferere = auf jemanden übergehen lassen) genannt.
Rentner, Pensionäre, Studenten usw. werden von Preissteigerungen besonders getroffen, da sich ihr Einkommen im allgemeinen nur wenig erhöht und auch erst mit zeitlicher Verzögerung «dynamisiert», das heißt an eingetretene Preissteigerungen angepaßt wird.

Einzelfertigung Ein *Unternehmen* mit Einzelfertigung stellt ein bestimmtes Produkt auf Bestellung eines Kun-

den in der Regel nur einmal her. Im Gegensatz zur *Massen-* und *Serienfertigung* muß es einen hohen Anteil gut ausgebildeter Fach*arbeiter* beschäftigen, die unter Zuhilfenahme möglichst vielseitig verwendbarer Maschinen den *handwerk*lichen Anforderungen der Einzelfertigung gewachsen sind. Durch den überwiegenden Anteil handwerklicher Tätigkeit und den geringen Spielraum für *Rationalisierung* und *Automation* sind die Produktions*kosten* verhältnismäßig hoch. So ist es beispielsweise wesentlich teurer, sich beim Schneider einen Anzug «nach Maß» (Einzelfertigung) nähen zu lassen, als ihn «von der Stange» (Serienfertigung) zu kaufen.
Unternehmen mit Einzelfertigung können sich in der Regel schneller auf veränderte Kundenwünsche einstellen, als Unternehmen mit Massen- und Serienfertigung, die auf Grund ihrer hochspezialisierten Maschinen und ihrer fortgeschrittenen Automatisierung in ihren *Produktions*möglichkeiten relativ stark festgelegt sind.

Einzelhandel, Einzelhandelsbetrieb (siehe auch ↓*Handelsbetrieb*) Der Einzelhandel (genauer: Einzelhandelsbetrieb) bezieht seine Waren von *Großhandelsbetrieb*en oder unmittelbar vom *Produzent*en und verkauft sie in *Haushalt*smengen an die *Verbrauch*er. Einzelhandelsbetriebe sind beispielsweise *Kaufhäuser, Warenhäuser, Discountläden, Selbstbedienungsläden* und *Supermärkte*; eine besondere Form des Einzelhandels stellt der *Versandhandel* dar. Etwa 50 % aller Ausgaben für Konsum*güter* werden über den Einzelhandel abgewickelt.

Einzelunternehmen Als Einzelunternehmen bezeichnet man einen *Gewerbe*betrieb unter verantwortlicher Leitung einer einzelnen Person, die das *Eigenkapital* für dieses *Unternehmen* allein aufbringt, alleinigen Anspruch auf den erwirtschafteten *Gewinn* hat und für die *Verbindlichkeiten* mit ihrem gesamten *Vermögen* haftet. Die *Kapital*kraft von Einzelunternehmen ist im allgemeinen gering (siehe auch ↓*Unternehmensform*).

eiserner Bestand Im Rahmen der *Lagerhaltung* wird zur Vermeidung von *Produktion*sunterbrechungen häufig ein Mindestlagerbestand für einzelne Waren festgelegt, der lediglich in Notfällen (z. B. bei unvorhergesehenen *Beschaffung*sschwierigkeiten) verbraucht werden darf. Auch *Handelsbetrieb*e verfügen meist über einen solchen eisernen Bestand, der nur bei Wareneingangsverzögerungen oder plötzlich ansteigender *Nachfrage* angebrochen wird. Die Bestellung neuer Waren muß so rechtzeitig erfolgen, daß diese Reserve möglichst immer erhalten bleibt.

Embargo (span. embargo = Beschlagnahme, Sperre) Ein vom Staat verhängtes vollständiges *Ausfuhr*verbot für bestimmte Waren (z. B. Rohstoffe, *Gold*, Waffen) in alle oder einzelne Länder. Es kann den Zweck haben, die Versorgung der eigenen *Wirtschaft* mit wichtigen Rohstoffen sicherzustellen, aber auch politische Ziele verfolgen. Ein solches Embargo bestand beispielsweise für Lieferungen strategischer Güter (Röhrenembargo) an die Länder des Ostblocks in den sechziger Jahren (siehe auch *Boykott*).

Engpaß Als Engpaß bezeichnet man in der *Betriebswirtschaftslehre* das Auftreten knapper *Kapazität* in einem betrieblichen Teilbereich (z. B. die Maschine X) im Verhältnis zu den anderen Teilbereichen (z. B. die Maschinen A, B,

Fall 1

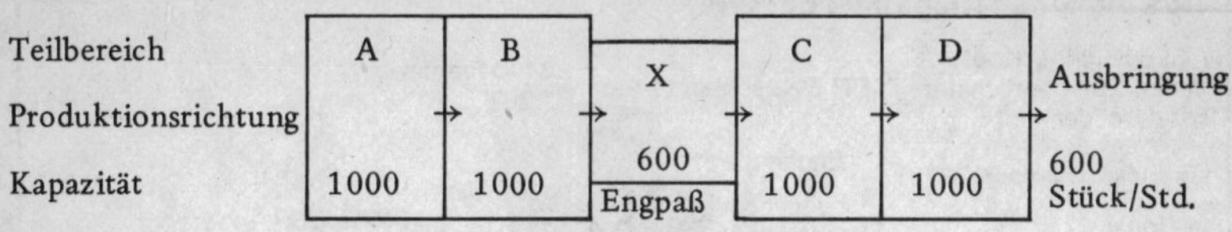

Fall 2

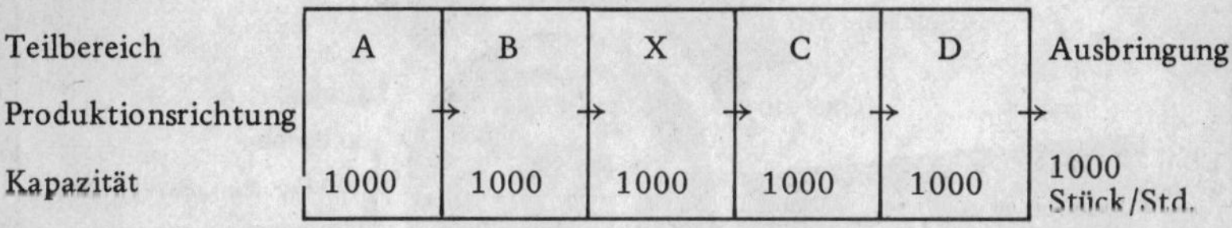

... C, D). Wenn beispielsweise die Maschine X 600 Stück einer Ware pro Stunde produzieren kann (Kapazität) und vor- und nachgeschaltete Maschinen, die das Produkt bis zur Fertigstellung ebenfalls durchlaufen muß, eine Kapazität von 1000 Stück pro Stunde besitzen, stellt der Teilbereich X einen Engpaß dar, da seine Kapazität von 600 Stück pro Stunde als schwächstes Glied in der *Produktion*skette die Produktionsmenge bestimmt (siehe Abbildung). Soll die *Ausbringung* auf 1000 Stück pro Stunde erhöht werden, muß die Kapazität des Teilbereiches X der Kapazität der anderen Teilbereiche angeglichen werden.

Entwicklungsländer, Entwicklungshilfe Die wirtschaftlich und sozial unterentwickelten Länder vor allem in Afrika, Asien, Süd- und Mittelamerika werden im Gegensatz zu den hochentwickelten *Industrie*nationen «Entwicklungsländer» genannt. Es hat sich auch der Begriff «Dritte Welt» durchgesetzt («Erste Welt»: USA, UdSSR; «Zweite Welt»: die Industriestaaten Europas sowie Kanada, Australien, Neuseeland, Japan u.a.). Da sich die Entwicklungsländer hinsichtlich der Armut noch unterscheiden, wird bei den Ärmsten der Armen auch von «Vierter Welt» gesprochen.

Folgende Merkmale sind für Entwicklungsländer charakteristisch:

1. Die Bevölkerung wächst «explosionsartig». Der jährliche Zuwachs beträgt 2–3 % (Industrieländer: höchstens 1 %). Von rund 2,5 Milliarden Menschen im Jahre 1970 wird die Bevölkerung in den Entwicklungsländern auf fast 5 Milliarden im Jahre 2000 anwachsen. In diesem Zeitraum wird sich die Bevölkerung der europäischen Industrieländer nur von 700 Millionen auf 880 Millionen vermehren (alles mittlere Schätzungen).
2. Die *Produktion*sstruktur ist einseitig. Weitaus wichtigster *Wirtschaft*szweig ist die Landwirtschaft, in der bis zu 80 % der Bevölkerung zur Sicherung des eigenen *Bedarfs* tätig sind. Der *Kapital*einsatz (Maschinen) ist gering. Die Industrialisierung steckt in den Anfängen und konzentriert sich auf einzelne städtische Regionen.
3. Die Bevölkerungsentwicklung und

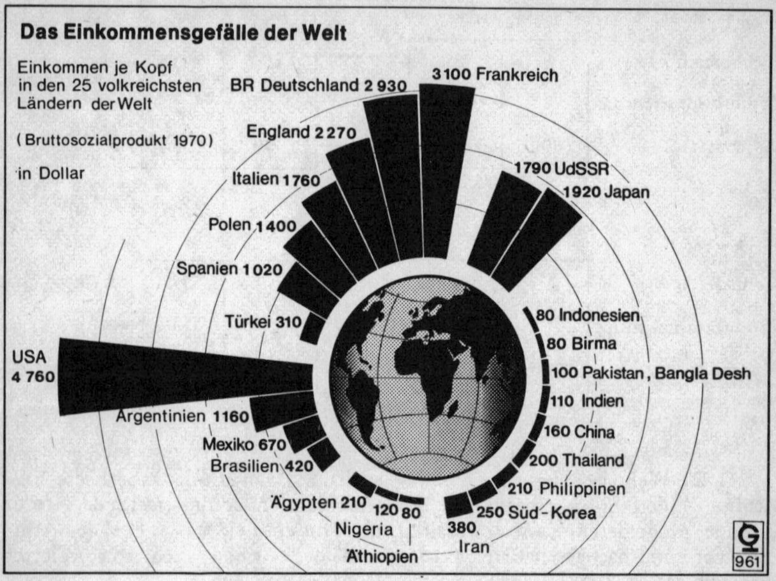

(Quelle: Globus-Kartendienst, Hamburg)

begrenzte Aufnahmefähigkeit der Landwirtschaft (bei Fehlen anderer Wirtschaftszweige) führen zu hoher *Arbeitslosigkeit* und Slumbildung in den Städten.

4. Das Pro-Kopf-↓*Einkommen* der Masse der Bevölkerung ist extrem niedrig.

5. Obwohl das Einkommen fast ausschließlich für Nahrungsmittel ausgegeben wird, ist die Bevölkerung unterernährt. Hinzu kommt, daß die Nahrung zuwenig Eiweiß enthält, da die Landwirtschaft vorwiegend Getreide und pflanzliche Rohstoffe produziert. Wegen der schlechten Gesundheitsverhältnisse stirbt jedes vierte bis fünfte Kind vor dem fünften Geburtstag. Millionen der überlebenden Kinder leiden infolge der Unterernährung an unheilbaren körperlichen und geistigen Schäden. Die durchschnittliche Lebenserwartung liegt weit unter der in den Industrieländern.

6. Ein Großteil der Bevölkerung kann

	Nahrungsverbrauch	*Durchschnittsalter*
entwickelte Länder	Kalorien pro Tag $\geqq 3000$	Jahre $\geqq 63$
unterentwickelte Länder	Kalorien pro Tag $\leqq 2500$	Jahre $= 35$

Eines der schönsten Hochhäuser der Welt, in Sao Paulo: Hochhausbau, weil man «hoch hinaus» will?

Quelle: tele 55, S. 36

weder lesen noch schreiben (Analphabeten). Es fehlt an genügend Ausbildungsmöglichkeiten und damit an qualifizierten *Arbeits*kräften, was die Industrialisierung hemmt und das Arbeitslosenproblem verschärft.

7. Der Masse der Nichtbesitzenden steht eine kleine Minderheit der Besitzenden gegenüber. Vielfach werden die durch ökonomische Ausbeutung der Masse dem *Boden* entzogenen *Gewinne* aus Großgrundbesitz nicht zur Modernisierung der Landwirtschaft (Kapitalbildung) und damit zur Erhöhung der ↓*Produktivität* der Arbeit verwandt, sondern für unproduktiven Luxus. Ähnlich verhält sich der Staat, wenn er durch hohe Rüstungsausgaben, teure Repräsentationsbauten (z. B. dekorative Verwaltungsgebäude) und anderes seine Macht gegenüber einer nur stillschweigend zuschauenden (häufig politisch unterdrückten) Masse bestätigen will.

Eine ausreichende Steigerung der Produktivität kann weiterhin auch nicht von kapitalkräftigen Investoren aus den Industrieländern erwartet werden, solange die von ihnen in den Entwicklungsländern erwirtschafteten Gewinne nicht dort zur weiteren Kapitalbildung verbleiben, sondern in das Kapitalgeberland zurückgeholt werden.

Diese in der Dritten und verstärkt in der Vierten Welt festzustellenden Tatsachen führen zu einem sich fortsetzenden Teufelskreis der Verelendung.

Diesen Teufelskreis des Elends zu durchbrechen, ist Anliegen vor allem der «Entwicklungshilfe». Es handelt sich um finanzielle und technische Hilfeleistungen seitens wirtschaftlich fortgeschrittener Länder sowie internationaler Organisationen (z. B. ↓*Organisation für Wirtschaftliche Zusammenarbeit und Entwicklung*).

Diese Maßnahmen verfolgen vor allem das Ziel, durch Erhöhung der jährlichen Wachstumsraten des ↓*Sozialprodukt*s der Entwicklungsländer die Kluft zum *Wohlstand* der Industriestaaten zu verringern. Nach den Vorstellungen der Vereinten Nationen (UN) sollen die Industrienationen jährlich mindestens 1 % ihres Sozialprodukts für Entwicklungshilfe aufwenden (siehe auch *Konsumgesellschaft*).

Sowohl in den Geber- als auch in den Empfängerländern ist die Entwicklungshilfe umstritten. Bei den Entwicklungsländern besteht vor allem die Furcht vor wirtschaftlicher und politischer Abhängigkeit und damit vor neuem Kolonialismus.

Euro-Dollar-Markt Der Euro-Dollar-Markt ist ein schwer bestimmbarer und unorganisierter internationaler Geld*markt*, auf dem vor allem US-Dollar gehandelt werden aber auch andere wichtige ↓*Währung*en europäischer Länder (z. B. die Deutsche Mark, Pfund-Sterling, Schweizer Franken, Holländischer

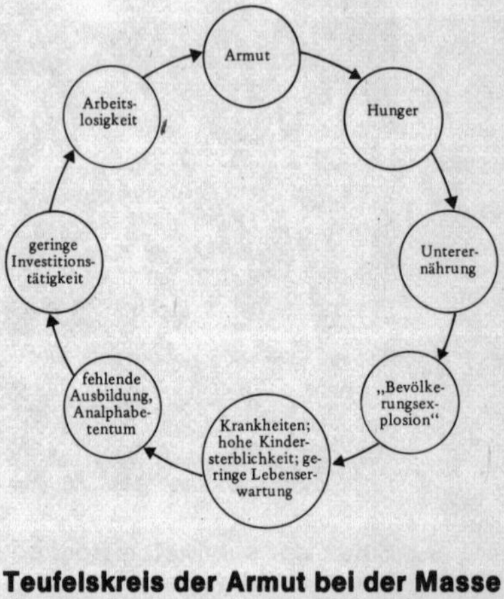

Teufelskreis der Armut bei der Masse der Bevölkerung in den Entwicklungsländern

Gulden). Dieser Geldmarkt spielt sich auf wichtigen Finanzplätzen Westeuropas ab, beispielsweise in London, Zürich, Paris, Frankfurt/M., hat sich inzwischen aber auch auf Kanada und Japan ausgedehnt. Gehandelt werden im allgemeinen nur Großbeträge von 500000 US-Dollar aufwärts. Beteiligt sind vor allem Großbanken, *multinationale Unternehmen* und sonstige Großanleger, die ihr *Geld* nicht zu niedrigen *Zins*en in den USA anlegen wollen, sondern höhere Zinsen, insbesondere in Europa, suchen. Als Geldnehmer kommen beispielsweise europäische Importeure in Frage, die mit diesem Geld ihre Einfuhren aus anderen Ländern zu bezahlen beabsichtigen. Es wird aber auch für andere Geldanlagen verwendet.
Der Euro-Dollar-Markt erschwert durch seine Unübersichtlichkeit und seinen Umfang die *Konjunktur-* und Währungs*politik* der einzelnen Länder.

Europäische Atomgemeinschaft (EURATOM) Die Europäische Atomgemeinschaft wurde gleichzeitig mit der *Europäischen Wirtschaftsgemeinschaft (EWG)* am 25. 3. 1957 in Rom gegründet. Sie hat dieselben Mitgliedsstaaten, denselben Sitz und seit 1967 auch dieselben Organe wie die EWG (↓*Europäische Gemeinschaft*). Die EURATOM hat sich die Aufgabe gestellt, die Atomenergie für friedliche Zwecke innerhalb der Gemeinschaft nutzbar zu machen. Inzwischen verfügt die Gemeinschaft über Kernforschungsanlagen in Geel (Belgien), Ispar (Italien), Karlsruhe (BRD) und Pitten (Niederlande).

Europäische Freihandelszone (EFTA; engl. Abkürzung für European Free Trade Association) Die EFTA wurde am 4. 1. 1960 durch den Vertrag von Stockholm mit Sitz in Genf gegründet. Die sieben Gründungsmitglieder waren Dänemark, Großbritannien, Norwegen, Österreich, Portugal, Schweden und die Schweiz. Finnland wurde 1961 assoziiertes (*Assoziierung*) Mitglied, und Island trat am 1. 3. 1970 bei. Die EFTA erreichte ihr Ziel, die Zölle (*Zoll*) auf gewerbliche Erzeugnisse zwischen den Mitgliedsstaaten völlig abzubauen, am 31. 12. 1966. Jedes Land behält aber im Gegensatz zur *Europäischen Wirtschaftsgemeinschaft (EWG)* das Recht, eigene Zölle gegenüber Drittländern (Nichtmitgliedern) zu erheben.
Nach der Beseitigung der Zollschranken innerhalb der EFTA können Waren (ausgenommen Agrarprodukte) frei gehandelt werden (daher *Freihandel*zone). Als Großbritannien und Dänemark 1973 die EFTA verließen und Vollmitglieder der EWG wurden, einigten sich die restlichen Mitgliedsstaaten auf den Fortbestand der EFTA. Mit der EWG wurde 1972 ein Abkommen in der Absicht geschlossen, die *Industrie*zölle in ganz Westeuropa (ohne Spanien) abzubauen.

Europäische Gemeinschaft (EG) Seit 1967 bestehen für die *Europäische Wirtschaftsgemeinschaft (EWG)*, für die *Europäische Gemeinschaft für Kohle und Stahl* (EGKS; Montanunion) und für die *Europäische Atomgemeinschaft (Euratom)* gemeinsame *Organ*e:
Der Gemeinsame Rat (Ministerrat) in Luxemburg ist zuständig für die politischen Grundsatzentscheidungen;
die Gemeinsame Kommission besteht aus neun von den Regierungen benannten Mitgliedern und sorgt für die Ausführung der Beschlüsse des Ministerrats;
der Europäische Gerichtshof in Luxemburg achtet auf die Einhaltung der gegenseitigen Verpflichtungen;
das Europäische Parlament tagt mit seinen 142 von den Parlamenten der Mit-

gliedsländer bestimmten Abgeordneten in Straßburg.
Für diese gemeinsamen Organe und die Mitgliedsstaaten selber wird der Name Europäische Gemeinschaft (EG) verwandt.

Europäische Gemeinschaft für Kohle und Stahl (EGKS) Die Gründung der Europäischen Gemeinschaft für Kohle und Stahl (Montanunion) im Jahr 1951 war der erste Schritt einer wirtschaftlichen Zusammenarbeit in Westeuropa. Der Sitz ist in Luxemburg.
Das Anliegen der EGKS ist es, einen gemeinsamen *Markt* für Kohle, Stahl, Eisenerz und Schrott innerhalb der Gemeinschaft zu schaffen. Mitglieder sind die Staaten der heutigen *Europäischen Wirtschaftsgemeinschaft* (siehe auch ↓*Europäische Gemeinschaft*).

Europäische Wirtschaftsgemeinschaft (EWG) Die EWG wurde zusammen mit der *Europäischen Atomgemeinschaft* durch den Vertrag zur Gründung der Europäischen Wirtschaftsgemeinschaft (EWG-Vertrag) am 25. 3. 1957 in Rom auf unbefristete Zeit errichtet. Die «Römischen Verträge» traten am 1. 1. 1958 in Kraft. Die EWG, auch «gemeinsamer Markt» oder früher «Sechsergemeinschaft» genannt, hat ihren Sitz in Brüssel (↓*Europäische Gemeinschaft [EG]*). Die Gründungsmitglieder sind Belgien, Bundesrepublik Deutschland, Frankreich, Italien, Luxemburg, Niederlande.
Die 1961 und 1967 gestellten Aufnahmeanträge Großbritanniens scheiterten jeweils am Widerspruch Frankreichs; daraufhin zogen auch Dänemark, Irland und Norwegen ihre Anträge zurück. Erst am 1. 1. 1973 konnte die EWG durch die Beitritte Dänemarks, Großbritanniens und Irlands auf neun Vollmitglieder mit Übergangsbestimmungen erweitert werden. Griechenland und die Türkei sind seit 1962 bzw. 1964 assoziierte Mitglieder (*Assoziierung*), die nach einer bestimmten Übergangszeit Vollmitglieder werden können.
Die Römischen Verträge bilden die Grundlage für einen wirtschaftlichen und politischen Zusammenschluß (Integration) der europäischen Länder. Vor allem im wirtschaftlichen Bereich wurden Fortschritte gemacht. So werden zwischen den Mitgliedsländern keine Zölle (*Zoll*) mehr erhoben und gegenüber Nichtmitgliedern (Drittländern) gilt ein gemeinsamer Außenzolltarif. Ferner besteht ein gemeinsamer *Markt* für Agrar- und Industrieerzeugnisse. Alle Erwerbstätigen können ihren Arbeitsplatz innerhalb der Gemeinschaft frei wählen.
Trotz dieser positiven Entwicklung im wirtschaftlichen Bereich ist die EWG noch kein einheitliches Wirtschaftsgebiet; hierzu fehlen unter anderem noch eine gemeinsame *Währung* und ein vereinheitlichtes *Steuer*system.
Die politische Integration bleibt vorerst Fernziel.

F

Fertigprodukt Ein Produkt, das den betrieblichen *Produktion*sprozeß durchlaufen hat und zum Verkauf oder zum *Verbrauch* im eigenen *Betrieb* bereitsteht. Ein Fertigprodukt des einen *Unternehmens* kann für ein anderes Unternehmen ein zu verarbeitender Rohstoff sein. Blechtafeln sind beispielsweise für ein Walzwerk ein Fertigprodukt, für ein Automobilwerk jedoch ein Rohstoff.

Finanzierung Alle Maßnahmen zur Beschaffung und Bereitstellung von *Geld* und Sachmitteln (z. B. Maschinen, Grundstücke) für die *betrieb*liche Leistungserstellung (*Produktion* von *Gütern* und Bereitstellung von *Dienstleistungen*). Finanzierung heißt nicht nur die einmalige *Kapitalbeschaffung bei der Gründung* eines *Unternehmens*; auch die Erweiterung des Unternehmens und sein laufender Kapitalbedarf (z. B. für den Einkauf von Waren, die Zahlung der *Löhne* und Gehälter, die Rückzahlung von *Verbindlichkeiten*) müssen finanziert werden. Die *Kosten* der Finanzierung (z. B. die *Zinsen* für *Kredite*) wirken sich insbesondere auf die *Rentabilität* und die *Wirtschaftlichkeit* des Unternehmens aus. Die Finanzierung (Kapitalbeschaffung) ist Voraussetzung für die *Investition* (Kapitalverwendung). Man unterscheidet *Eigen-* (siehe auch *Selbstfinanzierung*) und Fremdfinanzierung (siehe auch *Eigen-, Fremdkapital*).

Firma (aus der ital. Handelssprache: Firma = rechtsgültige Unterschrift) Ins *Handelsregister* eingetragener und damit geschützter Name eines *Unternehmens* (z. B. eines *Handelsbetriebes*), unter dem der *Kaufmann* seine Geschäfte führt (z. B. Karl Müller, Feinkost).

Firmenwert Als Firmenwert (Geschäftswert, Goodwill) bezeichnet man solche Werte, die mit dem Namen (*Firma*) eines *Unternehmens* verbunden sind, wie beispielsweise der feste Kundenstamm, der gute Ruf des Unternehmens, sein gutes *Betriebs*klima, sein Stamm von qualifizierten *Arbeitnehmern*, sein günstiger Standort usw. Soll ein Unternehmen verkauft werden, müssen der Wert des betrieblichen *Vermögens* und der Firmenwert im *Verkaufspreis* berücksichtigt werden. Die Berechnung des Firmenwertes kann allerdings problematisch sein, da sich zum Beispiel ein fester Kundenstamm nicht ohne weiteres objektiv in *Geld* ausdrükken läßt.

Fließbandfertigung Bei der Fließbandfertigung durchläuft das zu bearbeitende Produkt mehrere *Arbeits*stufen, die räumlich und zeitlich hintereinandergeschaltet sind (Senkung der innerbetrieblichen Transport*kosten*). Das Fließband, von Henry Ford seit Anfang der zwanziger Jahre zur *Rationalisierung* der Automobilfertigung eingesetzt, transportiert die zu bearbeitenden Produkte nach jeder Teilarbeit mit gleichbleibendem Tempo von einem Arbeitsplatz zum nächsten. Voraussetzung für den Einsatz eines Fließbands sind *Massenfertigung*, genaue Arbeitsvorbereitung und weitgehende Arbeitsteilung (Aufteilung in einzelne Arbeitseinheiten). Die Nachteile der Fließbandfertigung für den *Arbeiter* (Bandarbeit) liegen in dem vom Fließband bestimmten Arbeitsrhythmus (Stress) und in der starken Arbeitsteilung, die die Tätigkeitsmerkmale auf wenige sich ständig wiederholende Handgriffe reduziert. Diese Spezialisierung des Bandarbeiters und die Eintönigkeit seiner Tätigkeit können unter Umständen zu gesundheitlichen Schäden führen.

Floating (von engl. to floate = fließen) Unter Floating versteht man das (vorübergehende) Abgehen von festen ↓*Wechselkursen* zu einem freien Spiel von *Angebot* und *Nachfrage* nach *Devisen* (freier Wechselkurs). Infolge der wachsenden Dollarkrise entschlossen sich die Bundesrepublik Deutschland und andere europäische Länder (Luxemburg, Frankreich, Niederlande, Belgien, Dänemark, Schweden, Norwegen) am 19. 3. 1973 zu einer Freigabe des Wechselkurses ihrer *Währungen* gegenüber dem US-Dollar (Blockfloating). Damit wurde die *Parität* zum Dollar gelöst. Entsprach vor der Freigabe die Parität 1 US-Dollar = 3,225 DM, so sank der Dollarkurs in kurzer Zeit auf fast 2,20 DM. Im Durchschnitt des Jahres 1974 lag der freischwankende Dollarkurs bei 1 US-Dollar = 2,5897 DM. Untereinander vereinbarten die am Blockfloating beteiligten Länder (Floatingblock) feste Wechselkurse, die innerhalb einer Bandbreite von nur 2,25 % schwanken dürfen.

Fluktuation (von lat. fluctare = unschlüssig sein) Im *wirtschaft*lichen Sprachgebrauch der *Arbeit*splatzwechsel zwischen *Unternehmen* (auch Mobilität der Arbeitskräfte genannt, von lat. mobilis = beweglich). Fluktuation kann verschiedene Gründe haben, beispielsweise wirtschaftliche Unzufriedenheit mit dem Arbeitsplatz (schlechte Verdienstmöglichkeit, konjunkturelle oder saisonale Gefährdung des Arbeitsplatzes), ein schlechtes Arbeitsklima oder geringe Aufstiegsmöglichkeiten.
Bei *Hochkonjunktur* ist die Fluktuation meistens größer als im *Abschwung*, weil das Arbeitsplatz*angebot* dann relativ groß ist, so daß *Arbeitnehmer* ohne großes Risiko ihren Arbeitsplatz wechseln und günstigere *Lohn-* und Arbeitsbedingungen erreichen können.
Die volkswirtschaftliche Bedeutung der Fluktuation besteht in einer möglichen Erhöhung des *Wirtschaftswachstums*, wenn sie zu leistungsstärkeren Unternehmen einsetzt, bei denen die zusätzlichen Arbeitskräfte produktiver (*Produktivität*) als am alten Arbeitsplatz eingesetzt werden können.

Forderung Die Forderung stellt das Recht auf eine Leistung dar, die dem *Gläubiger* eines *Vertrag*sverhältnisses gegenüber dem Schuldner zusteht. Daher bezeichnet man (z. B. in der *Buchführung* der *Unternehmen*) den Anspruch des Gläubigers, vom Schuldner die Bezahlung einer bestimmten *Geld*summe oder eine Warenlieferung verlangen zu können, als Forderung. Beispiel: A kauft von B am 6. 1. 1975 Waren im Werte von 10000 DM, die A erst am 10. 4. 1975 bezahlt. Bis zur Bezahlung hat der Gläubiger B eine Forderung gegen den Schuldner A.

Freihandel Unter Freihandel versteht man einen von jeglichen Handelshemmnissen (*Zoll*, *Protektionismus*) befreiten Warenaustausch zwischen den Ländern auf dem Weltmarkt. Dieses Ziel entspricht den Vorstellungen des *Liberalismus*. Seit dem 2. Weltkrieg sind durch internationale Abkommen Fortschritte beim Abbau von Handelshemmnissen erzielt worden. Bedeutende Freihandelszonen sind die übernationalen Wirtschaftsräume *Europäische Wirtschaftsgemeinschaft (EWG)* und *Europäische Freihandelszone*. Für einen weltweiten Zollabbau tritt das *Allgemeine Zoll- und Handelsabkommen (GATT)* ein.

freiwillige Ketten Bezeichnung für *vertrag*liche Zusammenschlüsse von *Großhandels-* bzw. *Produktion*sbetrieben mit *Einzelhandel*sunternehmen bei gewahrter rechtlicher und wirtschaftlicher Selbständigkeit aller Mitglieder. Die *Unternehmen* treten unter einem gemeinsamen Organisationszeichen (z. B. Edeka, Spar, A & O) auf. Der entscheidende Vorteil der freiwilligen Kette ist darin zu sehen, daß die Mitglieder ihre Interessen auf den *Absatz-* und *Beschaffung*smärkten gemeinsam wirkungsvoller durchsetzen können. So lassen sich beispielsweise bei Großaufträgen einer Handelskette in der Regel günstigere *Konditionen* (z. B. hoher Mengen*rabatt*) erzielen, als bei Bestellungen eines einzelnen Groß- oder Einzelhändlers. Außerdem bietet eine gemeinsame *Werbung Kosten-* und Absatzvorteile für alle angeschlossenen *Betriebe.*

Fremdfinanzierung ↓*Finanzierung* eines *Unternehmens* mit *Fremdkapital,* (Gegensätze zu *Eigenfinanzierung, Eigenkapital*), das nur für begrenzte Zeit zur Verfügung steht. Die *Kapital*geber sind nicht am Unternehmen beteiligt, sondern *Gläubiger,* die sich in der Regel lediglich für die *Zins*einnahmen und eine pünktliche Rückzahlung (*Tilgung*) interessieren.
Die Vorteile der Fremdfinanzierung liegen zum Beispiel in der Nichtbeteiligung des Fremdkapitals am *Gewinn* sowie der fehlenden oder nur geringen Einflußnahme der Fremdkapitalgeber auf die Geschäftsführung. Nachteile ergeben sich aus der beschränkten Verwendbarkeit (feste Laufzeit) und der Verpflichtung zur pünktlichen Zahlung des *Kapitaldienst*es auch bei Verlusten des Unternehmens.

Fremdkapital Zusammenfassende Bezeichnung für die auf die Passivseite der *Bilanz* ausgewiesene Gesamtsumme der Schulden eines *Unternehmens* (Passiva minus *Eigenkapital*). Zum Fremd*kapital* zählen diejenigen Mittel, die dem Unternehmen von Dritten leihweise zur Verfügung gestellt werden. Man unterscheidet langfristiges Fremdkapital mit einer Laufzeit von mehr als vier Jahren, wie *Anleih*en und sonstige *Darlehen,* und kurzfristiges Fremdkapital, wie Lieferer-, Wechsel- und Teilzahlungs*kredit*e (*Verbindlichkeiten*).

Fusion (von lat. fundere = schmelzen) Fusion oder Verschmelzung (auch Trust) ist ein Zusammenschluß von mehreren *Unternehmen,* die nicht nur ihre wirtschaftliche Selbständigkeit (wie beim *Konzern*) aufgeben, sondern auch eine rechtliche Einheit bilden, das heißt, die zusammengeschlossenen Unternehmen treten nicht mehr unter ihrer *Firma* auf, sondern bilden *Betrieb*e des aus der Fusion hervorgegangenen neuen Unternehmens. Ziel der Fusion sind insbesondere die *Markt*beherrschung (*Monopol*), die Vergrößerung der Produktions*kapazitäten* (*Produktion*) und *Rationalisierung* (siehe auch *Kartell*).

G

Geld Ursprünglich wurden Ware gegen Ware (z. B. Milch gegen Kartoffeln), *Dienstleistung* gegen Dienstleistung (z. B. Gütertransporte gegen Reparaturleistungen) oder Ware gegen Dienstleistung (siehe Abbildung) getauscht.

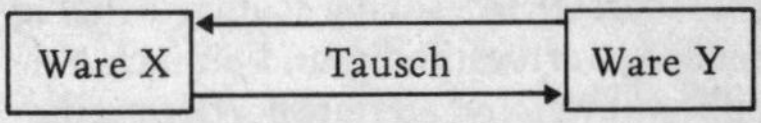

Dieser sog. Naturaltausch hatte vor allem zwei Nachteile: Einmal war es schwer, einen geeigneten Tauschpartner zu finden, der beispielsweise gerade Milch gegen Kartoffeln eintauschen wollte; andererseits fehlte ein allgemeiner Wertmaßstab, der Mengen und Qualitäten der auszutauschenden *Güter* vergleichbar machte. Um diese Nachteile zu vermeiden, nahm man im Laufe der Zeit nur noch solche Güter als Gegenleistungen an, die allgemein begehrt und daher jederzeit in andere Güter und Dienstleistungen eintauschbar waren. Solche allgemeinen Tauschmittel bezeichnete man als Geld. Erst durch das Geld wurde der Tauschvorgang in Kauf und Verkauf getrennt (siehe Abbildung) und außerdem ein brauchbarer Wertmaßstab geschaffen.
Als Tauschmittel dienten zum Beispiel Muscheln (sog. Muschelgeld), Nahrungsmittel (Datteln, getrocknete Fi-

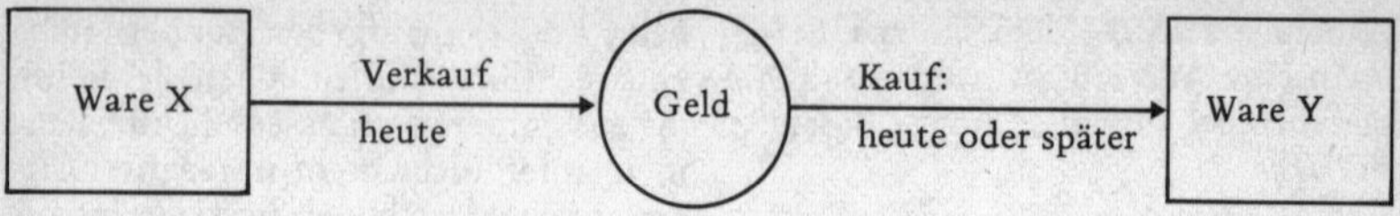

sche, Salz), Vieh und Viehteile (Häute, Felle), Kleidungsstücke, Mineralien. Mit zunehmender Ausdehnung des Güteraustausches wurden diese Tauschmittel jedoch problematisch. So waren sie häufig nur mühselig zu transportieren und schwer aufzubewahren; außerdem waren sie nicht in kleine Einheiten teilbar, um den Kauf auch kleiner Güterwerte zu ermöglichen, und man konnte sie oft nicht wertbeständig aufbewahren (*Sparen*), weil durch Verderb (z. B. bei Datteln) Wertverluste eintraten. Tauschmittel, die nicht nur allgemein begehrt sind und einen Wertmaßstab darstellen, sondern auch beliebig teilbar, wertbeständig und einfach aufzubewahren und zu transportieren sind, bezeichnet man als Geld im eigentlichen Sinne. Dazu gehören heute in den meisten Ländern die Münzen (Metallgeld), das Papiergeld (*Banknote*) und das *Buchgeld* (Giralgeld).

In der Bundesrepublik sind Banknoten der Deutschen *Bundesbank* und Münzen des Bundes (Pfennigmünzen nur bis zur Summe von 5 DM und Markmünzen nur bis zur Summe von 20 DM) gesetzliches Zahlungsmittel, das heißt, sie müssen von jedermann (Münzen nur bis zum genannten Umfang) zur Zahlung von *Verbindlichkeiten* (z. B. Steuern, Miete, Kaufschulden) angenommen werden. Banknoten werden von der Deutschen Bundesbank ausgegeben und insbesondere über die *Kreditinstitut*e in den *Wirtschaftskreislauf* gebracht. Es gibt Banknoten zu 5, 10, 20, 50, 100, 500 und 1000 Deutsche Mark. Sieht man von den Olympiamünzen ab (10-DM-Stücke), so lauten Münzen höchstens auf einen Betrag von 5 DM. Sie dienen der technischen Erleichterung des *Zahlungsverkehr*s und ermöglichen beispielsweise den Automatenkauf. Das alleinige Recht der Münzprägung und -ausgabe in der Bundesrepublik besitzt der Bundesminister für Finanzen; die Bundesbank bringt die Münzen nach Bedarf in Umlauf. Bei der Münzprägung entsteht der sog. Münz*gewinn* des Bundes, da die Herstellungs*kosten* der Münzen (Metall*preis* + Prägekosten) in der Regel niedriger sind als ihr *Nennwert* (siehe Abbildung, Stand: 1. 1. 1972).

Ein immer größerer Teil der täglichen Zahlungen wird in der Bundesrepublik, wie in den meisten anderen Ländern mit einer hochentwickelten *Wirtschaft*, mit Hilfe von Buchgeld (also bargeldlos durch Verrechnung von *Konto* zu Konto) durchgeführt (siehe *bargeldloser Zahlungsverkehr*).

Geld ist nur dann ein begehrtes Tausch- und Zahlungsmittel, wenn es knapp ist. Aus der Geschichte sind viele Beispiele bekannt, wo das vom Staat vorgeschriebene Zahlungsmittel in einem solchen Umfang vermehrt wurde (beispielsweise die ↓*Inflation* von 1922/23), daß es praktisch seinen Wert verlor und nicht mehr begehrt war. Daher versucht die auf *Preisniveaustabilität* bedachte ↓*Wirtschaftspolitik*, insbesondere die *Geldpolitik* der Bundesbank, eine Geldentwertung (*Inflation*) zu vermeiden, indem die Höhe der umlaufenden *Geldmenge* und damit die monetäre *Nachfrage* dem *Angebot* an Gütern und Dienstleistungen angepaßt wird. Eine zu stark einschränkende Geldpolitik

Nennwert der Münzen in		Herstellungskosten der Münzen in	
Pf	DM	Pf	DM
1	–	2,1	
2	–	2,6	
5	–	2,8	
10	–	3,4	
50	–	5,8	
–	1	9,1	
–	2	13,8	
–	5	–	1,38
–	10	–	2,20

bringt jedoch auch die Gefahr mit sich, daß auf Grund einer zu geringen Geldmenge die Tauschvorgänge am Markt erschwert werden (*Deflation*; siehe auch *Geldmenge*).

Geldmarkt Der *Geld*markt ist ein ↓*Markt* für kurzfristige Anlagen und *Kredit*e. Im engeren Sinn versteht man darunter einen nur zwischen Banken sich abspielenden Geldverkehr zum Ausgleich kurzfristiger Fehlbeträge oder Überschüsse. Im weiteren Sinn umfaßt der Geldmarkt alle kurzfristigen Einlagen- und Kreditgeschäfte der *Kreditinstitut*e mit ihren Kunden (Nichtbanken). Dabei handelt es sich einmal um *Geld*, das bei der Bank auf ein *Konto* eingezahlt wird und jederzeit wieder abgehoben werden kann (sog. Sichteinlagen, z. B. das Gehalt auf einem Girokonto, siehe auche *Kontokorrent*), zum anderen auf bestimmte Zeit festgelegte Gelder (befristete Einlagen). Mit diesen Einlagen können von dem Kreditinstitut kurzfristige Kredite gewährt werden. Die *Zins*en am Geldmarkt richten sich nach *Angebot* und *Nachfrage* und sind je nach Laufzeit verschieden. Zusammen mit dem *Kapitalmarkt* bildet der Geldmarkt den *Kreditmarkt*.

Geldmenge Das gesamte in der *Volkswirtschaft* umlaufende *Bargeld* sowie jene Einlagen bei *Kreditinstitut*en, die auf Wunsch des Kunden sofort rückzahlbar sind (sog. Sichteinlagen, d. h. Guthaben auf *Kontokorrent*- bzw. Girokonten). Die *Geld*menge betrug Ende 1974 in der Bundesrepublik Deutschland ca. 150 Milliarden DM und damit etwa 11 % mehr als ein Jahr zuvor; dabei entfielen allein auf das Bargeld 50 Milliarden DM oder etwa 8 % mehr.
Die Deutsche *Bundesbank*, die die Geldmenge regelmäßig bekanntgibt, nennt diese Geldmenge Geldvolumen im engeren Sinn (in der Abbildung: M 1; die Abkürzung M steht für engl. money = Geld). Dieser Geldmengenbegriff kann erweitert werden um die kurz- und mittelfristigen Einlagen (*Depositen* bzw. Termingelder bis zu einer Befristung von unter vier Jahren) der inländischen Nichtbanken (*Unternehmen*, private *Haushalt*e, Staat). Die Termingelder werden auch als «Quasigeld» bezeichnet. Dieses Geldvolumen im weiteren Sinn (Geld plus Quasigeld) betrug Ende 1974 etwa 270 Mrd. DM oder etwa 5 % mehr als ein Jahr zuvor (vgl. in der Abbildung: M 2). Das Quasigeld (etwa 120 Milliarden DM) bestand zu etwa 80 %

aus Termingeldern der Unternehmen und privaten Haushalte und zu etwa 20 % aus nicht verausgabten Einlagen des Staates.

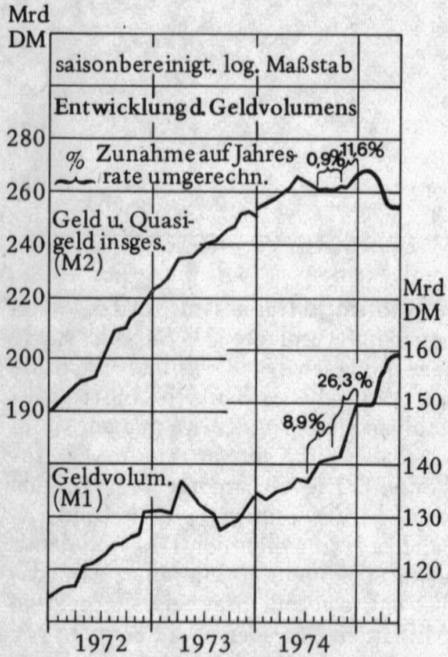

Entwicklung des Geldvolumens

Geldpolitik Die *Geld*politik (auch *Kredit*politik genannt) ist ein Bestandteil der ↓*Wirtschaftspolitik.* Ihre Aufgabe ist die Erhaltung des Geldwertes (*Kaufkraft*), das heißt die Erhaltung der *Preisniveaustabilität.* Die Preisstabilität ist eines der Ziele des sog. *«magischen Vierecks».* Die Geldpolitik versucht, über die Steuerung der umlaufenden *Geldmenge* und damit über die Geldversorgung der *Wirtschaft,* ihr Ziel zu erreichen. Ein Zuviel an Geld in der *Volkswirtschaft* kann *Inflation,* also Geldentwertung, verursachen. In diesem Fall muß die Geldmenge verringert werden. Hat sich die *Konjunktur* verschlechtert und herrscht *Rezession* (*Produktion*srückgang), so kann durch eine Erhöhung der Geldmenge die Konjunktur wieder angeregt werden. Da ein großer Teil des Geldes durch Verschuldung bei den *Kreditinstitut*en in die Wirtschaft gelangt (z. B. für den Kauf eines Autos wird dort ein *Kredit* aufgenommen; das gleiche macht der Unternehmer, wenn er ein Werk bauen oder eine Maschine kaufen will), versucht die Geldpolitik, diese Kreditgewährung der Banken zu bremsen oder zu erleichtern. Letzteres wird dann der Fall sein, wenn sich die Wirtschaftslage verschlechtert und daher die Konsumenten und *Produzenten* angeregt werden sollen, mehr zu kaufen (*Konsum*güter, *Investitionsgüter*), damit auch mehr produziert werden kann.

Die Geldpolitik wird in der Bundesrepublik Deutschland von der Deutschen *Bundesbank* (Notenbank) betrieben, die mit Hilfe dieses Instruments auch die Wirtschaftspolitik der Regierung unterstützen kann (*Konjunkturpolitik*). Um ihr geldpolitisches Ziel zu erreichen, stehen der «Hüterin der *Währung*» mehrere Wege offen (*Diskont-*, *Mindestreserve-*, *Offenmarktpolitik*).

Genossenschaft ist eine Personenvereinigung, die beliebig viele Mitglieder (Genossen) annehmen kann (mindestens sieben). Erforderlich ist ein gemeinschaftlicher Geschäfts*betrieb,* um Erwerb oder *Wirtschaft* der Mitglieder zu fördern. Sie wird in ein Genossenschaftsregister eingetragen.

Die ersten Genossenschaften entstanden in der Zeit der *Industrie*alisierung, als die aufkommenden Großbetriebe auf Grund ihrer rationelleren Arbeitsweise die Existenz insbesondere kleiner landwirtschaftlicher und *Handwerks*betrie-

be bedrohte. Durch den Zusammenschluß der wirtschaftlich schwachen und allein kaum wettbewerbsfähigen *Unternehmen* in Genossenschaften wollte man die Vorteile des Großbetriebs nutzen und eine gesteigerte *Wettbewerb*sfähigkeit nach dem Motto erreichen: «Vereint sind auch die Schwachen mächtig.»
Nach dem wirtschaftlichen Zweck der Genossenschaften unterscheidet man:
a) *Kredit*genossenschaften (Volksbanken, Raiffeisenbanken, Spar- und Darlehnskassen),
b) Einkaufsgenossenschaften (zum gemeinsamen Einkauf von Rohstoffen und *Bedarf*sartikeln, z. B. Edeka, Rewe),
c) *Absatz*genossenschaften (zum Verkauf landwirtschaftlicher oder gewerblicher Produkte),
d) *Produktion*sgenossenschaften (gemeinsame Herstellung und Verkauf von *Gütern*),
e) *Konsum*genossenschaften (Zusammenschluß von *Verbrauch*ern, um insbesondere *Haushalt*sbedarfsgüter in größeren Mengen zu beziehen oder auch selbst herzustellen und in kleineren Mengen an die Verbraucher weiterzugeben. Heute werden Konsumgenossenschaften mehr und mehr in die Rechtsform der *Aktiengesellschaft* überführt: z. B. früher Konsum, jetzt Co-op-AG.
f) Baugenossenschaften (Herstellung von Wohnungen für die Genossen) und
g) Betriebsgenossenschaften (gemeinschaftliche *Beschaffung* und Benutzung von Gegenständen des landwirtschaftlichen oder gewerblichen *Betriebe*s, z. B. von Mähdreschern, Traktoren).

Geschäft Umgangssprachliche Bezeichnung für die Verkaufsräume von *Einzelhandelsbetrieben* (Ladengeschäft), für einen *Betrieb* insgesamt («Meier hat ein gutgehendes Geschäft») oder für einen erfolgreichen Geschäftsabschluß («Da haben wir ein gutes Geschäft gemacht!»).

Gesellschaft mit beschränkter Haftung (GmbH) Die GmbH ist eine ↓*Kapitalgesellschaft*, die zu jedem gesetzlich zulässigen Zweck von mindestens zwei Personen mit einem Stamm*kapital* von mindestens 20000 DM gegründet werden kann. Das Stammkapital der GmbH ist in Geschäftsanteile zerlegt. Nach der *Gründung* kann ein Gesellschafter die anderen Geschäftsanteile kaufen, so daß ein *«Einzelunternehmen»* (Einmann-GmbH), jedoch ohne persönliche Haftung, entsteht (↓*Unternehmensform*), da Gesellschafter für die *Verbindlichkeiten* einer GmbH nur bis zur Höhe ihrer Stammeinlage haften, die mindestens 500 DM je Geschäftsanteil betragen muß. Die GmbH wird bei dem Gericht, in dessen Bezirk sie ihren Sitz hat, in das *Handelsregister* eingetragen. Die Geschäftsführungsbefugnis obliegt einem oder mehreren Geschäftsführern, die nicht Gesellschafter sein müssen. Ein Aufsichtsrat ist erst bei 500 Beschäftigten (in der Montanindustrie bei 100) vorgeschrieben; seine Aufgaben entsprechen denen des Aufsichtsrats einer *Aktiengesellschaft*. Besonders vorteilhaft bei dieser Unternehmensform sind der geringe Kapitalbedarf bei der Gründung und die Haftungsbeschränkung (siehe auch *GmbH. & Co. KG*).

Gewerbe ist jede auf Dauer angelegte selbständige wirtschaftliche Tätigkeit mit der Absicht, *Gewinn* zu erzielen. Ausgenommen sind Land- und Forstwirtschaft, Bergbau (Urproduktion) und die freien *Berufe* (z. B. Rechtsanwalt). Zum Gewerbe zählen insbesondere die *Industrie* und das *Handwerk*, das heißt die Be- und Verarbeitung von *Gütern*, sowie der Handel (*Handelsbetrieb*), Verkehrsbetriebe und Banken (*Kreditinstitut*). Grundsätzlich besteht Gewerbefreiheit, das heißt, jeder Staatsbürger darf ein Gewerbe betreiben. Häufig sind dazu allerdings bestimmte fachliche Voraussetzungen gesetzlich vorgeschrieben (z. B. bei Apotheken, Gaststätten).

Gewinn Unter Gewinn (Profit) versteht man die positive Differenz zwischen Erlös (*Umsatz*) und *Kosten*. Beispiel: Sind in einem bestimmten Zeitraum 200 Stück eines Produkts zu einem *Verkaufspreis* von 2 DM pro Stück abgesetzt (verkauft) worden und entfallen auf diesen *Absatz* insgesamt 320 DM Kosten, so läßt sich der Gewinn folgendermaßen bestimmen:

Gewinn = Absatzmenge × Verkaufspreis − Gesamtkosten
= 200 × 2 − 320
= 80 DM

Absatzmenge × Verkaufspreis ergibt den Erlös; sind die Kosten größer als der Erlös, spricht man von Verlust.
Die Erhöhung des Gewinns eines *Unternehmens* läßt sich demnach von drei Größen beeinflussen: durch den Absatz (Steigerung der Absatzmenge), den Verkaufspreis des Produkts (*Preis*erhöhung) und durch die auf dieses Produkt entfallenden Gesamtkosten (Kostensenkung z. B. durch *Rationalisierung*). Einen möglichst hohen (Gewinnmaximierung) bzw. angemessenen Gewinn zu erzielen, stellt zumindest langfristig das Hauptziel der erwerbswirtschaftlichen Tätigkeit der Unternehmen in einer *Marktwirtschaft* dar.

Gewinn- und Verlustrechnung Teil des Jahresabschlusses (*Rechnungswesen*) eines *Unternehmens*. Sie erfolgt in der Regel mit dem Gewinn- und Verlust-*Konto*, in dem die *Kosten* und Erlöse (*Umsatz*) gegenübergestellt werden. Als Saldo ergibt sich der *Gewinn* oder Verlust des Unternehmens.

Gläubiger, Schuldner, Schuldverhältnis Schuldverhältnis ist ein Rechtsverhältnis, in dem sich zwei oder mehrere Personen als einander zu bestimmten Leistungen berechtigt und verpflichtet gegenüberstehen. Dabei ist *Gläubiger* derjenige, der innerhalb eines bestehenden *Vertrag*sverhältnisses berechtigt ist, eine Leistung zu verlangen. Gläubiger nennt man ihn deswegen, weil er seinen «Glauben» in die Person des Verpflichteten (Schuldners), dessen Leistungsbereitschaft und Leistungsmöglichkeit gesetzt hat.
Bei einseitigen Schuldverhältnissen (z. B. Schenkungsversprechen) hat nur einer eine Leistung zu erbringen.
Wenn jeder aber dem anderen etwas schuldet (z. B. X kauft bei Y für 500 DM Waren), so wird er hinsichtlich seiner eigenen Leistung Schuldner, hinsichtlich der *Forderung* an den Vertragspartner Gläubiger (X schuldet 500 DM und kann dafür Ware fordern; Y schuldet Ware und kann 500 DM fordern). Diese sog. «zweiseitigen» Verträge sind demnach dadurch gekennzeichnet, daß man jemandem nur deshalb eine Leistung verspricht, weil man in den Genuß der Gegenleistung kommen will.

GmbH & Co. KG Die GmbH & Co. KG ist eine ↓*Personengesellschaft* in der Form einer *Kommanditgesellschaft*, deren *Komplementär* (Vollhafter) eine *Gesellschaft mit beschränkter Haftung* ist. Da die Gesellschafter einer GmbH nur bis zur Höhe ihrer Stammeinlage haften, hat die GmbH & Co. KG den Vorteil der Haftungsbeschränkung.

Gold Heute gibt es kein Land mehr, in dem Goldmünzen als gesetzliches *Zah-*

lungsmittel im Umlauf sind (*Geld*) oder der Besitzer von *Banknoten* in Höhe des Nominalwertes der Note (z. B. 100-DM-Note) von der Notenbank (*Bundesbank*) Gold verlangen kann. Eine solche Goldumlauf*währung* bestand noch bis 1914 in vielen Ländern.
Trotzdem hat Gold auch heute große Bedeutung. Wenn sämtliche Käufe eines Landes im Ausland (Einfuhr) größer sind als seine Verkäufe an das Ausland (*Ausfuhr*), hat das Land insgesamt gegenüber dem Ausland mehr Schulden als Forderungen. Diese Differenz (Saldo) kann durch Goldverkäufe an das Ausland ausgeglichen werden. Verfügt ein Land also über Goldbestände, kann es sie als eine Art internationales Zahlungsmittel einsetzen. Die Goldreserven der Deutschen Bundesbank sind von 12,5 Milliarden DM im Jahre 1960 auf 14,0 Milliarden DM Ende 1974 gestiegen.
Gold wird ferner für industrielle Zwecke verwendet und dient privaten *Haushalten* als Wertanlage (z. B. Goldbarren).

Großhandel, Großhandelsbetrieb (siehe auch ↓*Handelsbetrieb*) Der Großhandels*betrieb* ist ein *Dienstleistungsbetrieb* und die dem *Einzelhandelsbetrieb* vorgeschaltete Handelsstufe. Im allgemeinen kauft ein Großhandelsbetrieb vom *Produzenten* große Warenmengen (Mengen*rabatt*) und verkauft sie in kleinen Mengen an Wiederverkäufer (insbesondere an den Einzelhandel). Dieser «Zwischenhandel» hat für die *Produzenten* und Einzelhändler den Vorteil, daß sich beide an nur wenige Großhandelsbetriebe zu wenden brauchen, um ihre *Produktion* zu verkaufen (der Produzent) bzw. um das gewünschte *Sortiment* zusammenzustellen (der Einzelhändler).
Zu den wirtschaftlich bedeutsamen Funktionen des Großhandelsbetriebs zählen ferner die *Lager*haltung, die *Finanzierung* (z. B. von Geschäftseinrichtungen der Einzelhändler), die *Markt*erschließung für Produzenten und Einzelhändler sowie Planung, *Organisation* und Finanzierung der *Werbung* insbesondere für die Einzelhändler.

Gründung Unter der Gründung eines *Unternehmens* versteht man die Errichtung eines funktionsfähigen *Betriebes* einschließlich der notwendigen *Kapitalaufbringung*, der betrieblichen *Organisation*, der Standortauswahl und der *Beschaffung* der erforderlichen *Produktions*einrichtungen (z. B. Maschinen).
Grundsätzlich kann jedermann in der Bundesrepublik Deutschland einen *Gewerbe*betrieb gründen, wenn bestimmte Voraussetzungen erfüllt sind:
a) Jeder Gründer muß rechts- und geschäftsfähig sein, das heißt, er muß das 18. Lebensjahr vollendet haben und darf nicht entmündigt sein.
b) Vorliegen der staatlichen Gewerbegenehmigung oder einer Konzession, beispielsweise bei Gaststätten, Krankenhäusern, *Kreditinstituten* und *Versicherungen*.
Bei der Gründung von Gesellschaften werden neben dem Abschluß eines Gesellschaftsvertrages und der Eintragung der Gesellschaft in das *Handelsregister* – je nach *Unternehmensform* – noch weitere Bedingungen gestellt (siehe *Aktiengesellschaft*, *Genossenschaft*, *Gesellschaft mit beschränkter Haftung*).

Güter (Produkte) Materielle (stoffliche, sachliche) Güter und immaterielle Güter (*Dienstleistungen*) dienen der Befriedigung von Bedürfnissen (*Bedarf*). Es kann zwischen «freien» und «wirtschaftlichen» Gütern unterschieden werden. Freie Güter sind unbeschränkt vorhanden (z. B. Luft, Tageslicht). Wirtschaftliche Güter sind dagegen

knapp. Sie sind Gegenstand des *Wirtschaftens* und erzielen auf dem ↓*Markt* einen *Preis*.
Die Wirtschaftsgüter, die durch das Zusammenwirken der *Produktionsfaktoren Arbeit* und *Boden* sowie des *Kapitals* produziert werden müssen, kann man unterscheiden in *Konsum*güter (Nahrungsmittel, Kleidung) und *Investitionsgüter* (Maschinen, Bauten). Auch wenn mit Investitionsgütern wieder andere Investitionsgüter hergestellt werden, so dienen sie alle dennoch letztlich der Produktion von Konsumgütern. Beispiel: Mit dem Investitionsgut A (Werkzeugmaschine) werden die Investitionsgüter B und C (Werkzeug, wie Säge, Hammer) und damit schließlich ein Konsumgut D (Schrank) hergestellt. Bei den Konsumgütern lassen sich *Verbrauchs*güter und Gebrauchsgüter unterscheiden. Mit Verbrauchsgütern meint man kurzlebige Konsumgüter (z. B. Milch, Fleisch, Gemüse, Brot). Gebrauchsgüter lassen sich dagegen für einen längeren Zeitraum nutzen (Kleidungsstücke, Fernsehgeräte, Kühlschrank, Möbel usw.).
Güter können sich gegenseitig ergänzen, aber auch ersetzen. Im ersten Fall spricht man von komplementären Gütern; so gehört zum Beispiel zu einem Tennisschläger mindestens ein Tennisball. Im zweiten Fall handelt es sich um Güter, die gegenseitig austauschbar sind. So kann es gleichgültig sein, ob man zum Schreiben einen Füllfederhalter oder einen Kugelschreiber verwendet. Man spricht auch von Substitutionsgütern (von lat. substituo = an die Stelle setzen, ersetzen). Die Bedeutung der Substitutionsgüter liegt darin, daß bei Preissteigerungen eines dieser Güter die Möglichkeit besteht, auf ein anderes billigeres Gut auszuweichen (z. B. von Butter auf Margarine).

H

Handelsbetrieb (siehe auch *Absatzmethode*) Handelsbetriebe sind *Dienstleistungsbetriebe* zur *Beschaffung* und Verteilung von Waren; in ihnen werden Waren weder bearbeitet noch zu einem neuen Produkt verarbeitet, wie in Produktions*betrieben*. Man unterscheidet *Großhandelsbetriebe* und *Einzelhandelsbetriebe*. Der Großhandelsbetrieb beschafft Warenmengen von den *Produzenten* und verteilt sie in kleineren Mengen an andere *Unternehmen*, hauptsächlich an Einzelhandelsbetriebe, die sie in *Haushalts*mengen an die *Verbraucher* (Konsumenten, private *Haushalte*) verkaufen.
Rechts ein Beispiel.

Handelsregister Beim Amtsgericht geführtes Verzeichnis, in das sich alle Vollkaufleute eines Amtsgerichtsbezirks eintragen lassen müssen, deren *Unternehmen* zur *Buchführung* verpflichtet sind (Ausnahme: Klein*gewerbe*treibende).
Das Handelsregister kann von jedermann kostenlos eingesehen werden; es informiert die Öffentlichkeit durch vorgeschriebene Eintragung über wichtige Tatbestände der Unternehmen: *Firma* und Ort der *Geschäfts*niederlassung, Namen der Geschäftsinhaber, der Gesellschafter (*Personengesellschaft*), der *Vorstands*mitglieder (*Kapitalgesellschaft*) und der Prokuristen (*Prokura*) und die Haftung der Firma (*Unternehmensformen*). Weitere Vorschriften finden sich im Handelsgesetzbuch.

Handelsspanne Unter Handelsspanne versteht man die Differenz zwischen *Beschaffungspreis* und *Verkaufspreis* beim *Handelsbetrieb*.
Jeder erwerbswirtschaftlich orientierte Handelsbetrieb vermag sich nur dann

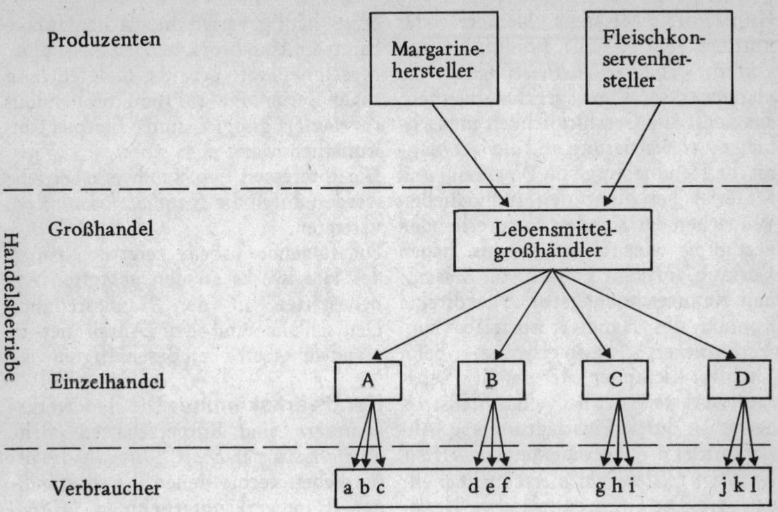

erfolgreich zu behaupten, wenn er seine Geschäfts*kosten* (z. B. Personalkosten, Miete, *Steuern*, Verwaltungskosten, Abschreibungen) durch die Erlöse (*Umsatz*) beim Warenverkauf decken und außerdem einen angemessenen *Gewinn* erzielen kann. Dieser Gewinn muß also in die Kalkulation (*Kostenrechnung*) des *Kaufmanns* einbezogen werden, so daß sich der Verkaufspreis als die Summe aus Beschaffungspreis, Geschäftskosten und Gewinn errechnet. Setzt man den Rohgewinn in DM (= Summe aus Geschäftskosten und Gewinn) in Beziehung zum Verkaufspreis (multipliziert mit 100), erhält man die Handelsspanne in Prozent.

Beispiel:		
	Beschaffungspreis:	100,– DM
	+ 20 % Geschäftskosten	20,– DM
	Selbstkostenpreis	120,– DM
	+ 10 % Gewinn	12,– DM
	Verkaufspreis	132,– DM

Rohgewinn in DM: 32,– DM

$$\text{Handelsspanne in \%} = \frac{\text{Rohgewinn} \times 100}{\text{Verkaufspreis}} = \frac{32 \times 100}{132} = 24{,}24\ \%$$

Handwerk Meistens kleinere oder mittlere *Betrieb*e zur *Produktion* von *Gütern* und *Dienstleistungen*, die «handwerksmäßig» geführt werden; das heißt, die Geschicklichkeit menschlicher *Arbeits*leistung und die fachmännische Handhabung von Werkzeug und Material bei einer den individuellen Wünschen der Kunden entsprechenden Fertigung oder Dienstleistung haben Vorrang vor dem Einsatz von Maschinen. Kennzeichnend ist auch der direkte Kontakt des Handwerksbetriebs zum *Verbrauch*er, beispielsweise beim Tischler, Klempner oder der Kfz-Reparaturwerkstatt, der bei vielen *Industrie*betrieben durch Einschaltung sog. Absatzmittler (*Einzelhandelsbetrieb*, *Großhandelsbetrieb*) meist nicht mehr existiert. Die Grenzen zwischen Handwerksbetrieben und insbesondere Industrie- und Handelsbetrieben sind allerdings häufig verwischt, da heutzutage kaum ein Handwerksbetrieb mehr ohne Maschinenkraft arbeitet und teilweise sogar serienmäßig Produkte herstellt (*Serienfertigung*), zum Beispiel im Kunsthandwerk.

Die Interessen der Handwerksbetriebe werden durch die *Handwerkskammern* vertreten.

Die folgende Tabelle zeigt den Anteil des Handwerks an den gesamten Arbeitsstätten in der Bundesrepublik Deutschland und den Anteil der in Handwerksbetrieben Beschäftigten.

Handwerkskammer Die Handwerkskammern sind Körperschaften (siehe *Anstalt, Körperschaft, Stiftung*) des öffentlichen Rechts, denen alle selbständigen Handwerksunternehmen (*Handwerk*) eines Bezirks angehören. Ihre wichtigste Aufgabe ist die Interessen-

Wirtschaftsabteilung / Bereich	Arbeitsstätten insgesamt (Anzahl)	Arbeitsstätten darunter des Handwerks (Anzahl)	Arbeitsstätten darunter des Handwerks (%)	Beschäftigte insgesamt (Anzahl)	Beschäftigte darunter in Arbeitsstätten des Handwerks (Anzahl)	Beschäftigte darunter in Arbeitsstätten des Handwerks (%)
Land- und Forstwirtschaft, Tierhaltung und Fischerei (nur soweit steuerlich als Gewerbebetrieb geltend)	24 868	940	3,8	83 429	3 464	4,2
Energiewirtschaft, Wasserversorgung, Bergbau	7 207	177	2,5	754 489	1 790	0,2
Verarbeitendes Gewerbe (ohne Baugewerbe)	560 716	405 380	72,3	9 586 520	1 811 546	18,9
Baugewerbe	164 080	150 662	91,8	2 062 274	1 530 941	74,2
Produzierendes Gewerbe	732 003	556 219	76,0	12 403 283	3 344 277	27,0
Handel	835 007	79 670	9,5	3 420 609	436 179	0,0
Verkehr und Nachrichtenübermittlung	132 153	2 927	2,2	1 487 159	14 727	1,0
Kreditinstitute und Versicherungsgewerbe	52 637	42	0,1	445 667	136	12,8
Dienstleistungen von Unternehmen und freien Berufen	556 395	87 069	15,6	2 010 634	419 968	20,9
Organisationen ohne Erwerbscharakter	52 787	—	—	423 943	—	—
Gebietskörpersch. und Sozialversicherung	90 313	—	—	1 694 646	—	—
Verteilungs- und Dienstleistungswirtschaft	1 719 292	169 708	9,9	9 482 658	871 010	9,2
Gesamtsumme	2 476 163	726 867	29,4	21 969 370	4 218 751	19,2

(Quelle: *Dr. Gablers Wirtschaftslexikon*, 7. Auflage, Wiesbaden 1967, Spalten 1725 und 1726) vertretung der angeschlossenen *Unternehmen*. Im einzelnen informieren und beraten sie die Mitglieder in fachlicher und rechtlicher Hinsicht, wirken bei der Nachwuchsbildung mit, insbesondere bei der Abnahme der Gesellen- und Meisterprüfung, und vermitteln bei eventuellen Streitigkeiten zwischen den Handwerksunternehmen. Alle Handwerkskammern sind im Deutschen Handwerkskammertag zusammengeschlossen (siehe auch *Industrie- und Handelskammer*).

Haushalt Man unterscheidet zwischen privaten und öffentlichen Haushalten (öffentliche Hand, Staat).
Private Haushalte sind Gruppen zusammen wohnender Personen, die ihr *Einkommen* gemeinsam verwenden (Mehrpersonenhaushalte), und allein wohnende Personen (Einpersonenhaushalte). Nicht dazu zählen die in *Anstalten* (Altersheime, Krankenhäuser, Klöster, Strafanstalten usw.) lebenden Menschen.
Im weiteren Sinn werden zu den privaten Haushalten zusätzlich private Organisationen ohne Erwerbscharakter gezählt (z. B. Kirchen, Gewerkschaften, politische Parteien, Vereine), die aus freiwilligen Zahlungen (Spenden, Beiträge usw.) von Privatpersonen finanziert werden.
Die staatlichen Haushalte (siehe auch *Staatshaushaltsplan*) werden in sog. Gebietskörperschaften (Bund, Länder, Gemeinden und deren Verbände, einschließlich öffentlicher Einrichtungen, wie Krankenhäuser usw., sowie die *Sozialversicherung*) unterteilt. Nicht zum Staat zählen öffentliche Betriebe (z. B. Deutsche Bundesbahn). Sowohl die privaten als auch öffentlichen Haushalte kaufen *Güter* und *Dienstleisten* für ihren Eigenverbrauch (öffentlicher *Verbrauch* bzw. Konsum, z. B. Tuch für Militäruniformen; Kasernen). Nicht nur die privaten Haushalte sind somit Konsumenten; es konsumiert auch der Staat.

Heimarbeiter sind abhängig Beschäftigte (↓*Arbeitnehmer*), die ihre *Arbeit* zu Hause verrichten. Ihr Verdienst richtet sich grundsätzlich nicht nach den Arbeitsstunden, sondern nach der erstellten Menge an *Gütern*. Heimarbeit spielte vor allem im vorigen Jahrhundert eine erhebliche Rolle; sie ist in der Bundesrepublik Deutschland in den letzten Jahren weiter zurückgegangen. Die meisten der überwiegend weiblichen Heimarbeiter sind heute in der Metall-,

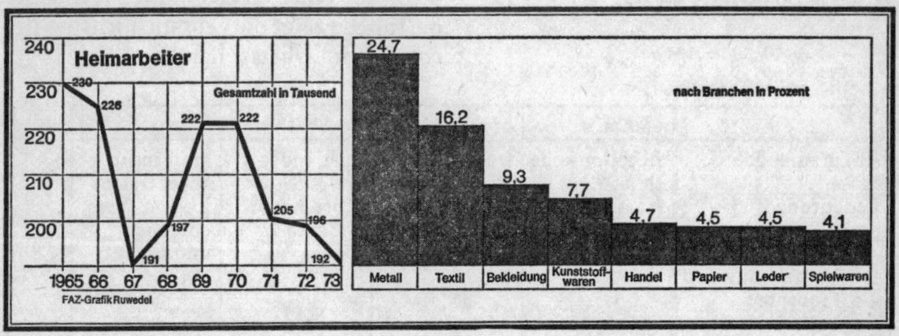

(Quelle: *Frankfurter Allgemeine Zeitung* vom 9. 8. 1974)

Textil-, Bekleidungs- und Kunststoffwarenbranche beschäftigt (siehe Abbildung).

Hilfsstoffe sind ↓*Güter*, die im betrieblichen *Produktion*sprozeß in das neue Produkt eingehen, deren Anteil am neuen Produkt jedoch wertmäßig gering ist und in der *Kostenrechnung* als Gemeinkosten (*Kosten*) erfaßt wird. Hilfsstoffe können beispielsweise Schrauben, Leim, Lack oder Drahtstifte sein (siehe auch ↓*Werkstoffe*).

Homo oeconomicus (von lat. homo = Mensch und lat. oeconomicus = wirtschaftlich, also haushaltender, wirtschaftender Mensch) Mit Homo oeconomicus wird ein Mensch bezeichnet, für den nur wirtschaftliche Belange eine Rolle spielen. Ein solcher Mensch wird in den ↓*Wirtschaftswissenschaften* unterstellt, um damit zum Ausdruck zu bringen, daß sie sich nur auf die Erklärung ökonomischer (und nicht z. B. technischer oder naturwissenschaftlicher) Bezüge beschränken wollen, weil alles andere nicht ihre Sache sein kann. Der reine Wirtschaftsmensch ist ein Begriff des um Erklärung suchenden Nachdenkens: der Theorie. Es wird dabei angenommen, daß der Homo oeconomicus stets in der Lage ist, das wirtschaftlich Richtige zu tun.

Hypothek (von lat. hypotheca = Unterlage; übertragen: Unterpfand) Pfandrecht an einem Grundstück oder Gebäude zur Sicherung einer *Forderung*; die Hypothek entsteht durch Eintragung in das Grundbuch. So bezeichnet man ein Register, das bei dem zuständigen Amtsgericht geführt wird und verbindliche Auskünfte über die Rechtsverhältnisse eines Grundstücks gibt, wie Lage, Größe und Bebauung, sowie die entsprechenden Belastungen. Wirtschaftlich gesehen sind Hypotheken Formen des Bodenkredits, die den *Boden* in einen langfristigen *Geld*wert umwandeln. Sie dienen, vor allem in der Bauwirtschaft, als Sicherheit für aufgenommene *Kredite* zur *Finanzierung* von Bauvorhaben (z. B. Eigenheim, Eigentumswohnung).

I

Incoterms (International Commercial Terms) Das Kürzel Incoterms bezeichnet die im internationalen Handelsverkehr geltenden *Lieferungsbedingungen*, die bei der Internationalen Handelskammer (vgl. *Industrie- und Handelskammer*) in Paris hinterlegt sind. Die Incoterms regeln insbesondere die Frage, wer die Transportkosten und das Transportrisiko, das heißt die Gefahr des Verlustes oder der Beschädigung der Ware, übernimmt. Die folgende Tabelle zeigt die gebräuchlichsten Incoterms im Überseehandel:

		f. a. s.	f. o. b.	c. f.	c. i. f.
Abkürzung für		free alongside ship	free on board	cost and freight	cost, insurance, freight
Bedeutung		frei Längsseite Schiff	frei an Bord	Kosten und Fracht	Kosten, Versicherung und Fracht
enthaltene Kostenarten	Verpackung und Transport	ja	ja	ja	ja
	Verladung	nein	ja	ja	ja
	Seefracht	nein	nein	ja	ja
	Seeversicherung	nein	nein	nein	ja

Individualversicherung Im Gegensatz zur (gesetzlichen) *Sozialversicherung* kommt die Individualversicherung durch einen sog. Versicherungs*vertrag* zustande, in dem die Leistungen der *Versicherung* und die Beiträge (Versicherungsprämien) des Versicherten (Versicherungsnehmer) vereinbart werden. Die Individualversicherung kann eine Personenversicherung (Kranken-, Unfall- und Lebensversicherung), Sachversicherung (z. B. Feuer- und Einbruchdiebstahlversicherung) oder *Vermögen*sversicherung (vor allem Haftpflichtversicherung) sein.

Industrie Trotz des eingetretenen Strukturwandels in der ↓*Wirtschaft* stellt die Industrie, die innerhalb des warenproduzierenden *Gewerbe*s überragende Bedeutung hat, insgesamt den wichtigsten Teilbereich der Wirtschaft dar.

Sie ist vor allem durch einen hohen *Kapital*einsatz je Arbeitsplatz gekennzeichnet (siehe auch *Kapitalismus*). Die *Konzentration* der *Unternehmen* ist erheblich. Die Industrie ist in folgende Industriezweige zu gliedern:

Grundstoffindustrie: sie produziert solche Erzeugnisse, die den nachfolgenden *Produktion*sstufen als Ausgangsmaterial dienen (z. B. Stahl der eisenschaffenden Industrie, Strom der Energieerzeugung).

*Investitionsgüter*industrie: sie umfaßt die industrielle Fertigung von *Gütern* folgender Industriezweige: Metallindustrie, Maschinen-, Fahrzeug-, Schiff-, Luftfahrzeugbau, Elektrotechnik, Feinmechanik. Mit den erzeugten Investitionsgütern lassen sich letztlich *Konsum*güter herstellen. Dies erfolgt in der Konsumgüterindustrie: sie umfaßt die industrielle Fertigung der zum *Verbrauch* bestimmten Güter (z. B. Nahrungs- und Genußmittelindustrie).

In der Industrie der Bundesrepublik arbeiten rund 44 % aller Beschäftigten.

Industrielle Revolution Bezeichnung für die grundlegende wirtschaftliche und technische Umwälzung in der ersten Hälfte des 19. Jahrhunderts im Übergang von der *Produktion* in *Handwerk*sbetrieben und *Manufaktur*en zur maschinellen Erzeugung in Groß*betrieben* (Fabriken). Das ↓*Kapital* wurde zum wichtigsten ↓*Produktionsfaktor* der entstehenden *Industrie*n. Die technische Grundlage der Industriellen Revolution bildeten neue Erfindungen. 1767 wurde die Spinnmaschine, 1785 der mechanische Webstuhl erfunden. 1765 erfand James Watt die erste brauchbare Dampfmaschine.

Um die Mitte des 19. Jahrhunderts entwickelte Karl Marx seine Lehre und Kritik des ↓*Kapitalismus* (siehe auch *Liberalismus*).

Industrie- und Handelskammer Die Industrie- und Handelskammern sind Körperschaften (siehe *Anstalt, Körperschaft, Stiftung*) des öffentlichen Rechts. Jedes gewerbliche *Unternehmen* mit Ausnahme des *Handwerks* (hier sind die *Handwerkskammern* zuständig) muß Mitglied der örtlichen Industrie- und Handelskammer sein. Ihre Hauptaufgabe besteht in der Interessenvertretung der gewerblichen Wirtschaft, insbesondere gegenüber den Behörden. Im einzelnen unterstützen, informieren und beraten sie ihre Mitglieder und die Behörden in wirtschaftlichen Angelegenheiten (z. B. bei der Ansiedlung neuer *Industrie-* und *Handelsbetriebe*), erarbeiten Vorschläge und Gutachten (z. B. für die Weiterbildung der *Arbeitnehmer*), haben die Aufsicht über die Lehrlingsausbildung (*Auszubildende*), führen die Abschlußprüfung bei Ausbildungsverhältnissen in kaufmännischen *Beruf*en durch und versuchen zum Beispiel Wettbewerbsstreitigkeiten (*Wettbewerb*) zwischen Unternehmen zu schlichten. Die Industrie- und Handelskammern sind im Deutschen Industrie- und Handelstag zusammengeschlossen.

Inflation (von lat. inflatio = Aufblähung; gemeint ist die Aufblähung der *Volkswirtschaft* mit *Geld*).
Die Menge an *Gütern* und *Dienstleistungen*, die man beispielsweise für einen Hundertmarkschein kaufen kann, bestimmt den Wert dieses Scheines. Der Geldwert hängt demnach von der *Kaufkraft* des Geldes ab. Bei einem allgemeinen Anstieg der Güterpreise (siehe *Preisniveaustabilität*) in einer Volkswirtschaft kann man weniger für einhundert Mark einkaufen, der Geldwert ist also geringer als vor dem Preisanstieg. Handelt es sich um einen dauerhaften Anstieg der *Preise* bzw. um eine permanente Geldwertminderung, spricht man von Inflation. Dagegen bezeichnet man dauerhafte Preissenkungen bzw. Geldwertsteigerungen als *Deflation.*
Wenn die Preise in einer Volkswirtschaft sehr schnell und stark ansteigen, wie beispielsweise in der Zeit nach dem Ersten Weltkrieg, spricht man von einer «galoppierenden» Inflation. Für die Gegenwart und letzten Jahrzehnte ist eher eine «schleichende» Inflation charakteristisch, bei der die Preise über einen langen Zeitraum hinweg zwar stetig, aber mit nur relativ geringen Raten ansteigen (siehe *Preisindex für die Lebenshaltung*).
In den *Wirtschaftswissenschaften* werden insbesondere zwei Hauptursachen der Inflation unterschieden (siehe Abbildung), je nachdem ob ihre Entstehung von der Seite der Güternachfrage oder des Güterangebots her erklärt wird. Es kommt zu einer Überschußnachfrageinflation (oder Nachfragesoginflation), wenn die *Nachfrage* nach Gütern und Dienstleistungen größer ist als das *Angebot* und das Preisniveau (siehe Preisniveaustabilität) als Folge dieser Überschußnachfrage steigt. Die gesamtwirtschaftliche Nachfrage wird bestimmt durch die Nachfrage der privaten *Haushalte* nach *Konsum*gütern, die Nachfrage der *Unternehmen* nach *Investitionsgütern*, die Nachfrage des Staates und die Auslandsnachfrage (*Ausfuhr*).

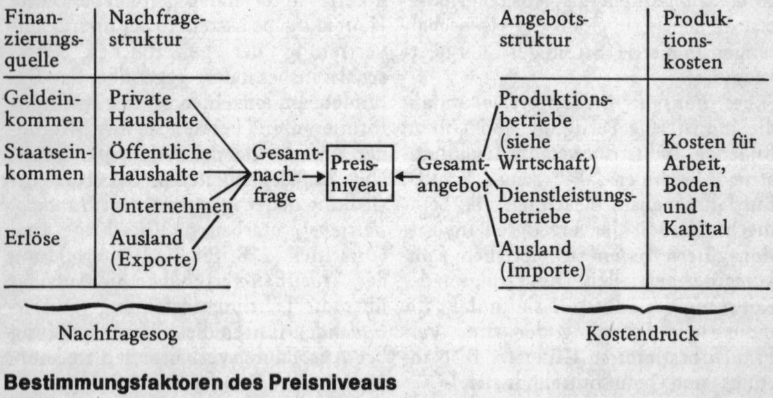

Bestimmungsfaktoren des Preisniveaus

Inflation ist für den Geldkreislauf . . .

... was Influenza für den Blutkreislauf ist: eine fast unerklärliche Infektion, die sich epidemisch verbreitet, die vielen heiße Köpfe bereitet, viele unruhig schlafen oder gar phantasieren läßt, die durch fieberhaftes Ansteigen den Kreislauf in Kollapsnähe bringen kann – und gegen die doch kein Mensch ein wirksames Rezept weiß.

Inflation heißt, den Sparer mit Zinsfüßen treten. Wohl dem, der da wenigstens auf großem Zinsfuß leben kann.

Wenn die privaten Haushalte mehr konsumieren oder die Unternehmen zusätzliche *Investitionen* durchführen, kann dadurch bereits ein Anstieg des Preisniveaus und damit eine Inflation verursacht werden, falls nicht entsprechend viele Güter zur Verfügung stehen. Ebenso kann eine Ausweitung der staatlichen Nachfrage oder der Exporte preissteigernde Wirkungen haben.

Die Gefahr einer Inflation besteht vor allem in Zeiten der Vollbeschäftigung (siehe *magisches Viereck*), wenn die *Kapazitäten* der Wirtschaft voll ausgelastet sind, und eine zusätzliche *Produktion* von Gütern und Bereitstellung von Dienstleistungen nicht mehr möglich ist. Erhöht sich in einer solchen Situation die Nachfrage, so kommt es auf Grund des starren Angebots in der Regel zu Preissteigerungen.

In dem Maße, wie die *Geldmenge* in einer Volkswirtschaft steigt (z. B. durch erhöhte *Einkommen* der privaten Haushalte oder durch *Kredit*aufnahme der Unternehmen), läßt sich die Nachfrage ausdehnen. Zusätzliche Nachfrage ist auch durch Auflösen von Horten und Ersparnissen (*Sparen*) möglich. Ein solches Verhalten läßt sich insbesondere dann beobachten, wenn in Zukunft eine erhebliche Verteuerung der Güter erwartet wird (sog. «Flucht in die Sachwerte»).

Ist das Preisniveau gestiegen, weil die ausländische Nachfrage (Exporte) zugenommen hat, spricht man von «importierter Inflation». Verteuern sich die Güter in anderen Ländern mehr als beispielsweise in der Bundesrepublik Deutschland, werden diese Länder in der Regel versuchen, in der Bundesrepublik billig einzukaufen. Außerdem haben hohe Preise im Ausland tendenziell eine dämpfende Wirkung auf die deutschen Importe (Einkauf im Ausland), so daß ein Exportüberschuß (mehr Exporte als Importe) und daraus resultierende Preissteigerungen noch verstärkt werden können.

Ein solcher Exportüberschuß, der für die deutsche Wirtschaft charakteristisch ist, führt bei festen *Wechselkurs*en zu einer Erhöhung der inländischen Geldmenge und diese wiederum zu einer Steigerung der Nachfrage und der Güterpreise.

Die von Unternehmen geforderten Preise hängen nicht nur von der Nachfrageentwicklung ab, sondern auch von den bei der Produktion von Gütern oder der Erstellung von Dienstleistungen entstehenden *Kosten* (siehe Abbildung). Steigende Kosten, beispielsweise für Rohstoffe oder *Arbeits*kräfte (*Lohn*), mindern den Gewinn eines Unternehmens, soweit sie nicht über höhere *Verkaufspreis*e auf die Verbraucher abgewälzt werden können. Gelingt die Überwälzung, beispielsweise bei einer *Monopol*stellung des *Produzent*en, dann spricht man von einer Kostendruckinflation. Insbesondere Material- und Lohnkostensteigerungen haben in der Bundesrepublik zu einem teilweise erheblichen Kostendruck geführt. Das liegt zu einem großen Teil an der hohen Importabhängigkeit der Bundesrepublik beispielsweise bei Rohstoffen (Öl, Kupfer, Blei, Zink u. a.), die sich gerade in der letzten Zeit wesentlich verteuert haben. Für die stark gestiegenen Lohnkosten werden von seiten der Unternehmen die hohen Lohnforderungen der *Arbeitnehmerverbände* (siehe auch *Tarifvertrag*) verantwortlich gemacht, während die Arbeitnehmerverbände ihre Lohnforderungen insbesondere mit Kostensteigerungen bei den Konsumgütern begründen. Dieser Konflikt zwischen *Arbeitgeber*n und *Arbeitnehmer*n um die Erhaltung bzw. Erhöhung ihrer Anteile am Volkseinkommen (*Sozialprodukt*) wird als «Preis–Lohn»- oder «Lohn–Preis»-Spirale bezeichnet: Beispielsweise gestiegene Verkaufspreise veranlassen die Arbeitnehmerverbände höhere Löhne zu fordern, damit der Arbeitnehmer zumindest seinen bisherigen Lebensstandard aufrechterhalten kann. Höhere Löhne bedeuten wiederum für den Unternehmer höhere Kosten. Will er den bisher erzielten Gewinn wenigstens erhalten, wird er die Verkaufspreise für seine Produkte erhöhen. Diesen Preissteigerungen werden die Arbeitnehmerverbände erneut mit erhöhten Lohnforderungen begegnen usw. Die Kostendruckinflation auf Grund von Lohnsteigerungen läßt sich weitgehend verhindern, wenn die Löhne in dem Maße erhöht werden, wie die *Produktivität* der Arbeit wächst.

Beispiel:
Ein Bäckergeselle kann in einer Stunde 10 Brote backen. Die Arbeitsproduktivität beträgt also $\frac{10 \text{ Brote}}{1 \text{ Stunde}} = 10$. Bei einem Stundenlohn von 5 DM belaufen sich die Lohnkosten je Brot auf $\frac{5 \text{ DM}}{10 \text{ Brote}} = 0{,}50$ DM. Gelingt es dem Gesellen, beispielsweise durch geschickteres Arbeiten, die Anzahl der Brote von 10 auf 16 zu erhöhen, dann würde eine Lohnerhöhung von 5 DM auf 8 DM pro Stunde die Lohnkosten je Brot nicht verändern ($\frac{8 \text{ DM}}{16 \text{ Brote}} =$ 0,50 DM), weil der Lohnzuwachs genau so groß ist wie die Produktivitätssteigerung. Verlangt der Geselle hingegen 12 DM Stundenlohn, so steigen die Lohnkosten pro Brot auf 0,75 DM, und der *Arbeitgeber* des Gesellen könnte versuchen, die gestiegenen Kosten über die Verkaufspreise auf die Verbraucher abzuwälzen.

Die laufende Geldentwertung durch Nachfragesog- und/oder Kostendruckinflation führt zu einer ungerechten Verteilung des Einkommens und *Vermögens* in einer Volkswirtschaft. Beziehег fester oder nur wenig steigender Einkommen (z. B. Rentner) müssen häufig reale Einkommenseinbußen hinnehmen, und *Gläubiger* – beispielsweise die Sparer (*Sparen*) – erleiden reale *Forderungs*verluste, während Schuldner im Vorteil sind, da sie real weniger Geld zurückzahlen müssen. Außerdem bringt jede Inflation die Gefahr mit sich, daß die Unternehmen auf Grund erwarteter weiterer Preissteigerungen ihre Güter zurückhalten, während die Verbraucher lieber heute als morgen kaufen. Durch die eintretende Güterverknappung wird der geldwertmindernde Prozeß noch beschleunigt und kann schließlich zu einer galoppierenden Inflation führen. Jede Inflation kann somit den *Wohlstand*, soziale Sicherheit und soziale Gerechtigkeit gefährden.
Daher ist die Erhaltung der Preisniveaustabilität (siehe auch *magisches Viereck*) eines der gesetzlich festgelegten Ziele der deutschen *Wirtschaftspolitik*. Wenn Maßnahmen der *Geld*- und *Finanzpolitik* nicht ausreichen, um den inflationsfördernden Zustrom ausländischen Geldes in die Bundesrepublik wirksam aufzuhalten, kann die Bundesregierung die DM aufwerten (*Wechselkurs*). Eine solche Maßnahme wirkt sich in der Regel dämpfend auf die Anlage ausländischen Geldes in der Bundesrepublik und auf die deutschen Exporte (siehe *Ausfuhr*) aus, weil sie die DM gegenüber den anderen *Währung*en verteuert.
Um das Einströmen amerikanischer Dollar zu bremsen, haben sich einige europäische Länder am 19. 3. 1973 zu einem gemeinsamen *Floating* der Wechselkurse ihrer Währungen gegen-

über dem Dollar entschlossen (sog. Blockfloating).
Trotz zahlreicher Maßnahmen konnte die Geldwertminderung bislang nicht verhindert werden. Mit Preissteigerungen von etwa 7 % im Jahre 1974 hat die Bundesrepublik im Vergleich zu den anderen Ländern in der *Europäischen Gemeinschaft (EG)* sogar noch am günstigsten abgeschnitten. Für das Jahr 1975 liegt folgende Schätzung des Sachverständigenrats für die Preisentwicklung im Bereich der Europäischen Gemeinschaft vor:

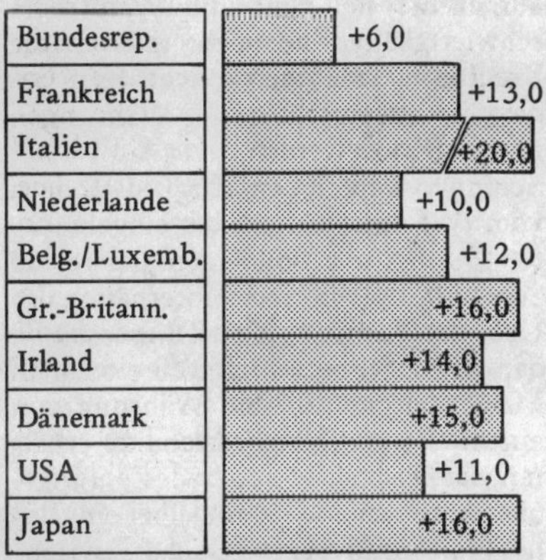

In Großbritannien sind beispielsweise zur Inflationsbekämpfung vorübergehende Preis- und Lohnstopps verordnet worden. Es handelt sich hier um dirigistische Maßnahmen (*Dirigismus*), die ein Steigen der Preise und Löhne verhindern sollen. Neben der Aufwendigkeit und Schwierigkeit, die Einhaltung der Preis- und Lohnstopps zu kontrollieren, werden solche staatlichen Verordnungen häufig durch sog. «Schwarze Märkte» umgangen, auf denen sich die Preisbildung nach den Gesetzen von Angebot und Nachfrage (*Markt*) vollzieht (siehe Abbildung).
Die Ursachen der Inflation lassen sich mit Preis- und Lohnvorschriften auf

Schwarzmarktpreise			Ladenpreise
1 Pfd.	Butter	240 RM	1,80 RM
1 »	Fleisch	25 »	1,– »
1 »	Mehl	30 »	0,22 »
1 »	Zucker	75 »	0,40 »
1 »	Kaffee	500 »	– »
1 Ztr.	Kartoffeln	180 »	6,– »

Preise vor der Währungsreform 1948

Dauer kaum bekämpfen.
Wenn die Geldwertminderung so weit fortgeschritten ist, daß kein Vertrauen mehr in das Geld besteht, läßt sich die Inflation schwer bekämpfen. Als letzte und schärfste Maßnahme gegen Inflation droht eine Währungsreform. In Deutschland wurden 1923 und 1948 Währungsreformen durchgeführt. So wurde am 20. 6. 1948 die Reichsmark (RM) im Verhältnis 100:6,5 abgewertet und auf Deutsche Mark (DM) umgestellt (100 RM = 6,50 DM).
Kommt es trotz Wachstumsverlusten (*Wirtschaftswachstum*), beispielsweise auf Grund sinkender Nachfrage und Unterbeschäftigung, zu steigenden Preisen, spricht man von *Stagflation*. Eine solche Entwicklung ist z. B. dadurch möglich, daß die Arbeitnehmerverbände selbst bei stagnierendem oder sogar rückläufigem Wirtschaftswachstum Lohnforderungen durchsetzen. Auch *Monopole*, monopolähnliche Unternehmen (*Oligopol*) oder Unternehmenszusammenschlüsse (*Kartell*, *Konzern*) können eine Stagflation verursachen, wenn sie durch Verknappung der Produktionsmenge höhere Preise für ihre Güter erzielen.

Infrastruktur (Von lat. infra = unten und lat. structura = Gefüge, Aufbau) Die Infrastruktur ist der für die soziale und wirtschaftliche Entwicklung notwendige «Unterbau» einer *Volkswirt-*

schaft, der zum größten Teil vom Staat bereitgestellt und unterhalten wird. Meistens werden die Leistungen der Infrastruktur der Allgemeinheit kostenlos oder gegen Gebühren bzw. Beiträge (↓*Abgaben*) zur Verfügung gestellt. Zur Infrastruktur zählen unter anderem alle Verbindungswege (Straßen, Schienen, Wasserwege, Flugplätze), alle Bildungs- Gesundheits- und Freizeiteinrichtungen (Schulen, Hochschulen, Theater, Krankenhäuser, Erholungsgebiete, Schwimmbäder usw.) sowie Einrichtungen des Umweltschutzes. In der Dritten Welt (*Entwicklungsländer*) ist der Ausbau der Infrastruktur eines der dringendsten Anliegen.

Internationaler Währungsfonds (IWF) Eine internationale *Organisation*, deren Mitgliedstaaten sich zu einer engen Zusammenarbeit in der *Währung*spolitik verpflichtet haben, um ein ausgeglichenes und störungsfreies Wachstum des internationalen Handels und damit den *Wohlstand* in allen beteiligten Ländern zu fördern.
Die Gründung des IWF am 27. 12. 1945 wurde auf der Währungs- und Finanzkonferenz in Bretton Woods (USA, Juli 1944) beschlossen und sollte eine Neuordnung der während des Zweiten Weltkriegs zerrütteten internationalen Wirtschaftsbeziehungen ermöglichen. Zur Zeit gehören über 120 Länder – die Bundesrepublik Deutschland seit dem 14. 8. 1952 – dem IWF an; Ostblockländer sind nicht in ihm vertreten.
Für alle Mitgliedsländer sind grundsätzlich (relativ) feste ↓ *Wechselkurs*e (dagegen: *Floating*) und freie Austauschbarkeit (*Konvertibilität*) der Währungen vorgeschrieben. So kann man beispielsweise ohne Schwierigkeiten Deutsche Mark in amerikanische Dollar oder französische Francs umtauschen.
Jedes Mitglied muß entsprechend seiner Wirtschaftskraft eine bestimmte Quote an den IWF bezahlen, die zu 25 % aus *Gold* und zu 75 % aus der jeweiligen Landeswährung besteht. Als Gegenleistung gibt der IWF seinen Mitgliedern *Kredit*e in deren Währung, wenn die Währung nicht mehr gestützt werden kann (siehe *Wechselkurs*) oder der Ausgleich der *Zahlungsbilanz* problematisch ist. Durch die Kreditvergabe sichert der IWF die Zahlungsfähigkeit eines Landes im internationalen Handelsverkehr auch dann, wenn der Gold- und Devisenbestand dieses Landes bereits aufgezehrt ist. Sind die Währungsschwierigkeiten behoben, müssen die Kredite in Gold oder konvertiblen (jederzeit austauschbaren) Währungen zurückgezahlt werden.
Seit 1970 werden den Mitgliedsländern vom IWF entsprechend der eingebrachten Quoten sog. Sonderziehungsrechte zugeteilt, die ein neues internationales *Geld* der Zentralbanken (*Bundesbank*) darstellen. Sie berechtigen die einzelnen Mitglieder, konvertible Währung von einem anderen Mitgliedsland zu erhalten, das beispielsweise gerade Zahlungsbilanzüberschüsse hat und über eine hohe Währungsreserve (Gold-, Devisenbestände) verfügt. Zehn führende westliche Industrieländer, der sog. Zehnerclub, haben sich verpflichtet, dem IWF zur Stärkung seiner Währungsreserven im Bedarfsfall Kredite bis zu einer Höhe von 6 Milliarden amerikanische Dollar zur Verfügung zu stellen; der Anteil der Bundesrepublik beträgt 1 Milliarde Dollar. Auf diese Weise werden Störungen im internationalen Handel vermieden, da ein gerade gold- und devisenarmes Land trotzdem seinen Zahlungsverpflichtungen nachkommen kann.

Inventar (von lat. inventarium = Verzeichnis des Vorgefundenen) Das Inventar ist ein Verzeichnis des *Vermö-*

gens und der Schulden eines *Kaufmanns* an einem bestimmten Tag (Stichtag). Im Gegensatz zur *Bilanz* enthält das Inventar neben dem Wert auch die Art und Menge der Vermögensteile und der Schulden; die *Forderungen* sind also beispielsweise nach den einzelnen Schuldnern aufgegliedert (Forderungen an Müller: 2500 DM, Forderungen an Krause: 4300 DM usw.). Durch die Trennung von Vermögen und Schulden dient das Inventar der Ermittlung des *Eigenkapitals* (Vermögen minus Schulden). Als Inventur bezeichnet man die mengen- und wertmäßige Feststellung des Vermögens und der Schulden eines *Unternehmens* zu einem bestimmten Zeitpunkt.

Investition Die langfristige Verwendung von Geldmitteln (*Geld, Kapital*) zur *Beschaffung* von Sachkapital (z. B. Gebäude, Maschinen, Werkzeuge). Investitionen werden nicht nur bei der *Gründung* eines *Unternehmens* notwendig, sondern dienen auch der Erhaltung, Erweiterung und Verbesserung seiner betrieblichen Leistungsfähigkeit. Demzufolge unterscheidet man mehrere Arten der Investition. Während man die Erstausstattung eines Unternehmens mit Sachkapital als Gründungsinvestition bezeichnet, handelt es sich bei der Ersatz- oder Erhaltungsinvestition (auch Re-Investition) um den Ersatz der durch die *Produktion* verbrauchten Produktionsmittel (*Abschreibung*). Unter Nettoinvestition versteht man bei einer Erweiterung des Kapitalstocks (z. B. Bestand an Maschinen) die über die Ersatzinvestition hinausgehende (zusätzliche) Investition (z. B. Mehreinsatz von Maschinen), wodurch die Leistungsmöglichkeit eines *Betriebe*s erhöht wird (*Kapazität*). Die Bruttoinvestition ergibt sich aus der Summe von Netto- und Ersatzinvestition.
Das *Wirtschaftswachstum* und damit *Volkseinkommen* und Lebensstandard (*Wohlstand*) werden stark von der Investitionstätigkeit beeinflußt.

Investitionsgüter sind ↓*Güter*, die *Unternehmen* als *Produktion*smittel (Maschinen, Werkzeuge usw.) dienen. Alle Produktionsmittel (*Kapital*) unterliegen einem technisch und/oder nutzungsbedingten Verschleiß (*Abschreibung*). Soll die Produktion aufrechterhalten bzw. erweitert oder verbessert werden, müssen die alten Produktionsmittel durch Investitionsgüter ersetzt bzw. zusätzliche Investitionsgüter beschafft werden. Diesen Vorgang bezeichnet man als ↓*Investition*.
Ob ein Erzeugnis ein Investitions- oder *Konsum*gut ist, hängt von seiner Verwendung ab und ist ihm nicht immer unmittelbar anzusehen. Eine Bohrmaschine kann beispielsweise sowohl im Hobbykeller (Konsumgut) als auch in einem Werkstattbetrieb (Investitionsgut) eingesetzt werden.

Investmentgesellschaft Meist eine *Gesellschaft mit beschränkter Haftung (GmbH)*, bei der ein Sparer durch Anlage seines *Geld*es am *Gewinn* beteiligter Miteigentümer wird, für deren *Verbindlichkeit*en er jedoch nur in Höhe seiner *Kapital*einlage haftet. Sein Miteigentum wird mit einem Zertifikat (Anteilschein) verbrieft (Investmentpapier).
Mit dem Geld der Sparer erwirbt die Investmentgesellschaft ↓*Wertpapiere* verschiedener Art (z. B. Bank- und Industrie*aktien*, *Anleihen*), aus denen vor allem *Zins*- und *Dividende*neinnahmen sowie realisierte *Kurs*gewinne (wenn der Kurs des Investmentpapiers am Tage des Verkaufs höher ist als beim Erwerb) erwartet werden. Bei dieser Art der Kapitalanlage liegt der Vorteil für

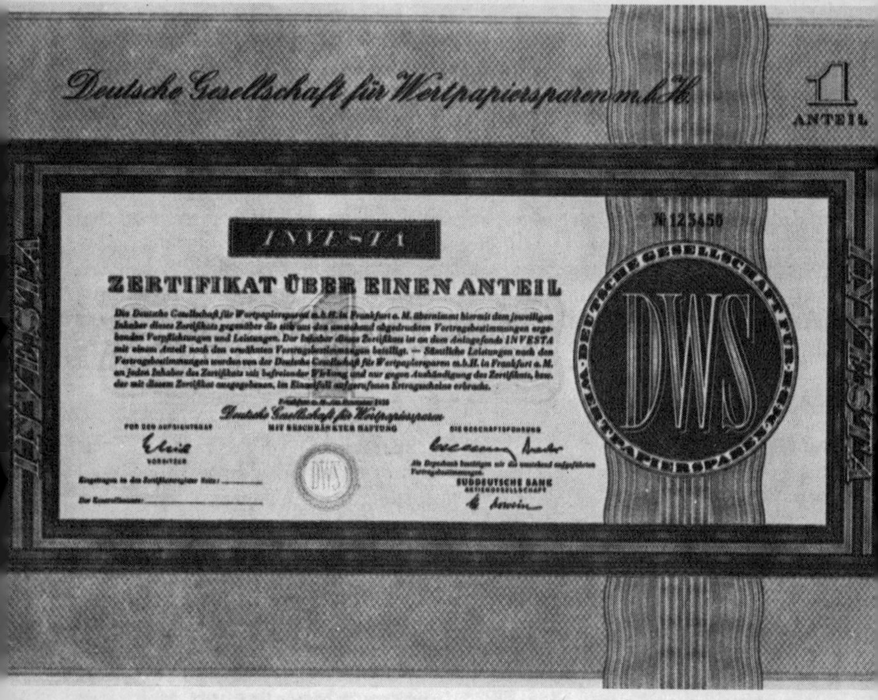

(Quelle: Betriebswirtschaftslehre der Unternehmung, Wuppertal o. J., 5. Auflage, nach S. 320, Verlag Europa-Lehrmittel)

den Sparer in der breiten Streuung der Wertpapiere und damit im verminderten Risiko, da es wahrscheinlich ist, daß Kursverluste durch Gewinne anderer Papiere ausgeglichen werden können. Mit überdurchschnittlichen Kursgewinnen ist durch diese Risikoverteilung im allgemeinen nicht zu rechnen.

J

Jobber (auch Dealer genannt) An der Londoner *Börse* tätiger *Wertpapierhändler*. Der Jobber betreibt das Börsengeschäft zusammen mit dem *Broker*, der Aufträge von *Kreditinstitut*en und vom Publikum entgegennimmt und durch den Jobber ausführen läßt. Im Gegensatz zum Broker darf der Jobber nur auf eigene Rechnung kaufen und verkaufen.

K

Kapazität (von lat. capacitas = Raum Fassungsvermögen) ist das Leistungsvermögen eines *Unternehmens* bzw. *Betriebes*. Sie bestimmt die Menge an *Gütern* und *Dienstleistungen*, die auf Grund der maschinellen, personellen und organisatorischen Gegebenheiten in einem bestimmten Zeitraum produziert werden kann. Man unterscheidet die normale (normale Auslastung von

Maschinen und Arbeitskräften) von der tatsächlich genutzten Kapazität, die beispielsweise bei Überstunden höher und bei *Kurzarbeit* niedriger sein kann.
Das prozentuale Verhältnis von genutzter zu normaler Kapazität bezeichnet man als Beschäftigungsgrad. Beträgt die normale Kapazität eines Betriebes beispielsweise 1000 Tonnen eines Gutes pro Jahr und die tatsächliche *Ausbringung* nur 800 Tonnen (genutzte Kapazität), so beträgt der Beschäftigungsgrad nur 80 %.

$$\text{Beschäftigungsgrad} = \frac{\text{genutzte Kapazität}}{\text{normale Kapazität}} = \frac{800 \times 100}{1000} = 80\,\%$$

Kapital (von lat. caput = Kopf; Hauptsache) Volkswirtschaftlich (*Volkswirtschaftslehre*) stellt *Kapital* neben *Arbeit* und *Boden* wegen seiner wichtigen Rolle bei der *Produktion* den dritten *Produktionsfaktor* dar. Wäre der Mensch zum Beispiel bei der Nahrungsgewinnung (Anbau von Getreide, Sammeln von Früchten, Fischfang) nur auf seine Hände angewiesen, so wäre der Ertrag (*Ausbringung*) dieser Handarbeit sicher gering. Ein Robinson Crusoe würde sich daher schnell entscheiden, beispielsweise ein Netz für den Fischfang zu knüpfen. Dieses Mittel, mit dem er nun in der Lage ist, die Wirksamkeit seiner Hände zu steigern, ist Kapital. Da es sich um materielle Gegenstände handelt, wird es auch Sach- bzw. Real-Kapital oder Produktionsmittel genannt. Das Kapital steht dem wirtschaftenden Menschen nicht von vornherein («von Natur aus») zur Verfügung, sondern muß erst von ihm hergestellt werden. Daher heißt es auch «produziertes Produktionsmittel».
Die mit der zunehmenden Kapitalbildung steigende Wirksamkeit des *Wirtschaftens* kommt in einer *Volkswirtschaft* im Wachstum des *Sozialprodukts* bzw. des *Wohlstands* (oder Lebensstandards) zum Ausdruck. Die Menge an Kapitalgütern in einer Volkswirtschaft nennt man Kapitalstock. Jede Veränderung daran (z. B. größere Anzahl an Kapitalgütern) wird *Investition* genannt (siehe auch *Akkumulation*).
In der *Betriebswirtschaftslehre* gehören die produzierten Produktionsmittel zum *Vermögen*, das auf der Aktivseite der *Bilanz* des *Unternehmens* steht; als Kapital werden demgemäß die *Geld*mittel bezeichnet, mit denen die Sachwerte des *Vermögens* (Maschinen usw.), aber auch *Wertpapiere*, *Patente* usw. (Finanz- und immaterielle Werte) erworben werden. Dieses Geldkapital steht auf der Passivseite der Bilanz und kann *Eigenkapital* oder *Fremdkapital* sein.
Der *Preis*, der dafür gezahlt wird, daß Kapital zur Verfügung gestellt wird (z. B. von Banken), heißt *Zins*.

Kapitaldienst Bei Rückzahlung einer *Kapital*schuld (z. B. *Anleihe*, *Kredit*) besteht der Kapitaldienst in der regelmäßigen Jahreszahlung (sog. Annuität, von lat. annus = Jahr), die *Zins* und Rückzahlungsquote (Teilmenge der Schuld) umfaßt. Beispiel: Ein Unternehmen hat einen Kredit in Höhe von 10000 DM aufgenommen, der innerhalb von zwei Jahren zurückzuzahlen ist (*Tilgung*). Die Rückzahlung soll in Raten à 5000 DM erfolgen; die zu zahlen-

Laufzeit	Kreditsumme (Rest)	5 % Zinsen	Tilgung	Kapitaldienst/Jahr (Zinsen + Tilgung)
1. Jahr	10000,–	500,–	5000,–	5500,–
2. Jahr	5000,–	250,–	5000,–	5250,–

den Zinsen betragen jährlich 5 % vom noch zu tilgenden Kreditbetrag.

Kapitalerhöhung Die Erhöhung des *Eigenkapitals* eines *Unternehmens*. Reicht das Grund- oder *Aktien*kapital einer *Aktiengesellschaft* (*AG*) für die *Finanzierung* geplanter *Investitionen* (z. B. Erweiterung der Produktionsanlagen) nicht aus, muß es durch Zuführung neuer Mittel von außen bzw. durch *Selbstfinanzierung* aufgestockt werden. Das kann entweder durch den Verkauf zusätzlicher (junger) Aktien oder durch die Umwandlung von Rücklagen in Grundkapital erfolgen.
Im ersten Fall müssen die sog. jungen Aktien den *Aktionär*en der AG zum Kauf angeboten werden (Bezugsrecht), bevor sie an der *Börse* gehandelt werden dürfen. Im zweiten Fall werden neue Aktien (sog. Gratisaktien) im Wert der umgewandelten Rücklagensumme an die bisherigen Aktionäre verteilt, ohne daß diese bezahlt werden müssen. Von einer Schenkung kann allerdings deshalb nicht gesprochen werden, da ihnen die umgewandelten Rücklagen bereits vorher anteilig gehört haben.

Kapitalgesellschaft Im Gegensatz zur *Personengesellschaft* steht bei der Kapitalgesellschaft die Kapitaleinlage der Gesellschafter (z. B. *Aktionär*) im Vordergrund, deren persönliche Mitarbeit aber nicht notwendig ist. Für die Geschäftsführung und Vertretung einer Kapitalgesellschaft werden von den Gesellschaften durch Wahlen besondere *Organ*e bestimmt (*Vorstand*, Aufsichtsrat). Die Stimmzahl eines Gesellschafters richtet sich nach seinem Anteil am *Kapital* der Gesellschaft. Die Haftung des Gesellschafters für die *Verbindlichkeiten* der Kapitalgesellschaft beschränkt sich auf seine Kapitaleinlage, im Gegensatz zur Personengesellschaft, bei der der Gesellschafter auch mit seinem privaten Vermögen haftet. Kapitalgesellschaften sind beispielsweise *Aktiengesellschaften (AG)* und *Gesellschaften mit beschränkter Haftung (GmbH)*.

Kapitalismus bezeichnet eine Wirtschaftsform, in der sich das ↓ *Kapital* bzw. ↓ *Vermögen*, wie zum Beispiel Grundstücke, Maschinen, Fabrikgebäude, in privatem Eigentum befindet und von den Eigentümern dazu benutzt wird, *Gewinn*e (Profit) zu erzielen, um aus den Gewinnen wieder neues Kapital zu bilden (*Akkumulation* des Kapitals).
Der Kapitalismus begann sich gegen Ende des 18. und im 19. Jahrhundert (vor allem in England) im Zuge der Industrialisierung («*Industrielle Revolution*»; *Industrie*) zum Hochkapitalismus zu entwickeln. Die gleichzeitig vorherrschenden Anhänger des *Liberalismus* erkannten nicht, daß die von ihnen gewollte Freiheit des einzelnen zu sozialen Widersprüchen in der Gesellschaft führte. Vom *Aufschwung* der *Wirtschaft* profitierten einseitig die Kapitaleigentümer, während die Industriearbeiter mehr und mehr verelendeten. Nach Auffassung von Karl Marx (1818–1883) und Friedrich Engels (1820–1895) soll dieser Gegensatz zur Revolution und letztlich zu einer Gesellschaft führen, in der es keine Unterdrückung und keine Klassen mehr gibt (Kommunismus).
Die Kapitalvermehrung und damit einhergehende Erhöhung der Güterproduktion können wirtschaftliche Krisen (↓ *Konjunktur*) verursachen (wie die Wirtschaftskrise 1929/30), wenn nicht gleichzeitig das *Einkommen* der *Verbraucher* entsprechend steigt (sonst fehlende *Nachfrage*). Diese Gefahr wird verstärkt, wenn der durch die Kapitalakkumulation erzeugte Warenüberschuß (es wird auf Lager produziert) nicht

durch sinkende *Preise* am ↓ *Markt* abzubauen ist. Eine derartige Situation tritt bei Ausschaltung des *Wettbewerbs* durch *Monopole* oder ähnliches (*Oligopol, Konzern, Kartell, multinationale Unternehmen*) ein. Während der Staat in den letzten Jahrzehnten in der Lage war, fehlende Nachfrage mit den Mitteln der *Konjunkturpolitik* auszugleichen, konnte er die wachsende Unternehmens*konzentration* nicht aufhalten. Eine dadurch bewirkte zunehmende Krisengefahr (wachsender Warenüberschuß) zwingt zu immer umfangreicheren konjunkturpolitischen Eingriffen des Staates. Hierin wird wiederum eine Ursache für die schon langfristig anhaltende ↓ *Inflation* gesehen.
Die Entwicklung des Kapitalismus kann in drei Zeitabschnitte mit unterschiedlichen Merkmalen gegliedert werden:

Kapitalmarkt Der ↓ *Markt* für die langfristige *Kredit*aufnahme bzw. *Kapital*anlage, vor allem die *Börse*, an denen *Wertpapiere* gehandelt werden, und der private Kapitalmarkt (z. B. private *Geld*verleiher).
Über den Kapitalmarkt fließt den *Unternehmen* ein großer Teil der Mittel zu, die sie beispielsweise zur *Finanzierung* ihrer *Investitionen* brauchen. *Geldmarkt* und Kapitalmarkt bilden den ↓ *Kreditmarkt.*

Kartell (von ital. cartelle = kleines Schreiben, Zettel) Das Kartell ist ein Zusammenschluß von rechtlich selbständig bleibenden *Unternehmen* desselben

Formen des Kapitalismus

	Frühkapitalismus (Handelskapitalismus)	Hochkapitalismus (Industriekapitalismus)	Spätkapitalismus (Monopolkapitalismus)
Zeitabschnitt	16.–18. Jh.	18. Jh. bis zum 1. Weltkrieg	seit 1. Weltkrieg
Merkmale:	Produktion in Manufakturen (Frühform von Fabriken) und von Unternehmern finanzierte Heimarbeit. Einrichtung von Handelsgesellschaften, Banken, Ausweitung des Welthandels. Gold als Weltwährung	Erfindung von Fließband, Webstuhl, Dampfmaschine u. a.; Produktion in Fabriken (zuerst in England), «Industrielle Revolution», Liberale Marktwirtschaft (Liberalismus). Verelendung der Arbeiterklasse (Proletariat). Konzentration des Kapitals	Massenfabrikation, Marktbeherrschende Unternehmen, auch international (Multis), z. B. Automobilindustrie, Chemiekonzerne, Ölgesellschaften. Verstärkte Eingriffe des Staates (soziale Marktwirtschaft).

Kartellart	Zielsetzung	gesetzliche Regelung
Konditionskartelle	Erhöhte Markttransparenz durch einheitliche Geschäftsbedingungen (Lieferungs-, Zahlungs-, Kreditbedingungen, Garantieleistungen). Die Vereinbarungen betreffen hauptsächlich Transport- und Verpackungskosten sowie Skonti und Rabatte (Rabattkartelle).	anmeldepflichtig (Mißbrauchsprinzip)
Preiskartelle	Ausschaltung der Preiskonkurrenz durch Festsetzung der Verkaufspreise (z. B. Einheitspreis-, Mindestpreiskartelle)	verboten (Verbotsprinzip)
Produktionskartelle		
a) Normungs- und Typungskartelle	Rationalisierungseffekte durch Festlegung von Abmessungen, Formen und Qualität der Einzelteile (Normung) sowie Ausführung des Endproduktes (Typung)	anmeldepflichtig (Mißbrauchsprinzip)
b) Spezialisierungskartelle	Beschränkung des Wettbewerbs durch Spezialisierung auf wenige Endprodukte	
c) Kontingentierungskartelle		verboten (Verbotsprinzip)
c1) Quotenkartelle	Zuteilung der Produktionsquote und damit der Absatzmenge, um ein Überangebot (= Preisverfall) zu verhindern	
c2) Krisenkartelle	Aufteilung der Gesamtnachfrage – bei vorübergehendem Absatzrückgang (Konjunkturkrisenmodell) – bei nachhaltigem Absatzrückgang (Strukturkrisenmodell)	
Absatzkartelle		genehmigungspflichtig (Verbotsprinzip bis zur Genehmigung)
a) Syndikat	Zentralisierung der Beschaffungs- oder Vertriebseinrichtungen	
b) Gebietskartelle	Die räumliche Aufteilung des Absatzmarktes wirkt auch als Kontingentierung der Produktion	
c) Exportkartelle	Sicherung und Förderung der Ausfuhr	anmeldepflichtig wenn Wettbewerbsregelung auf Auslandsmärkte beschränkt genehmigungspflichtig, wenn im Inland wirksam
d) Importkartelle	Regelung der Einfuhr	genehmigungspflichtig, sofern der Wettbewerb im Inland nicht oder nur unwesentlich berührt wird.

*Wirtschaft*szweiges (horizontaler Zusammenschluß). Das Kartell entsteht durch einen *Vertrag* (Kartellvertrag), der die wirtschaftliche Selbständigkeit der Vertragschließenden einschränkt, da sich die Mitglieder zum gemeinsamen Handeln verpflichten, beispielsweise zum Verkauf eines Produktes zu einem vereinbarten *Verkaufspreis*. Verstößt ein Mitglied gegen die Bestimmungen des Kartellvertrages, so droht eine Vertragsstrafe.
Um die *Verbraucher* (Private *Haushalte*) vor den nachteiligen Folgen (z. B. überhöhte *Preise*) solcher Absprachen zu schützen und den *Wettbewerb* als entscheidendes Merkmal der *Marktwirtschaft* zu erhalten, sind in vielen Ländern Gesetze gegen Wettbewerbsbeschränkungen erlassen worden. Im deutschen Kartellrecht ist die Bildung von Kartellen grundsätzlich verboten. Ausnahmen sind die grundsätzlich erlaubten, aber vom Bundeskartellamt in Berlin überwachten anmeldepflichtigen Kartelle, beispielsweise die Konditionenkartelle (*Konditionen*) zur einheitlichen Anwendung allgemeiner Geschäfts-, *Lieferungs-* und *Zahlungsbedingungen*, und die genehmigungspflichtigen Kartelle (z. B. die Einfuhrkartelle).
Der Bundeswirtschaftsminister kann grundsätzlich verbotene Kartelle, beispielsweise Konjunkturkrisenkartelle (*Konjunktur*), genehmigen, wenn die Wettbewerbsbeschränkung aus gesamtwirtschaftlichen Gründen (z. B. bei einem starken *Nachfrage*rückgang) erforderlich ist. Alle Kartelle müssen in das sog. Kartellregister eingetragen und veröffentlicht werden. Die nebenstehende Abbildung gibt einen Überblick über die Kartellarten, die Inhalte der Vereinbarungen und die gesetzliche Regelung in der Bundesrep. Deutschland.

Kaufhaus Kaufhäuser sind größere *Einzelhandelsbetriebe*, die sich, im Gegensatz zum *Warenhaus*, in ihrem *Sortiment* auf eine bestimmte Warengattung beschränken. Warengattungen sind beispielsweise Elektroartikel, Textilien oder Möbel; es gibt also Textilkaufhäuser, Möbelkaufhäuser usw.

Kaufkraft Die Kaufkraft gibt an, wieviel *Güter* und *Dienstleistungen* mit einer bestimmten Einheit *Geld* bzw. *Einkommen* gekauft werden können. Können beispielsweise mit 1 DM heute weniger Birnen gekauft werden als vor einem Jahr, weil inzwischen deren *Preis* gestiegen ist, so ist die Kaufkraft (Wert des Geldes, kurz: Geldwert) gesunken. Die Kaufkraft steht also im umgekehrten (reziproken) Verhältnis zu den Güterpreisen ($\frac{1}{p}$).
Nun interessiert in einer *Volkswirtschaft* nicht so sehr die Kaufkraft in bezug auf eine bestimmte Ware, sondern in bezug auf möglichst alle käuflichen Güter; deren Kaufkraft wird der Durchschnittspreis der Gütermenge (Preisniveau, P) zugrunde gelegt (siehe *Preisniveaustabilität; Preisindex für die Lebenshaltung*). Wenn von der Kaufkraft gesprochen wird, so meint man die durchschnittliche Kaufkraft des Geldes.
Je billiger die Güter in der Volkswirtschaft sind, also je niedriger das Preisniveau ist, desto mehr Güter können für 1 Geldeinheit (z. B. 1 DM) gekauft werden, das heißt, desto größer ist die Kaufkraft des Geldes. Je höher das Preisniveau (*Inflation*), desto geringer die Kaufkraft (bzw. der Geldwert).

Kaufmann Während im allgemeinen Sprachgebrauch jeder in der *Wirtschaft* Tätige als Kaufmann bezeichnet wird, erwirbt man handelsrechtlich nur dann Kaufmannseigenschaft, wenn bestimmte Voraussetzungen gegeben sind. Das liegt zum Beispiel dann vor, wenn man ein Handels*gewerbe* betreibt (§ 1, Absatz 1 und 2 Handelsgesetzbuch) und in erheblichem Umfang am Wirtschaftsleben beteiligt und im *Handelsregister* eingetragen ist. Weitere Möglichkeiten ergeben sich aus §§ 3–7 Handelsgesetzbuch.

Kennzahlen (auch Kennziffern) sind Zahlenwerte, die beispielsweise einen innerbetrieblichen Vergleich (z. B. die Entwicklung der *Liquidität* eines *Unternehmens* im Laufe von 10 Jahren) oder einen zwischenbetrieblichen Vergleich (z. B. die *Umsatz*entwicklung eines *Betriebes* im Vergleich zu anderen Betrieben derselben Branche) ermöglichen. Außerdem läßt sich mit Hilfe von Kennzahlen das Betriebsergebnis (*Gewinn*, Verlust) kontrollieren; wichtige Kennzahlen sind *Produktivität, Wirtschaftlichkeit, Rentabilität,* Liquidität und Umsatz- und *Kosten*kennzahlen.

Knappschaftsversicherung Ein Zweig der ↓ *Sozialversicherung* für die im Bergbau tätigen *Arbeiter* und *Angestellten.* Die Knappschaftsversicherung umfaßt die Renten- und Krankenversicherung für diese *Berufs*gruppe.

Know-how (engl. know-how = Sachkenntnis, Erfahrung) Spezialwissen auf Grund wirtschaftlicher oder technischer Erfahrungen, beispielsweise in den Bereichen der *Produktion*, des *Absatzes* oder der *Organisation.* Ähnlich wie bei der *Lizenz* (*Patent*) kann das Know-how vertraglich (*Vertrag*) anderen *Unternehmen* zur Verfügung gestellt werden.

Kommanditgesellschaft (KG) (von lat. commendare = anvertrauen) Die KG ist eine *Personengesellschaft* mit dem Zweck, ein Handels*gewerbe* mit gemeinschaftlicher *Firma* zu betreiben, wobei zwei Arten von Gesellschaftern auftreten: mindestens ein *Komplementär* (Vollhafter, d. h., er haftet mit seinem gesamten *Vermögen* für die *Verbindlichkeiten* der KG) und mindestens ein *Kommanditist* (Teilhafter, d. h., seine Haftung beschränkt sich auf seinen Geschäftsanteil). Der Komplementär hat die gleichen Rechte und Pflichten wie der Gesellschafter einer *offenen Handelsgesellschaft (oHG)*, während der Kommanditist grundsätzlich von der *Geschäfts*führung und Vertretung ausgeschlossen ist. Er ist nur berechtigt, eine Kopie der jährlichen *Bilanz* zu verlangen und ihre Richtigkeit durch Einsicht der Geschäftsbücher und Papiere zu prüfen (Kontrollrecht). Die KG muß ins *Handelsregister* des zuständigen Gerichts eingetragen werden.
Die KG bietet dem Kommanditisten die Möglichkeit einer *kapital*mäßigen Beteiligung an einem *Unternehmen* ohne persönliche Mitarbeit bzw. Haftung.
Der Komplementär kann durch Hereinnahme des Kommanditisten ohne wesentliche Einschränkungen seiner Geschäftsbefugnis die Kapitalbasis der KG vergrößern.

Kommanditist Der Kommanditist (Teilhafter) ist ein Gesellschafter einer *Kommanditgesellschaft (KG)*, der nur mit seinem *Kapital*anteil (Einlage) für die *Verbindlichkeiten* der KG haftet. Er ist von der *Geschäfts*führung grundsätzlich ausgeschlossen und besitzt lediglich ein Kontrollrecht bzw., in außergewöhnlichen Fällen, ein Widerspruchsrecht. Vom *Gewinn* der KG gebührt ihm, wenn nicht anders vereinbart, gemäß der gesetzlichen Regelung zunächst ein Anteil in Höhe von 4 % seines Kapitalanteils. Der restliche Gewinn (soweit vorhanden) wird in einem angemessenen Verhältnis verteilt, das meistens im Gesellschafts*vertrag* festgelegt ist, um Streitigkeiten zu vermeiden (siehe auch *Komplementär*).

Komplementär Der Komplementär (Vollhafter) ist ein Gesellschafter einer *Kommanditgesellschaft (KG)*, der mit seinem gesamten *Vermögen*, also unbeschränkt, für die *Verbindlichkeiten* der KG haftet. Er vertritt die KG und ist mit ihrer *Geschäfts*leitung betraut; von ihrem *Gewinn* erhält er, wenn nicht anders vereinbart, wie der *Kommanditist* gemäß der gesetzlichen Regelung zunächst einen Anteil in Höhe von 4 % seines *Kapital*anteils.
Der restliche Gewinn (soweit vorhanden) wird nach einem meist im Gesellschaftsvertrag festgelegten, angemessenen Verhältnis auf die Gesellschafter verteilt.
Beispiel für die Gewinnverteilung einer KG mit dem Komplementär A und den beiden Kommanditisten B und C. Der Gewinn beträgt 111600 DM. Gemäß Gesellschaftsvertrag erhalten alle Gesellschafter zunächst 4 % ihrer Kapitaleinlage, der Rest wird im Verhältnis 7:2:1, auf A, B, und C aufgeteilt (s. u.).

Konditionen Die Bedingungen, zu denen ein *Geschäft* zwischen Kaufleuten abgeschlossen wird, vor allem die *Zahlungs-* und *Lieferungsbedingungen*. Die Gewährung günstiger *Konditionen* ist ein Mittel der *Absatzpolitik*. So können zum Beispiel Mengen*rabatt* oder unverzügliche Lieferung den *Absatz* fördern. Die Gesamtheit der Bedingungen, zu denen eine *Firma* mit ihren Geschäftspartnern handeln möchte, wird häufig zu sog. Allgemeinen Geschäftsbedingungen zusammengefaßt, die sich innerhalb bestimmter Branchen gleichen oder ähneln.
Auch bei den alltäglichen Geschäftsbeziehungen sollte man die Geschäftsbedingungen – das «Kleingedruckte» – genau lesen, um alle Konsequenzen (z. B. Haftungsausschlüsse) überblicken zu können; es könnte sonst leicht geschehen, daß man beispielsweise für einen eventuellen Schaden (z. B. in der Reinigung beschädigte Kleidung) selbst aufkommen muß.
Wenn die Interessen zweier Handelspartner voneinander abweichen, wird meist der stärkere dem schwächeren die Konditionen «diktieren». In bestimmten Fällen kann sogar ein derart starkes Abhängigkeitsverhältnis vorliegen, daß über die Allgemeinen Geschäftsbedingungen hinaus auch andere Bedingungen, wie zum Beispiel der *Preis* einer Ware, diktiert werden können (siehe auch *Monopol*).

Konjunktur (von lat. coniungere = verbinden) Die wirtschaftliche Entwicklung (das Wachstum des *Sozialprodukts*) verläuft nicht geradlinig, sondern eher einer Wellenbewegung vergleichbar; einem Wellenberg folgt ein Wellental (Konjunkturzyklus). Diese Wellen können in einzelne zeitliche Abschnitte (Phasen) unterteilt werden. Der Wellenberg beginnt mit dem *Aufschwung*. Man spricht auch von der Zeit der Prosperität (von lat. prospera = Gedeihen) oder von Expansion (von lat.

Gesellschafter	Kapitaleinlage	4 %	Rest (7:2:1)	Gesamt
Komplementär A	200000,–	8000,–	70000,–	78000,–
Kommanditist B	60000,–	2400,–	20000,–	22400,–
Kommanditist C	30000,–	1200,–	10000,–	11200,–
		11600,–	100000,–	111600,–

expandere = ausbreiten). Die *Produktion* steigt, da die *Unternehmen Gewinne* erwarten. Sie tätigen *Investitionen* (*Kapital*) und stellen vermehrt *Arbeitskräfte* ein. Die ↓*Produktionsfaktoren* werden bald immer knapper und teurer. Die Produktion kann nicht mehr in dem Umfang steigen, wie zu Beginn des Aufschwungs, da die *Kapazitäten* voll ausgelastet sind. Durch gestiegene *Einkommen* ist die *Nachfrage* nach *Gütern* sehr hoch und übersteigt das *Angebot*, wodurch die Güter*preise* steigen. Diese Phase der Hochkonjunktur bzw. des *Booms* ist mit *Inflation* verbunden. Auf Grund verschiedener Ursachen (z. B. aus Angst vor weiterer Verschuldung für Investitionen; vermehrtes *Sparen*, um für die unsichere Zukunft vorzusorgen, und damit weniger Nachfrage bei den privaten *Haushalten*) gerät die *Wirtschaft* plötzlich ins Stocken. Der *Absatz* stagniert (*Stagnation*). Normalerweise dürften die Preise nun nicht mehr steigen. Das muß allerdings nicht immer der Fall sein, wie das Problem der *Stagflation* zeigt.

Die Stagnation kann zum Abschwung führen. In diesem Fall erweisen sich manche Investitionen als unrentabel (*Rentabilität*) und werden häufig abgebrochen. Die Lagerbestände vergrößern sich, da das *Angebot* die gesunkene Nachfrage übersteigt. Die Produktion geht zurück. Es herrscht *Rezession*. Kommt es zu einem erheblichen Produktionsrückgang mit großer *Arbeitslosigkeit*, nennt man diese Situation *Depression*. Mit ihr gehen normalerweise erhebliche Preissenkungen einher (*Deflation*). Dieser Fall trat in der Weltwirtschaftskrise der Jahre 1929 bis 1932 ein. Der Abschwung kann sich wieder verlangsamen und zu einem neuen Aufschwung führen, wenn Unternehmen beispielsweise *kosten*senkende Maßnahmen ergreifen (*Rationalisierung*) oder technische Erfindungen neuen Absatz ermöglichen.

Vor allem aber hat der Staat die Aufgabe übernommen, der Wirtschaft zum Aufschwung zu verhelfen bzw. es gar nicht erst zu starken Konjunkturausschlägen kommen zu lassen (↓ *Konjunkturpolitik*).

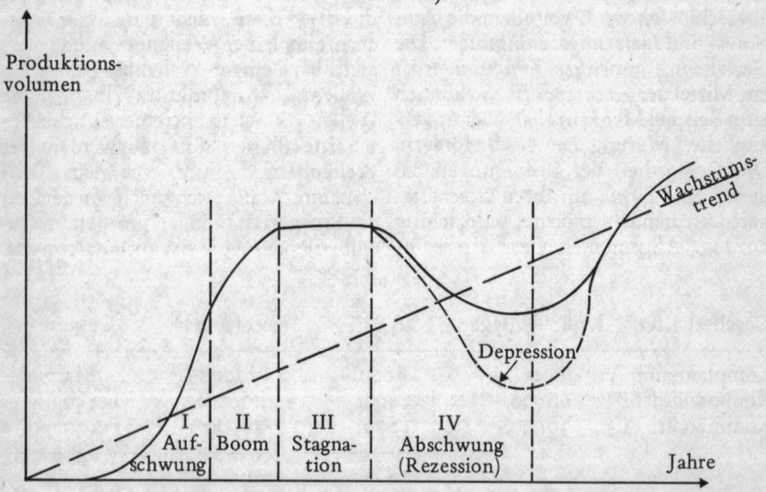

Konjunkturpolitik Unter Konjunkturpolitik versteht man alle Maßnahmen des Staates, die die ↓ *Konjunktur* so beeinflussen sollen, daß heftige Ausschläge (*Boom, Rezession* oder *Depression*) möglichst vermieden bzw. bereits eingetretene Störungen behoben werden. Bei anhaltendem *Aufschwung* der Konjunktur besteht die Tendenz zu Preissteigerungen (*Inflation*), da die *Nachfrage* nach *Gütern* (*Konsum-* und *Investitionsgütern*) auf Grund wachsenden Geld*einkommens* mehr und schneller steigt, als das gleichzeitige *Angebot* wegen der begrenzten *Kapazitäten* (bzw. knappen *Produktionsfaktoren*) wachsen kann. Hier muß der Staat «gegensteuern», indem er die *volkswirtschaft*liche Nachfrage beschränkt. Umgekehrt verhält er sich, wenn ein *Abschwung* oder gar eine *Depression* mit umfangreicher *Arbeitslosigkeit* eingetreten ist; nun ist es seine Aufgabe, die *Wirtschaft* durch verschiedene Maßnahmen (Mittel, Instrumente) «anzukurbeln».

Die Konjunkturpolitik ist in der Bundesrepublik Deutschland relativ lange vernachlässigt worden. Es wurde zu sehr dem «freien Spiel der Kräfte» auf dem ↓ *Markt* vertraut. Der Staat sollte nach dieser Ansicht so wenig wie möglich steuernd eingreifen (*Liberalismus*). Die vor 1966 herrschende Hochkonjunktur mit ihren Übertreibungen beim Investieren, ihrem Schuldenmachen und Einkommenszuwachs hätte bereits aktive Eingriffe der Regierung gerechtfertigt, die jedoch Appelle zum Maßhalten vorzog. Erst als 1966 der wirtschaftliche Rückschlag folgte, wurden die konjunkturpolitischen Möglichkeiten des Bundes und der Länder durch das «Gesetz zur Förderung der Stabilität und des Wachstums» (kurz: Stabilitätsgesetz) vom 8. Juni 1967 gestärkt. Man strebt mit diesem Gesetz die Ziele des *«magischen Vierecks»* an; das wirksamste Mittel zum Gegensteuern ist danach die ↓ *antizyklische Finanzpolitik*. Unterstützt wird diese Politik durch die *Geldpolitik* der Deutschen *Bundesbank* (Notenbank) und, da die inländische Konjunktur nicht unabhängig ist von der wirtschaftlichen Entwicklung im Ausland (z. B. «importierte Inflation»), durch die Währungspolitik (siehe *Wechselkurs*).

Konkurs (von lat. concursus [creditorum] = Zusammentreffen mehrerer *Gläubiger*) Ein gerichtliches Verfahren zur zwangsweisen Aufteilung des gesamten *Vermögens* eines zahlungsunfähigen (*Liquidität*) Schuldners an seine Gläubiger. Die gerichtliche Zwangsaufteilung soll verhindern, daß einzelne Gläubiger versuchen, ihre *Forderungen* rasch einzuziehen, während andere leer ausgehen. Der Konkurs wird bei Zahlungsunfähigkeit auf Antrag des Schuldners oder der Gläubiger vom Konkursgericht (das für den Schuldner zuständige Amtsgericht) eröffnet. Damit darf der Schuldner nicht mehr über das Vermögen (bzw. die Gesellschaft) verfügen. Mit alleinigem Entscheidungsrecht wird ein Konkursverwalter eingesetzt.

Reicht die Konkursmasse (das Restvermögen des Schuldners) zur Deckung des Konkursverfahrens nicht aus, so wird der Antrag «mangels Masse» abgewiesen. Mit der Konkurseröffnung obliegt dem Konkursverwalter, der als neutrale Instanz die Interessen von Schuldner und Gläubigern wahren muß, die Aufgabe der Feststellung, Verwaltung, Verwertung (insbesondere Verkauf) und Verteilung der Konkursmasse. Fremdes Eigentum gehört nicht zur Konkursmasse und muß daher ausgesondert werden. Die Verteilung der Konkursmasse auf die Gläubiger muß in einer bestimmten, vorgeschriebenen Reihen-

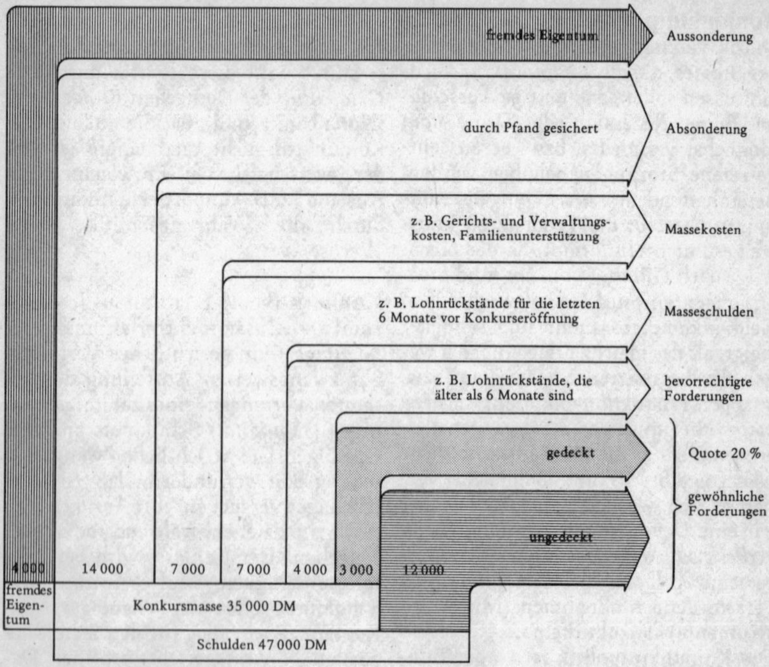

Verteilung der Konkursmasse

folge durchgeführt werden (siehe Schaubild). Zu den Absonderungsberechtigten gehören beispielsweise Gläubiger, die ihre Forderungen durch ein Pfandrecht (*Pfändung*) gesichert haben.

Die folgende Abbildung zeigt, daß die Anzahl der Konkurse und Vergleichsverfahren (*Vergleich*) in der Bundesrepublik Deutschland besonders in Krisenzeiten (*Konjunktur*), beispielsweise

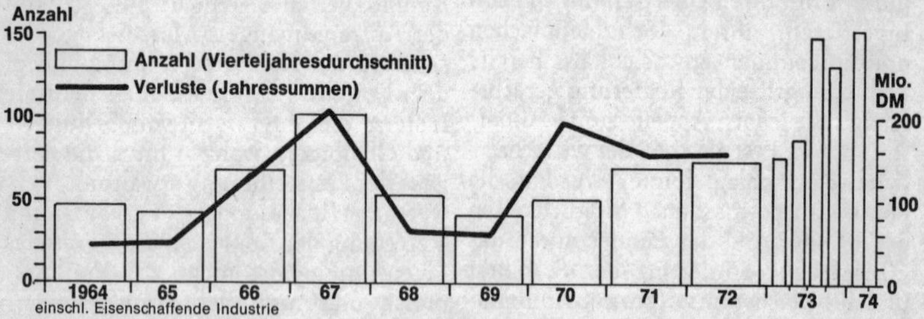

Anzahl der Konkurse und Vergleichsverfahren und deren Verluste

(Quelle: *Metall im Bild*, Informedia Verlags-GmbH, Köln)

in der *Rezession* 1966/67 und seit 1973, erheblich zunimmt.

Konsum (von lat. consumere = verwenden, verbrauchen) Man unterscheidet zwischen privatem und staatlichem Konsum (*Verbrauch*). Ersterer besteht aus allen Käufen von *Gütern* und *Dienstleistungen* ohne Käufe von Grundstücken, Gebäuden und Wohnungen (Immobilien) durch private *Haushalte* (sog. Konsumenten oder Verbraucher).
Als staatlichen (öffentlichen) Konsum oder Staatsverbrauch bezeichnet man die Summe des Eigenverbrauchs der öffentlichen Haushalte. Dazu zählen beispielsweise Rüstungsausgaben, wie der Bau von Kasernen oder der Kauf von Starfightern, nicht aber der Bau von Straßen, Schulen oder zivilen Flughäfen, der zu den öffentlichen *Investitionen* gehört.

Konsumgesellschaft Mit Konsumgesellschaft (siehe auch *Leistungsgesellschaft*) wird eine hochindustrialisierte kapitalistische (*Kapitalismus*) Gesellschaft bezeichnet, in der die Wünsche der Verbraucher (*Konsum*enten) überwiegend durch die Reklame in Massenmedien (Fernsehen, Zeitungen usw.) oder durch andere Werbetechniken (*Werbung*) geweckt werden. Hierdurch sollen möglichst große Gruppen, häufig bestimmte Altersgruppen (z. B. Baby-, Teenager-, Twenmode bei der Kleidung), zum Kauf (*Nachfrage*, *Konsum*) angeregt werden. Das hat beispielsweise zu einer eigenen «Jugend-*Industrie*» geführt. In einer Konsumgesellschaft wird sehr viel «Überflüssiges» produziert und konsumiert. Häufig geht es Verbrauchern nur darum, mit Konsum (neues Auto, modischer Schick, feine Wohnungseinrichtung usw.) persönliches Ansehen (Prestige) zu erreichen und zu demonstrieren (z. B. gegenüber Nachbarn, Vorgesetzten im Beruf, Fremden).
Der Massenkonsum wird von einer auf *Massenfertigung* eingestellten *Wirtschaft* (*Akkumulation*) gebraucht, um unausgelastete *Kapazitäten* und damit mögliche Verluste zu vermeiden. Der Steigerung des Verbrauchs dient auch die bewußt durchgeführte *Produktion* rasch verschleißender *Güter* (z. B. nur kurze Zeit haltbare Automobile). Versuche, Konsumverweigerung zu praktizieren, sind zum Beispiel die «Hippies» und die Umweltschutzbewegung.
Die Konsumgesellschaft steht in krassem Gegensatz zur Armut der Dritten Welt (siehe *Entwicklungsländer*).

Kontingentierung (von lat. contingere = zuteil werden, zustehen) Unter Kontingentierung versteht man die wert- oder mengenmäßige Beschränkung des Austausches von *Gütern*, Waren oder *Geldmengen* zum Zwecke der Kontrolle über diese Sachen. Dabei kann es sich um rein privatrechtliche Kontingentierungsabsprachen zwischen mehreren *Unternehmen* oder auch innerhalb eines *Konzerns* handeln. Überwiegend treten Kontingentierungsmaßnahmen jedoch als staatliche Beeinflussung entweder des grenzüberschreitenden Außenhandels oder auch zur Gestaltung inländischer Wirtschaftsstruktur (z. B. Verkehrswirtschaft) auf.

Konto (von ital. conto = Rechnung) Als Konto bezeichnet man insbesondere in der doppelten *Buchführung* eine zweiseitige (doppelte) Rechnung in T-Form (siehe Abbildung) oder in Reihenform (vergleiche Beispiel *Kontokorrent*) zur getrennten und übersichtlichen Aufzeichnung der Geschäftsvorfälle eines *Unternehmens*. Beispielsweise werden der Bestand an *Bargeld* und die Bar-

Soll		Kasse-Konto	Haben	
Anfangsbestand	1400,–		Mietzahlung	700,–
Zahlung eines Kunden	1200,–		Gehaltszahlung	1100,–
Bankabhebung	800,–			

Kasse-Konto (nicht abgeschlossen)

zahlungen (außer Zahlungen durch *Scheck*) auf dem «Kasse»-Konto eingetragen. Das bereits in der Kasse befindliche *Geld* (Anfangsbestand) und die Eingänge (z. B. Zahlung eines Kunden; Bankabhebung) werden auf der linken Seite (Soll-Seite) des Kontos erfaßt, während Ausgänge aus der Kasse (z. B. Miet- und Gehaltszahlung) auf der rechten Seite (Haben-Seite) vermerkt werden.

Will man nun den Kassenbestand ermitteln, muß man das Konto abschließen. Da insgesamt 3400 DM (Summe der Beträge der Soll-Seite) in die Kasse geflossen sind, aber nur 1800 DM (700 + 1100 DM) aus der Kasse entnommen wurden, müssen noch 1600 DM in der Kasse sein. Dieser Endbestand, auch Saldo genannt, ergibt sich aus der Differenz von Soll- und Haben-Seite des noch nicht abgeschlossenen Kontos. Wird der Saldo auf der wertmäßig kleineren Seite (in diesem Fall die Haben-Seite) des Kontos eingesetzt, sind Soll- und Haben-Seite gleich groß, nämlich 3400 DM. Damit ist das Kasse-Konto ausgeglichen, und es kann abgeschlossen werden (siehe auch *Bankkonto*).

Kontokorrent (von ital. conto corrente = laufende Rechnung) Im betriebswirtschaftlichen Sinn versteht man hierunter jede *Geschäfts*verbindung (z. B. unter Kaufleuten), bei der Leistung und Gegenleistung, wie Lieferung und Bezahlung von Waren, nicht sofort erfolgen, sondern in Rechnung gestellt und nach bestimmten Zeitabständen ausgeglichen werden.

Im allgemeinen Sprachgebrauch wird Kontokorrent mit dem Kontokorrent-

Soll		Kasse-Konto	Haben	
Anfangsbestand	1400,–		Mietzahlung	700,–
Zahlung eines Kunden	1200,–		Gehaltszahlung	1100,–
Bankabhebung	800,–		Saldo	1600,–
	3400,–			3400,–

Kasse-Konto (abgeschlossen)

Beispiel:

XY-Bank Hamburg Zweigstelle, Mittelweg 34	Kontokorrent-Konto:	Karl Meier Hamburg Alsterstraße 12
Datum	**Text**	**Betrag**
1. 4. 75	Anfangsbestand	3000,–
12. 4. 75	Überweisung von Meier	– 800,–
12. 4. 75	Saldo	2200,–
16. 4. 75	Einzahlung	+ 300,–
16. 4. 75	Saldo	2500,–
21. 4. 75	*Scheck*ausstellung von Meier	– 1200,–
21. 4. 75	Saldo	1300,–
24. 4. 75	*Wertpapier*kauf	– 600,–
24. 4. 75	Saldo	700,–
......	......	......

Konto (laufendes Konto, Girokonto) bei *Kreditinstitut*en gleichgesetzt. Hierunter versteht man ein *Konto*, das von einem Kreditinstitut geführt wird (*Bankkonto*) und dem Kunden zur Abwicklung vor allem des *bargeldlosen Zahlungsverkehr*s dient. Die laufenden Ein- und Auszahlungen werden miteinander verrechnet, so daß sich entweder ein Guthaben oder eine Schuld als Saldo (Endbestand) ergibt. Für die Kontoführung werden dem Kunden Gebühren, bei Vorlage eines Schuldsaldos ferner Überziehungs*zins*en berechnet. Da der Kontoinhaber laufend über die Einlagen verfügen kann, spricht man von Sichteinlagen (siehe *Sparen, Depositen*).

Konvertibilität (von lat. convertere = umwandeln) Die *Währung* eines Landes ist dann konvertibel, wenn die Möglichkeit besteht, diese Währung jederzeit und in jeder Menge in fremde Währung umzutauschen (siehe *Internationaler Währungsfonds; Wechselkurs*).

Konzentration (von frz. concentrer = in einem Mittelpunkt vereinigen) Obwohl miteinander eng verknüpft, kann grob zwischen der Konzentration des ↓*Vermögens* und der *Unternehmens*konzentration unterschieden werden. Die Konzentration oder der Zusammenschluß von Unternehmen zu *Konzernen* oder *Kartellen* dient der *Gewinn*maximierung oder Existenzsicherung von Unternehmen. Sie drückt sich aus in der hohen Beschäftigtenzahl sowie in der Höhe des *Umsatz*es und seines Anteils an dem betreffenden Güter*markt* (Marktanteil). In nur 5,6 % aller Unternehmen der deutschen *Industrie* sind 63 % aller Industriebeschäftigten tätig; in diesen relativ wenigen Unternehmen werden 66 % des gesamten Industrieumsatzes erwirtschaftet. Bei den Großen handelt es sich um *multinationale Unternehmen*. Eine besonders starke Konzentration ist unter anderem im Fahrzeugbau (Pkw, Lkw, Omnibusse) und in der chemischen Industrie eingetreten. Hier liegt deutlich eine oligopolistische (*Oligopol*) Struktur vor mit einer Tendenz zum *Monopol*. So stieg zum Beispiel in der Chemie zwischen 1962 und 1972 die *Produktion* um 162 % (Gesamtindustrie: 63 %); die

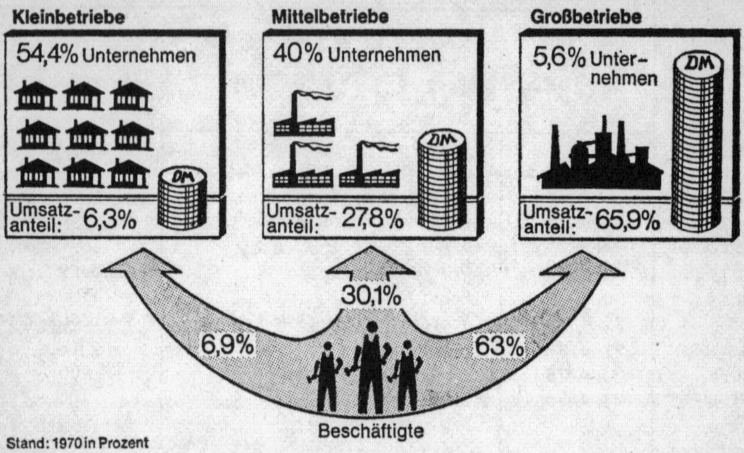

Die Struktur der deutschen Industrie

(Quelle: *Frankfurter Allgemeine Zeitung* vom 15. 2. 1974)

Produktivität (Produktion je Beschäftigter oder je geleistete Arbeitsstunde) wuchs in derselben Branche zwischen 1960 und 1970 um 160 % (Gesamtindustrie: Nur 88 %). Die Umsatz*rentabilität* (Gewinn bezogen auf den Umsatz) betrug 1962 bis 1969 in der Chemie zwischen 6,9 % und 7,5 % (Gesamtindustrie: 4,4 %–5,3 %).
Mit der Unternehmenskonzentration geht eine hohe Kapitalkonzentration (*Kapital*) einher.
Die Gefahren der Konzentration liegen unter anderem darin, daß durch die entstehende Marktmacht die staatliche *Wirtschaftspolitik* außer Kraft gesetzt wird, zum Beispiel die *Konjunkturpolitik*, und sich die Verteilung von ↓ *Einkommen* und Vermögen immer mehr zuungunsten der *Arbeitnehmer*haushalte und kleinerer *Gewerbe*treibender (Mittelstand) verschiebt. Die Unternehmenskonzentration ist mit der *Wettbewerb*sidee eines *marktwirtschaft*lichen Systems unvereinbar.

Konzern (engl. concern = Unternehmen) Der Konzern ist ein Zusammenschluß mehrerer *Unternehmen*, der insbesondere dann entsteht, wenn ein großes und *kapital*starkes Unternehmen die Mehrheit der *Akti*en oder sogar alle Aktien mehrerer *Aktiengesellschaften* erwirbt und auf diese Weise Einfluß auf die *Geschäfts*führung gewinnt. Die einzelnen Unternehmen des Konzerns bleiben zwar rechtlich selbständig (sie treten z. B. weiterhin unter eigener *Firma* auf), sie stehen aber unter der einheitlichen wirtschaftlichen Leitung der Konzernspitze, die ihnen gegenüber Weisungsbefugnisse hat. Die Konzernleitung, die die Aktienmehrheit besitzt, wird auch Holding-Gesellschaft genannt. Es gibt Konzerne, deren Unternehmen im selben *Wirtschaft*szweig (z. B. im Automobilbau) tätig sind (horizontale Konzerne) und solche, deren Unternehmen verschiedenen Wirtschaftszweigen bzw. verschiedenen Produktionsstufen (z. B. *Rohstoff*gewinnungsbetrieb, Produktionsbetrieb und *Dienstleistungsbetrieb*) angehören (vertikale Konzerne). Der horizontale Konzern hat die gleichen Zielsetzungen wie ein *Kartell*. Durch den Zusammenschluß mehrerer Unternehmen eines Wirtschaftszweiges soll der *Wettbewerb* eingeschränkt und eine *markt*beherrschende Stellung (*Monopol*) erreicht werden. Die vertikalen Konzerne streben insbesondere nach *Rationalisierung* der *Produktion*.

Kosten Kosten sind die für die *betrieb*liche Leistungserstellung (*Beschaffung, Produktion, Absatz*) notwendigen Aufwendungen. Sie werden in *Geld* bewertet. Beispielsweise sind Spenden eines *Unternehmens* an eine politische Partei wohl Aufwendungen, aber keine Kosten, da sie nicht betriebsnotwendig sind. Betriebsnotwendige Aufwendungen sind dagegen der für die Produktion erforderliche *Verbrauch* an Strom, Heizung und Maschinen (*Verschleiß, Abschreibung*), der Einbau von Motoren in Automobile, der Einsatz von *Arbeits*kräften (Personalkosten).
Die Kosten können von der *Ausbringung* eines Betriebes abhängig sein; so wächst der Verbrauch an Holz, wenn mehr Tische produziert werden (sog. variable bzw. veränderliche Kosten). Ein Teil der Kosten ist unabhängig von der Ausbringung; eine Werkstatt muß beispielsweise im Winter geheizt werden (Heizkosten), egal, ob viel oder wenig produziert wird (sog. fixe bzw. feste Kosten). Die Addition der fixen und variablen Kosten eines Unternehmens ergibt die Gesamtkosten.
Ein anderes Unterscheidungsmerkmal ist die genaue Zurechnungsmöglichkeit der Kosten zu einem einzelnen Produkt. Es läßt sich zum Beispiel genau ermitteln, welche Kosten das Kunststoffmaterial bei der Herstellung einer Schallplatte verursacht, da die genaue Menge, die für diese eine Schallplatte benötigt wird, durch Wiegen ermittelt werden kann (Einzelkosten). Die Kosten für die Raumpflegerin jedoch, die am Abend den Arbeitsplatz säubert, lassen sich nicht mehr genau einer Schallplatte zuordnen, sondern müssen nach einem Schlüssel anteilig auf die produzierten *Güter* verteilt werden (Gemeinkosten).
Industrie- und *Handelsbetriebe* ermitteln für ihre Kalkulation (siehe *Kostenrechnung*) die sog. Herstellkosten. In diese gehen insbesondere die Kosten für Material (z. B. *Rohstoffe, Zwischenprodukte*) und für die Fertigung (z. B. Löhne, Strom- und Wasserverbrauch) ein. Zählt man alle Kosten zusammen, die den einzelnen *Betrieb*en in einer *Volkswirtschaft* entstehen, so ergeben sich die gesamtwirtschaftlichen Kosten.
Es gibt jedoch noch weitere volkswirtschaftliche bzw. gesellschaftliche Belastungen, beispielsweise die Umweltverschmutzung, die nicht in voller Höhe in den einzelwirtschaftlichen Kosten der Betriebe enthalten sind.
Lärm, Abgase, Staub, ungeklärte Abwässer und sonstige «Abfälle» der *Produktion* und des *Konsums* führen zu Schäden beim Menschen und seiner Umwelt, der Natur, die nur teilweise behoben werden können. Diese Belastungen sind für die Volkswirtschaft Kosten, die vom Verursacher in der Regel nicht getragen werden. Leitet ein Unternehmen seine Abwässer in einen Fluß und sterben daran die Fische, so erscheint letzteres, obwohl es ein «Verbrauch an Gütern», hier Fischen, ist, nicht als Produktionskosten beim Verursacher; hinzu kommt, daß die in den Fluß abgeleiteten Schadstoffe unentgeltlich abtransportiert werden, sozusagen zum «Nulltarif», dem Unternehmer also auch noch Transportkosten erspart bleiben. Er schiebt also eine Reihe an

Kosten zu Lasten der Umwelt von sich; seine betriebswirtschaftlichen Kosten sind zu niedrig. Sie werden von anderen, in den meisten Fällen stillschweigend, übernommen. Dies gilt unter anderem auch für das Einatmen gesundheitsschädlicher Abgase der *Industrie* und der *Haushalte* (Heizung, Auto). Treten Gesundheitsschäden ein, so kommt auch hier in der Regel nicht der Verursacher auf. Entstehen hieraus Kosten zur Behebung (Heilung) der Krankheit, so werden sie im allgemeinen von den Krankenkassen und damit von den Beiträgen der Mitglieder finanziert, ohne daß der Verursacher belastet wird. Diese nicht vom Verursacher, sondern von der an der Kostenentstehung unbeteiligten Allgemeinheit getragenen Kosten werden «social costs» (engl. = Sozialkosten) genannt.

Das Umweltschutzgesetz möchte solche Kosten möglichst von vornherein verhindern und bei dennoch eintretenden Schäden den Verursacher haftbar machen.

Kostenrechnung Die Kostenrechnung (*Rechnungswesen*) erfaßt den in *Geld* bewerteten Einsatz von *Gütern* (z. B. Maschinen) und *Dienstleistungen* (z. B. die *Arbeits*kraft) zur betrieblichen Leistungserstellung (*Produktion*).

Die *Unternehmen* in der *Marktwirtschaft* streben in der Regel einen möglichst großen, zumindest aber einen angemessenen *Gewinn* an. Daher kalkulieren sie ihre *Verkaufspreise* so, daß die Verkaufserlöse (*Umsatz*) die *Kosten* der Leistungserstellung (Selbstkosten) mindestens decken, nach Möglichkeit jedoch einen Gewinn erbringen. Die entstandenen Kosten sollen ja über die Verkaufserlöse zurückfließen. Wenn ein Unternehmen seine Produkte zu einem *Preis* verkauft, der unter den Selbstkosten liegt, entstehen Verluste, die auf die Dauer zur Aufgabe des *Betriebes* führen können.

Die im Rahmen der Kostenrechnung ermittelten Selbstkosten dienen der Berechnung des Verkaufspreises (Kalkulation). Beispiel: Ein *Großhandelsbetrieb* kauft Transistorradios zu einem Preis von 100 DM je Stück (*Beschaffungspreis*) ein. Betragen die Selbstkosten pro Stück 20 DM und soll ein Gewinn von 15 DM je Stück erzielt werden, muß der Großhandelsbetrieb seine Radios zu einem Verkaufspreis von 135 DM je Stück anbieten. Hier ein (vereinfachtes) Kalkulationsschema:

Beschaffungspreis pro Stück	100,– DM
+ Selbstkosten	20,– DM
Selbstkostenpreis	120,– DM
+ Gewinn	15,– DM
Verkaufspreis pro Stück	135,– DM

Die Selbstkosten sind sog. Gemeinkosten, die normalerweise mit einem bestimmten Prozentsatz (dem sog. Geschäftskostenzuschlagsatz) auf den Beschaffungspreis aufgeschlagen werden.

In Fertigungsbetrieben (*Industrie*betrieb) erfolgt die Kostenrechnung in drei Etappen: Nach der Erfassung der im einzelnen angefallenen Kosten (Kostenartenrechnung) durch die *Buchführung* werden die Kosten mit Hilfe eines Betriebsabrechnungsbogens auf verschiedene Kostenstellen, die in jedem Betrieb gebildet werden, verteilt (Kostenstellenrechnung). Kostenstellen sind zum Beispiel die Gießerei in einem Industriebetrieb, die Buchhaltung oder die Verkaufsabteilung. Zuletzt werden dem sog. Kostenträger (das erzeugte Produkt oder die bereitgestellte Dienstleistung) die durch ihn verursachten Kosten zugeschlagen (Kostenträgerrechnung). Auf Grund der so ermittelten Selbstko-

sten läßt sich dann der Verkaufspreis eines bestimmten Kostenträgers kalkulieren.
Neben der Berechnung der Selbstkosten dient die Kostenrechnung der Überwachung der einzelnen Kosten (insbesondere ihrer Veränderung) und damit der Kontrolle der *Wirtschaftlichkeit.* Außerdem schafft die Kostenrechnung Unterlagen für die anderen Bereiche des Rechnungswesens, zum Beispiel für die *Wirtschaftsstatistik.*

Kredit (von lat. creditum = Darlehen; das Anvertraute) Einen Kredit gewähren bedeutet, einer Person, einem *Unternehmen* oder dem Staat einen bestimmten *Geld*betrag oder andere Sachen zu überlassen, wobei sich der Empfänger des Kredits zur späteren Rückgabe (Rückzahlung des Geldes, Rückerstattung der Sachen) verpflichten muß. Eine wichtige Bedeutung des Kredits liegt in der Versorgung der *Wirtschaft* mit Geld*kapital* (vor allem durch *Kreditinstitute*) zur *Finanzierung* des betrieblichen *Vermögens*, zum Beispiel für Wareneinkäufe oder für die Erweiterung der *Produktions*anlagen. Als Gegenleistung für die Kreditgewährung wird ein *Zins* erhoben.
Kredite können zum Beispiel als *Kontokorrent*kredite (genehmigte Überziehung eines *Bankkontos*), Diskontkredite (Verkauf von *Wechseln* an ein *Kreditinstitut*) oder Warenkredite (Verkäufer liefert Waren auf Rechnung) auftreten (siehe auch *Lombardkredit*). Die Kreditgewährung ist in der Regel von drei Faktoren abhängig, nämlich von der Zahlungsfähigkeit (Sicherheit) des Kunden, von der Laufzeit des Kredites und der Zinshöhe.

Kreditinstitut Als Kreditinstitute bezeichnet man alle *Unternehmen,* die gewerbsmäßig Bankgeschäfte betreiben. Die Bankgeschäfte sind im Gesetz über das Kreditwesen festgelegt und können in drei Gruppen unterteilt werden: Passiv-, Aktiv- und Dienstleistungsgeschäfte.
Unter Passivgeschäften versteht man die Annahme, Verwaltung und Verzinsung der von Kunden angelegten Spargelder und *Depositen.*
Von Aktivgeschäften spricht man, wenn im Rahmen des Passivgeschäfts bei den *Kreditinstitut*en angelegte *Geld*er in Form von *Kredit*en gegen Verzinsung an Kunden ausgeliehen werden.
*Dienstleistung*sgeschäfte sind zum Beispiel Zahlungsgeschäfte wie *Bargeld-*, Überweisungs- und *Scheck*verkehr, ferner alle Wertpapiergeschäfte (An- und Verkauf von *Wertpapier*en), die Verwahrung der Wertpapiere in *Depot*s und ihre Verwaltung sowie die Kundenberatung.
Bei den Kreditinstituten unterscheidet man zwischen Banken und Sparkassen. Als sog. Großbanken bezeichnet man die hinsichtlich ihres *Kapital*s und Geschäftsumfangs größten und damit einflußreichsten (*Aktiengesellschaft, Stimmrecht*) Banken, die alle nach dem erwerbswirtschaftlichen Prinzip arbeiten (Gewinnmaximierung, *Gewinn*). Zu den Großbanken zählen die Deutsche Bank AG, Dresdner Bank AG, Commerzbank AG und die Bank für Gemeinwirtschaft. Sparkassen sind öffentlich-rechtliche *Anstalt*en, bei denen das Spargeschäft unter den Kreditinstituten den ersten Rang einnimmt. Für eventuelle Verluste der Sparkassen haften Gemeinden, Kreise, Städte oder Länder, die ihrerseits ein Mitwirkungsrecht bei der Sparkasse haben.

Kreditmarkt Weder örtlich noch zeitlich festgelegter ↓ *Markt,* auf dem *Geld*kapital *angebot*en wird und *Kapital*anlagen (z. B. *Wertpapiere*) nachgefragt werden. Der Kreditmarkt wird in *Geldmarkt* und *Kapitalmarkt* unterteilt.

Kündigung ist die einseitige Lösung eines bestehenden und eigentlich länger befristeten *Vertrag*es durch Erklärung an den anderen Vertragspartner. Dazu ist jedoch eine sog. Kündigungsbefugnis erforderlich, die entweder gesetzlich vorgeschrieben oder frei vereinbart wird. In einigen Fällen (z. B. Mietverträgen, Arbeitsverträgen) hat das Gesetz im Interesse der sozial Schwächeren der Vereinbarungsfreiheit Grenzen gesetzt (z. B. Wohnraumkündigungsschutzgesetz, Kündigungsschutzgesetz für *Arbeitnehmer*), so daß erst bei Vorliegen bestimmter Voraussetzungen eine Kündigung wirksam wird.

Kundendienst Zusätzliche *Dienstleistungen*, die *Produktion*s- und *Handelsbetrieb*e ihren Kunden mit dem Zweck gewähren, sie als Dauerkunden zu gewinnen. Kundendienst (Service) kann bereits vor dem Verkauf von *Gütern* beginnen, indem der Verkäufer den Käufer über den Verkaufsgegenstand berät (siehe auch *Konsumgesellschaft*). Die Betreuung des Kunden geht meistens über diese Anbahnung des Kaufs hinaus, beispielsweise durch die Zustellung der Waren frei Haus (keine Transportkosten für den Kunden) oder durch die Wartung und Pflege von technischen Geräten durch ausgebildete Fachkräfte. Man unterscheidet zwischen kostenlosen und kostenpflichtigen Dienstleistungen.
Kostenlose Dienstleistungen können neben der Garantieleistung (kostenlose Beseitigung auftretender Mängel innerhalb einer bestimmten Zeit) zum Beispiel das Aufstellen, Einrichten und Vorführen eines Fernsehgerätes, das Waschen der Windschutzscheibe, Prüfen des Luftdrucks und des Ölstands an der Tankstelle, die Bereitstellung von Parkplätzen und Fahrstühlen in *Kaufhäusern* usw. sein.
Der kostenpflichtige Kundendienst besteht unter anderem im fachmännischen Wartungs- und Instandsetzungsservice, den Hersteller oder Händler für ihre Produkte anbieten, beim Auto zum Beispiel Inspektionen und Reparaturen in der Vertragswerkstatt.
Die Kundendienstleistung bzw. der *Preis*, den der Verbraucher für die Kundendienstleistung zu zahlen hat, hängt stark von der jeweiligen *Markt*situation ab. Je stärker der *Wettbewerb* unter den Anbietern ist, desto eher wird der Kundendienst als Mittel der *Präferenz*politik eingesetzt: durch großzügigen Kundendienst soll die Kaufbereitschaft erhöht werden (siehe *Absatzpolitik*).

Kuppelproduktion Man spricht von Kuppelproduktion, wenn in einem *Produktion*sprozeß zwangsläufig zwei oder mehr unterschiedliche *Güter* erstellt werden. So erhält man zum Beispiel bei der Raffinierung von Heiz- und Schmierölen als Rückstände Teer und Asphalt. Besondere Schwierigkeiten bereitet hier die Aufteilung der gesamten *Kosten* der Produktion auf die einzelnen Produkte, da sich nicht exakt ermitteln läßt, welches Produkt welche Kosten verursacht hat. In der Praxis bedient man sich verschiedener Verteilungsschlüssel, je nachdem, ob mehrere Hauptprodukte oder gleichzeitig Haupt- und Nebenprodukte anfallen.

Kurs, Kurswert Die sich an verschiedenen *Börse*n bildenden *Preis*e für gehandelte *Wertpapiere*, *Devisen* oder Waren. Der Kurs ist das Ergebnis von *Angebot* und *Nachfrage* zu einem bestimmten Zeitpunkt (siehe ↓*Markt*).
Beispiel: Der Kurs sinkt bei steigendem Angebot (Verkauf) und gleichbleiben-

der, sinkender oder weniger stark steigender Nachfrage (Kauf).
Die Kurse der festverzinslichen Wertpapiere werden in Prozent vom *Nennwert* angegeben, während für *Aktien* seit dem 1. 7. 1969 die Stücknotierung (DM-Preis pro Aktie) eingeführt ist, die jeweils nur für die Aktie mit dem niedrigsten Nennwert, die die Aktiengesellschaft ausgegeben hat (in der Regel 50 DM), festgestellt wird. Der Kurs wird vom *Börsenmakler* so festgesetzt, daß möglichst viele Kauf- und Verkaufsaufträge zustande kommen. Nach Börsenschluß wird der ermittelte Kurs im amtlichen Börsenblatt veröffentlicht.
Angebot und Nachfrage und damit die Höhe des Kurses können durch die Lage am *Geld-* und *Kapitalmarkt* oder auch durch politische Ereignisse und Maßnahmen (z. B. neue *Steuer*gesetze, Erhöhung des Diskontsatzes) beeinflußt werden.

Kurzarbeit Kurzarbeit ist eine Herabsetzung der täglichen *Arbeit*szeit oder der regelmäßige Ausfall von Arbeitstagen im *Betrieb*. Sie wird meist vorübergehend eingeführt, wenn der *Arbeitgeber* die *Arbeitnehmer* nicht voll beschäftigen kann, zum Beispiel auf Grund von Auftragsmangel. Die Kurzarbeit soll Massenentlassungen verhindern. Der *Lohn*ausfall wird aus Mitteln der Arbeitslosenversicherung (*Sozialversicherung*) vom Arbeitsamt in Form von Kurzarbeitergeld getragen (*Arbeitslosigkeit*). Voraussetzungen sind, daß die Kurzarbeit vom Arbeitgeber angezeigt wird, daß sie unvermeidbar ist und daß

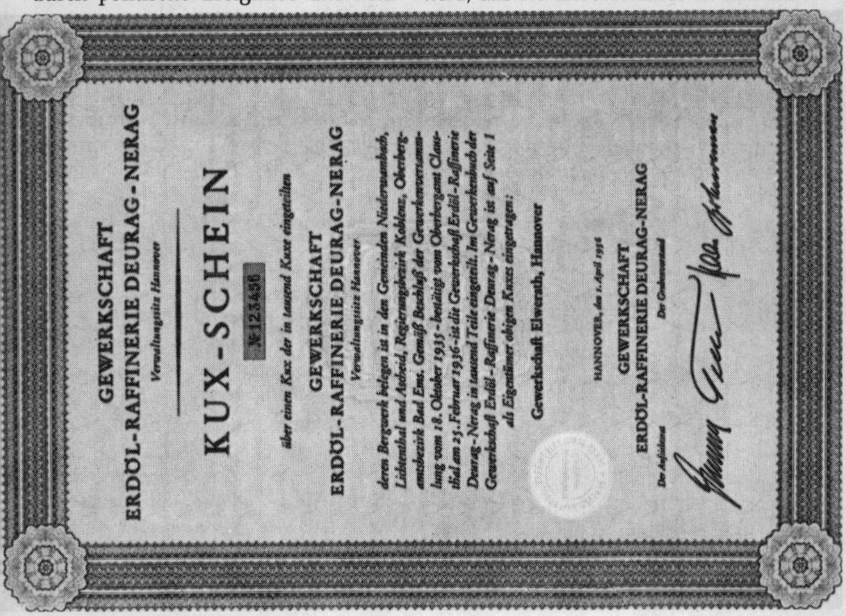

GEWERKSCHAFT
ERDÖL-RAFFINERIE DEURAG-NERAG
Verwaltungssitz Hannover

KUX-SCHEIN

№ 123456

über einen Kux der in tausend Kuxe eingeteilten

GEWERKSCHAFT
ERDÖL-RAFFINERIE DEURAG-NERAG
Verwaltungssitz Hannover

deren Bergwerk belegen ist in den Gemeinden Niedernwambach, Lichtenthal und Asched, Regierungsbezirk Koblenz, Oberbergamtsbezirk Bad Ems. Gemäß Beschluß der Gewerkenversammlung vom 18. Oktober 1935 - bestätigt vom Oberbergamt Clausthal am 25. Februar 1936 - ist die Gewerkschaft Erdöl-Raffinerie Deurag-Nerag in tausend Teile eingeteilt. Im Gewerkenbuch der Gewerkschaft Erdöl-Raffinerie Deurag-Nerag ist auf Seite 1 als Eigentümer obigen Kuxes eingetragen:

Gewerkschaft Elwerath, Hannover

HANNOVER, den 1. April 1936

GEWERKSCHAFT
ERDÖL-RAFFINERIE DEURAG-NERAG

Der Aufsichtsrat — Der Grubenvorstand

(Quelle: Betriebswirtschaftslehre der Unternehmung, Wuppertal o. J., 5. Auflage, nach S. 320, Verlag Europa-Lehrmittel) die betriebsübliche Arbeitszeit um mehr als 10% bei mindestens einem Drittel der Arbeitnehmer gekürzt wird. Die Höhe des Kurzarbeitergeldes wird nach dem vor Arbeitsausfall erzielten Arbeitsentgelt bemessen.

Kux (von tschech. kusek = kleiner Anteil) ↓ *Wertpapier* (Urkunde), das einen *genossenschaft*lichen Anteil an einem Bergwerk beurkundet. Im Gegensatz zur *Aktie* lautet der Kux nicht auf einen bestimmten *Nennwert*, sondern auf eine bestimmte Quote (Bruchteil) am Grundkapital dieser Gesellschaft. Genau wie Namensaktien lauten Kuxe auf den Namen der Inhaber, die im sog. Gewerkenbuch eingetragen sind (siehe Abbildung). Eine Wertpapier*börse* für den Handel mit Kuxen gibt es nur noch in Düsseldorf.

L

Lagerhaltung Unter Lagerhaltung versteht man die vorübergehende Lagerung von materiellen *Gütern* jeder Art. Lagerhaltung ist notwendig, weil sich *Beschaffung, Produktion* und *Absatz* von Waren in der Regel weder mengenmäßig noch zeitlich aufeinander abstimmen lassen. Ein Teil der im Sommer geförderten Kohlevorräte muß beispielsweise so lange gelagert werden, bis die *Nachfrage* nach Heizmaterial wieder stärker einsetzt.
Die Lagerhaltung hat vor allem folgende Aufgaben:
1. Überbrückung von Unregelmäßigkeiten, zum Beispiel saisonale Produktionsschwankungen (Getreideernte), auf den Absatz- und Beschaffungsmärkten.
2. Bevorratung von Gütern, falls Beschaffungsschwierigkeiten oder plötzlich stark steigende Nachfrage erwartet werden.
3. Ausnutzung der Vorteile des Großeinkaufs, beispielsweise Mengen*rabatt* oder Einsparung von Transport- und Verpackungs*kosten*.
Die Höhe des bestmöglichen Lagerbestandes ist abhängig von dem *Umsatz* des *Unternehmens*, der Art der Ware (Verderblichkeit!), der Beschaffungszeit für neue Ware, dem *Preis* der Waren bei verschiedenen Abnahmemengen, den Lagerkosten und den *Zins*kosten (siehe auch *eiserner Bestand* und *Bestellmenge*). Die Lagerhaltung ist den Bedürfnissen der verschiedenen *Wirtschaft*szweige angepaßt.
Im *Einzelhandelsbetrieb* wird der größte Teil der Waren im Laden gelagert, wobei für Waren mit größerem Absatz Reservelager unterhalten werden. *Großhandelsbetriebe* nehmen den Produzenten und Einzelhändlern einen großen Teil der Lagerhaltung ab und bestehen daher meist zum größten Teil aus Lagerräumen, in denen Ware untergebracht ist.
Im *Industrie*betrieb führt man je nach Größe und Bedarf des Unternehmens Lager für Roh-, *Hilfs-*, und *Betriebsstoffe, Zwischen-* und *Fertigprodukte*, Ersatzteile, Werkzeuge und Büromaterial.

Landwirtschaftliche Produktionsgenossenschaft (LPG) Landwirtschaftliche Produktionsgenossenschaften sind sozialisierte (*Sozialisierung*) Zusammenschlüsse von Bauern, Landarbeitern und sonstigen in der Landwirtschaft Beschäftigten zu einem kollektiven (gemeinsamen) landwirtschaftlichen Groß*betrieb* in der Deutschen Demokratischen Republik (in der Sowjetunion Kolchosen). Die Überführung von Privateigentum in *genossenschaft*liches Eigentum erfolgt zwangsweise seit 1952 (Zwangskollektivierung) und wird in der DDR «Bauernbefreiung» genannt.

Leasing (von engl. to lease = vermieten) stellt eine vielfach angewandte Möglichkeit dar, die Ausgaben für teure Maschinen (häufig für elektronische *Datenverarbeitung*sanlagen) und andere *Investitionsgüter* zu senken oder zeitlich zu verteilen. Den verschiedenen Leasingformen ist gemeinsam, daß an Stelle einer einmaligen Zahlung des Kauf*preis*es eine laufende, regelmäßig zu entrichtende Mietzahlung tritt; der Leasinggeber kalkuliert die während der vereinbarten Laufzeit entstehenden *Kosten* für die Abnutzung (*Abschreibung*), Verwaltung usw. sowie seinen *Gewinn*aufschlag in den Mietbetrag ein.

Leistungsgesellschaft Unter Leistungsgesellschaft versteht man eine moderne *Industrie*gesellschaft, in der *Geld*, sozialer Aufstieg und soziale Anerkennung hauptsächlich nach den erbrachten Leistungen vergeben werden. Im Altertum und im Mittelalter war die soziale Herkunft ausschlaggebend für die Stellung innerhalb der Gesellschaft; in der bürgerlichen Gesellschaft des 19. Jahrhunderts (*Liberalismus*, *Kapitalismus*) wurde es der Reichtum, der soziales Ansehen verschaffte. Heute ist sowohl in der kapitalistischen als auch in der sozialistischen (*Planwirtschaft*) Industriegesellschaft die Leistung das Ausleseprinzip.
Die Leistung des einzelnen wird nach der Menge (Quantität) und Güte (Qualität) einer innerhalb einer bestimmten Zeit erbrachten *Arbeit* beurteilt (z. B. Einzelbeurteilung durch Zeitmessung). Bezahlung, sozialer Aufstieg und Anerkennung des einzelnen sind von dieser Leistung abhängig; sie ist ein Maßstab für die Beurteilung des Menschen. Dabei besteht allerdings die Gefahr, daß der Mensch durch ständig höhere Leistungsanforderungen überfordert wird (Stress). Das gilt bereits für die Schule, wenn sie nur auf Leistung eingestellt ist; es überwiegt dann der Konkurrenzkampf gegenüber dem Gemeinschaftsgefühl, wobei die unterschiedlichen sozialen Voraussetzungen (Startbedingungen) die sozial Schwächeren benachteiligen. Das zeigt sich unter anderem auch daran, daß Kinder aus *Arbeiter*haushalten an den deutschen Hochschulen erheblich unterrepräsentiert sind (siehe auch Konsumgesellschaft).

Liberalismus (von lat. liber = frei von Zwang, ungehindert) Als Liberalismus bezeichnet man die im 18. Jahrhundert entstandene Forderung nach der freien Entfaltung des Menschen in allen Lebensbereichen; der Liberalismus ist als Gegenbewegung zum *Merkantilismus* der absolutistischen Staaten (16.–18. Jahrhundert) zu verstehen.
Die Wirtschaft des Liberalismus wird nach dem Motto (frz.): «Laissez faire, laissez-aller, le monde va de lui-même» («Laßt die Dinge laufen, wie sie laufen, die Welt dreht sich von allein») auch Laissez-faire-Wirtschaft genannt. Der Staat überläßt die *Wirtschaft* sich selbst; jeder Eingriff wäre störend und sollte vermieden werden. Der Staat achtet lediglich darauf, daß die Bedingungen des *Wettbewerbs* (z. B. *Gewerbefreiheit*, Schutz des Privateigentums) eingehalten werden.
Ein solcher Staat wurde von Ferdinand Lassalle (1825–1864) «Nachtwächterstaat» genannt, da er nur für Schutz und Ordnung zu sorgen hat.
Diese Überlegungen spiegeln sich wider in der «klassischen» liberalen Wirtschaftstheorie von Adam Smith (1723–1790), die als Beginn der modernen ↓*Wirtschaftswissenschaft*en gilt. Hiernach regelt sich die Wirtschaft selbsttätig im freien Wettbewerb von *Angebot* und *Nachfrage* am ↓ *Markt*. Wenn jeder im Wettbewerb mit dem anderen seine

Eigeninteressen durchzusetzen versucht, ist damit gleichzeitig auch der größtmögliche *Wohlstand* für alle erreichbar. Der Egoismus des einzelnen, also das ausschließliche Handeln nach dem eigenen Vorteil (erwerbswirtschaftliches Prinzip), wird als Motor des fortschreitenden Wirtschaftsprozesses betrachtet. Allerdings kann jeder nur so weit sein egoistisches Vorhaben durchsetzen, wie es die anderen zulassen. Auf diese Art und Weise soll es zum harmonischen Ausgleich von Angebot und Nachfrage (Gleichgewicht) kommen. Würde der Staat in diesen «freien» Markt eingreifen, so könnte das die Harmonie stören.

In der Wirklichkeit führte der Liberalismus im 19. Jahrhundert vor allem in England, dessen Wirtschaft am fortschrittlichsten war, zu sozialen Mißständen (z. B. *Arbeit*szeiten bis zu 18 Stunden täglich, Kinderarbeit). Einer zunehmend verelendenden *Arbeiterklasse* stand das zunehmend reicher werdende Unternehmertum gegenüber. Einige Merkmale des Liberalismus (Wettbewerb, Privateigentum) sind noch heute Grundlagen der Wirtschaftswissenschaften und des Wirtschaftssystems kapitalistischer Länder (↓ *Kapitalismus*, ↓ *Marktwirtschaft*). Allerdings ist das aktive Einwirken des Staates auf den Ablauf des Wirtschaftsgeschehens (↓ *Wirtschaftspolitik*) und seine sozialpolitische Rolle in diesen Ländern selbstverständlich geworden.

Lieferungsbedingungen (siehe auch *Zahlungsbedingungen; Incoterms*) Bei den Lieferungsbedingungen handelt es sich um *Konditionen*, die Einzelheiten der Vertragsabwicklung zwischen den Vertragsparteien festlegen. Durch besondere Abmachung werden sie Bestandteil eines *Vertrag*es und regeln die Art und Weise der Lieferung (z. B. Art der Verpackung und Beförderung, Zahlung der Lieferungskosten, Lieferzeit). Werden vertraglich keine Bedingungen vereinbart, kommt die gesetzliche Regelung zur Anwendung.

Liquidation (von lat. liquidus = flüssig) Die Liquidation ist die freiwillige Auflösung eines *Unternehmens*, zum Beispiel auf Grund sinkender *Wirtschaftlichkeit* oder wegen schlechter Erfolgsaussichten (*Rentabilität*). Dabei wird das gesamte *Vermögen* des Unternehmens insbesondere durch Verkauf und durch Einzug der *Forderung*en in liquide (flüssige) Mittel verwandelt. Dieser sog. Liquidationserlös wird dazu verwendet, die Schulden des Unternehmens zu bezahlen. Das nach Bezahlung aller Schulden eventuell verbleibende Vermögen wird an die ehemaligen Eigentümer (z. B. *Aktionär*e) des Unternehmens verteilt.

Durch die Anmeldung zur Liquidation wird beim *Handelsregister* auch der rechtliche Status des Unternehmens geändert. Aus der bestehenden Gesellschaft wird eine «Gesellschaft in Liquidation (i. L.)». Die Geschäftsführer werden abgerufen und die Gesellschafterversammlung bestellt einen Liquidator (in der Regel einer der ehemaligen Geschäftsführer).

Liquidität (von lat. liquidus = flüssig) Unter Liquidität versteht man die Zahlungsfähigkeit eines *Unternehmens*. Hat ein Unternehmen genügend liquide (flüssige) Mittel, also *Bargeld* (Kassenbestände, Bank- und Postscheckguthaben), um seine Schulden (*Fremdkapital, Darlehen, Hypothek, Verbindlichkeiten*) rechtzeitig zurückzahlen zu können, ist es liquide. Ständige Liquidität macht das Unternehmen *kredit*würdig. Mangelnde Zahlungsfähigkeit kann dagegen zum *Konkurs* führen.

Die *volkswirtschaft*liche Liquidität besteht in der ausreichenden Versorgung der Wirtschaft mit *Zahlungsmitteln* (siehe auch *Bundesbank*, ↓ *Geldpolitik*).

Lizenz (von lat. licentia = Erlaubnis) Im Patent- und Urheberrecht versteht man unter Lizenz die Erlaubnis, ein patentiertes Recht eines anderen zeitweilig auszuwerten, ohne daß dabei das Recht (z. B. die Erfindung) selbst übertragen wird. Hat beispielsweise ein Erfinder nicht die Absicht, seine patentierte Erfindung wirtschaftlich selbst zu nutzen, so kann er seine Lizenz an einen anderen vergeben, der die Erfindung gegen Lizenzgebühren wirtschaftlich nutzt. Im Patentrecht handelt es sich um die Ausnutzung wirtschaftlicher und technologischer Erfindungen durch *Unternehmen*. Urheberrechtlich bedeutet der Begriff Lizenz die Erlaubnis zur wirtschaftlichen Nutzung von nur literarischen und musikalischen Erzeugnissen durch Verlage usw.

Lohn Die Gegenleistung des *Betriebes* für den Einsatz des ↓ *Produktionsfaktors Arbeit*.
Im engeren Sinn bezeichnet Lohn das Arbeitsentgelt des *Arbeiters*, während *Angestellte* und *Beamte* Gehalt bekommen (↓ *Tarifvertrag*). Der sog. Unternehmerlohn ist Bestandteil des *Gewinns*.
Man unterscheidet insbesondere Zeitlohn und Stücklohn. Maßstab für die Berechnung der Höhe des Zeitlohns ist die Länge der Arbeitszeit. Beispielsweise hat ein 40 Stunden in der Woche tätiger Arbeiter bei einem Stundenlohn von 8 DM einen Bruttoverdienst (vor dem Abzug von *Steuern* und Beiträgen zur *Sozialversicherung*) in Höhe von 320 DM. Die Zeitlöhne der Arbeiter werden normalerweise wöchentlich, die Gehälter der Angestellten und Beamten monatlich berechnet. Der Zeitlohn verhindert vor allem bei gefährlichen und verantwortungsvollen Arbeiten gesundheitsschädliche Hast (Stress) und sichert dem *Arbeitnehmer* ein festes, von seiner mengenmäßigen Leistung unabhängiges *Einkommen*. Andererseits fehlt der Anreiz zur Aufrechterhaltung oder sogar Beschleunigung des Arbeitstempos. Bei der Berechnung des Stücklohns dient die geleistete Mengeneinheit als Maßstab. Der Stundenlohn wird in einen Lohnsatz je Mengeneinheit umgerechnet, den man Akkordsatz nennt und der einer normalen Leistung entsprechen soll.

Beispiel:
Stundenlohn: 8,– DM, Normalleistung je Stunde: 20 Stück, wöchentliche Arbeitszeit: 40 Stunden
Akkordsatz:
8 DM : 20 = 0,40 DM je Stück
Normalleistung pro Woche :
40 Stunden × 20 Stück = 800 Stück
Bruttolohn:
= Akkordsatz je Stück × Stückzahl
= 0,40 DM × 800
= 320 DM

Beim Gruppenakkord wird der Akkordsatz für eine Arbeitsgruppe festgelegt, während der Anteil des einzelnen Arbeiters am Verdienst der Gruppe mit Hilfe eines Verteilungsschlüssels errechnet wird. Beim Stücklohn hat der Arbeitnehmer die Möglichkeit, durch Steigerung seiner Arbeitsleistung mehr zu verdienen. Das Leistungsprinzip (*Leistungsgesellschaft*) wird demnach beim Stücklohn wirkungsvoller verwirklicht als beim Zeitlohn. Außerdem bietet der Stücklohn eine genauere Kalkulationsgrundlage für den Betrieb, da die Lohnkosten je Stück konstant bleiben (siehe *Kostenrechnung*).
Für den Arbeiter besteht die Gefahr, daß er durch übertriebenen Arbeitseinsatz gesundheitliche Schäden erleidet.

Lombardkredit Der Lombardkredit ist die Gewährung eines meist kurzfristigen *Kredit*s gegen Verpfändung beweglicher Sachen (z. B. *Wertpapiere, Gold*) oder *Forderung*en durch ein *Kreditinstitut* oder die *Bundesbank*, wobei der Kreditnehmer Eigentümer der verpfändeten Sache bleibt. Der Lombardkredit ist ein einmaliger Kredit (*Darlehen*) in einer festgelegten Höhe (Gegensatz: *Kontokorrent*kredit), die bis zu 90 % des Pfandwertes beträgt. Die Beleihungshöhe ist bei Bundesbank und Kreditinstituten unterschiedlich.
In der Praxis wird der Begriff Lombardkredit im allgemeinen nur verwendet, wenn sich Kreditinstitute bei der Bundesbank, meist durch Verpfändung von Wertpapieren, refinanzieren.
Der Lombardsatz ist der von der Bundesbank festgesetzte *Zins*fuß für Lombardkredite. Er liegt meistens um 1 % höher als der Diskontsatz (*Diskontpolitik*). Das Anheben bzw. Senken des Lombardsatzes beeinflußt das Kreditvolumen und kann daher, ähnlich wie die Diskontpolitik, als Mittel zur Stabilerhaltung der *Währung* angewendet werden.
Der Name Lombardkredit wird auf die oberitalienischen Geldwechsler (Lombarden) zurückgeführt, die sich im Mittelalter auch in den größeren deutschen Städten niederließen.

M

Mängelrüge Als Mängelrüge bezeichnet man die Anzeige des Käufers an den Verkäufer, daß die gelieferte Ware einen Mangel hat (z. B. falsch gelieferte oder beschädigte Ware). Der Käufer muß folgende Fristen bei der Mängelrüge beachten, damit er eventuelle Ansprüche auf *Minderung, Wandlung*, Ersatzlieferung, Nachlieferung und Schadensersatz wegen Nichterfüllung des *Vertrag*es nicht verliert:
Für *Geschäft*e zwischen Kaufleuten gilt, daß sofort erkennbare, also offene Mängel, sofort gerügt werden müssen. Handelt es sich um versteckte Mängel, wie beispielsweise garantiert rostfreie Bestecke, die nach einiger Zeit Rost ansetzen, dann muß die Mängelrüge unverzüglich nach Entdeckung des Mangels erfolgen.
Vom Verkäufer arglistig verschwiegene Mängel können noch bis 30 Jahre nach dem Verkauf reklamiert werden, während im allgemeinen eine Frist von 6 Monaten gilt.

magisches Viereck Die *Volkswirtschaft* befindet sich nur im Gleichgewicht (↓ *Markt*), wenn eine Reihe einzelner Ziele erreicht ist. Hierzu zählen Vollbeschäftigung, eine ausgeglichene *Zahlungsbilanz* und Geldwertstabilität (*Kaufkraft, Preisniveaustabilität*). Es ist so gut wie unmöglich, diese Ziele gleichzeitig zu verwirklichen. Versucht der Staat zum Beispiel bei Vollbeschäftigung der *Arbeit*skräfte *Preis*steigerungen zu bremsen, um den Geldwert stabil zu halten, können dadurch die Arbeitsplätze gefährdet werden. Da es also gleichsam magischer Kräfte (der Zauberei) bedarf, diese Ziele gleichzeitig zu erreichen, spricht man von einem «magischen Dreieck». Diese drei Ziele sind durch das «Gesetz zur Förderung der Stabilität und des Wachstums der Wirtschaft» (kurz: Stabilitätsgesetz) noch um ein weiteres Ziel, nämlich angemessenes *Wirtschaftswachstum*, bereichert worden. Aus dem «Dreieck» wird dadurch ein «Viereck». Neuerdings wird als fünftes Ziel die Herbeiführung einer gerechten *Einkommen*sverteilung genannt, so daß nun von einem «magischen Fünfeck» gesprochen werden kann. Trotz aller Schwierigkeiten darf die ↓ *Wirtschaftspolitik* keines der ver-

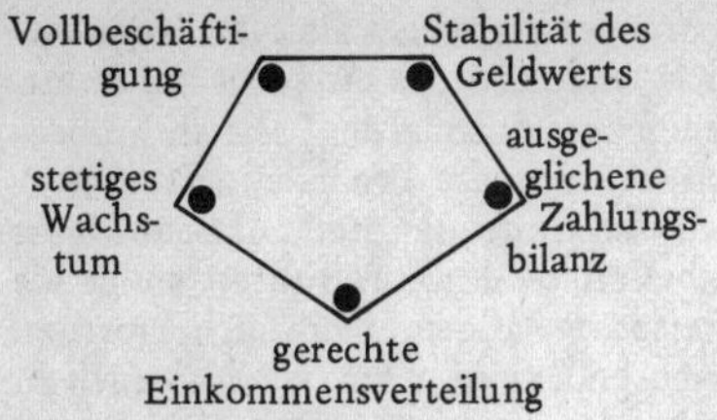

Magisches Fünfeck

schiedenen Ziele außer acht lassen (↓ *Konjunkturpolitik*).

Manager (von engl. manager = Geschäftsführer, Leiter) Als Manager bezeichnet man die leitenden *Angestellten* großer *Unternehmen*. Sie sind Geschäftsführer, *Direktor*en oder gehören zum *Vorstand* (*Aktiengesellschaft*). Ein Manager führt das Unternehmen in eigener Verantwortung, muß allerdings die Interessen der Eigentümer des Unternehmens wahren. So hat der Vorstand einer AG zum Beispiel bei seinen Entscheidungen die Interessen der *Aktionäre* zu berücksichtigen. Da der Manager in der Regel für das Unternehmen kein *Kapital* zur Verfügung stellt, trägt er auch kein Kapitalrisiko. Die Leitung des Unternehmens durch Manager nennt man Management.

Manufaktur (von lat. manu facere = mit der Hand machen) Die Manufaktur war eine vorindustrielle (*Industrie*), großgewerbliche Fertigung, in der, bei Überwiegen der Hand*arbeit*, Arbeitsteilung herrschte und für einen größeren (überlokalen) ↓ *Markt* produziert wurde. Hierdurch unterscheidet sich die Manufaktur vom *Handwerk*.
Manufakturen wurden in der Zeit des Frühkapitalismus (*Kapitalismus, Merkantilismus*) der damals absolutistischen Staaten als Groß*produktions*stätten errichtet, um den *Bedarf* an Luxus*gütern* vor allem des Adels (Herstellung von Parfum, Porzellan) oder des Militärs (Herstellung von Waffen, Tuch) zu befriedigen. Neben dem Eigenbedarf dienten diese Güter durch *Ausfuhr* auch dazu, eine aktive Handelsbilanz (*Zahlungsbilanz*) zu erreichen. Durch die *Gründung* staatlicher Manufakturen wurde den Staatshaushalten eine Einnahmequelle erschlossen.
Die heutigen Porzellan- und Tabakmanufakturen sind nur noch dem Namen nach Manufakturen; in Wirklichkeit handelt es sich um Industriebetriebe. Dagegen kann man die meisten Teppichproduktionen in Asien und Afrika als Manufakturen bezeichnen.

Markenartikel Als Markenartikel bezeichnet man *Güter*, die mit einem Markenzeichen (Firmenname, Bildzeichen) ausgestattet sind und in gleichbleibender Aufmachung und Qualität, die der Hersteller garantiert, über einen längeren Zeitraum verkauft werden (Beispiel: Deutsche Markenbutter, verschiedene Spirituosen, Porzellan usw.). Dadurch soll beim Käufer eine *Präferenz* für das Gut erzeugt werden, die die Möglichkeit bietet, eine aktive *Preispolitik* zu betreiben. Vor Aufhebung der *Preisbindung* wurden die meisten Markenartikel für längere Zeit von den Händlern zu einheitlichen *Preis*en verkauft.

Marketing (engl. marketing = Marktversorgung, Absatzpolitik) Während man früher von der gegebenen *Produktion* ausging und versuchte, die produzierte Ware mit den Mitteln der *Absatzpolitik* auf dem ↓ *Markt* zu verkaufen, bedeutet Marketing die Umkehrung dieses Prinzips: Die Ergebnisse der *Marktforschung* und die voraussichtlichen Auswirkungen der absatzpolitischen Maßnahmen bestimmen den Produktionsplan.

Markt (von lat. mercatus = Handel, Markt) Ein Markt ist immer ein Ort, an dem *Angebot* und *Nachfrage* zusammentreffen, zum Beispiel die Markthalle, der Wochenmarkt oder die *Börse*, an der unter anderem *Wertpapiere* gehandelt werden. Eine weitere Unterscheidungsmöglichkeit besteht zwischen Binnen- und Außenmarkt (Weltmarkt). Während der Markt für alle im Inland gehandelten Waren der Binnenmarkt ist, bezeichnet man den Markt für die auf der ganzen Welt (zwischen den Nationen) gehandelten *Güter* Weltmarkt (siehe *Ausfuhr, Zahlungsbilanz*).
Einen Markt gibt es auch für jedes Gut oder jede Gütergruppe, zum Beispiel den Büchermarkt oder den Markt für landwirtschaftliche Produkte. Insgesamt handelt es sich hier um den Gütermarkt. Davon unterscheidet sich der Faktormarkt (Markt der *Produktionsfaktoren Arbeit, Boden, Kapital*).
Auf dem Gütermarkt fragen die Verbraucher (*Haushalte*) mit ihrem *Einkommen* Konsumgüter nach, die von den Produzenten (*Unternehmen*) angeboten werden. Zur *Produktion* der Konsumgüter werden Produktionsfaktoren benötigt, die von den *Betrieben* auf dem Faktormarkt nachgefragt und von den Haushalten (z. B. in Form von Arbeitskraft) angeboten werden.
Angebot und Nachfrage richten sich nach dem *Preis*. Mit steigendem Preis geht normalerweise die Nachfrage zurück, während das Angebot zunimmt. Steigt zum Beispiel der Preis für Erdbeeren, werden die Produzenten vermutlich mehr anbauen und auf dem Markt anbieten. Allerdings führen steigende Preise im allgemeinen nicht nur zu wachsendem Angebot, sondern auch zu sinkender Nachfrage. Dies läßt sich an unterem Zahlenbeispiel veranschaulichen.
Dieses Zahlenbeispiel wird in eine Graphik übertragen: Bei einem Preis von 3 DM werden sich Anbieter und Nachfrager einig (es herrscht ein Gleichgewicht). Würde jetzt ein Anbieter den Preis erhöhen, so ginge sein *Absatz* zurück; ja, es bestünde die Gefahr, daß alle Verbraucher nur noch bei seinen billigeren Konkurrenten einkauften: Er müß-

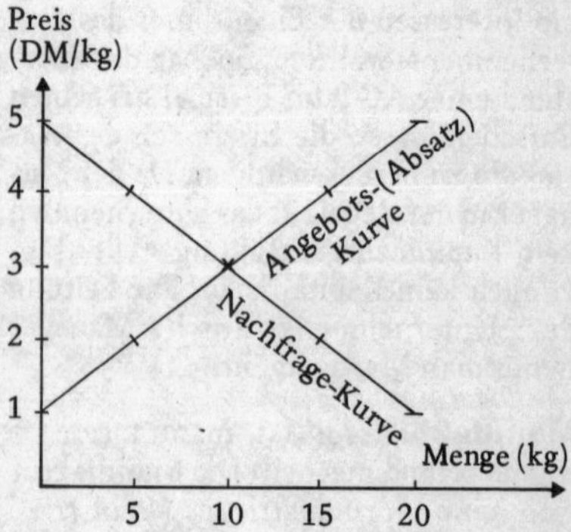

Beispiel: Angebot und Nachfrage nach Erdbeeren auf einem Wochenmarkt

Preis in DM je kg	Angebot der Verkäufer in kg	Nachfrage der Haushalte in kg	
1	0	20	
2	5	15	
3	10	10	Gleichgewichtspreis = 3 DM Gleichgewichtsmenge = 10 kg
4	15	5	
5	20	0	

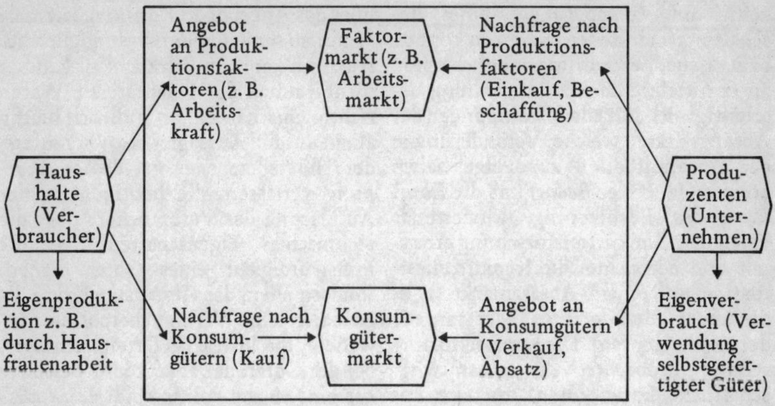

te die Preiserhöhung wieder zurücknehmen. Hier zeigt sich, wie wichtig für die Preisbildung der *Wettbewerb* ist (siehe *Marktwirtschaft*). Ein niedrigerer Preis als 3 DM wäre dagegen für die Produzenten kein Anreiz mehr, Erdbeeren in ausreichendem Umfang anzubauen und zu verkaufen. Falls überhaupt noch Erdbeeren in diesem Fall angeboten würden, könnte nicht die ganze Nachfrage durch das geringere Angebot befriedigt werden. Die Haushalte, die zu kurz zu kommen drohen, würden sich bei ihren Preisangeboten – ebenfalls untereinander konkurrierend – überbieten, den Preis also in die Höhe treiben. Nur der Gleichgewichtspreis (3 DM) und die Gleichgewichtsmenge (10 kg) können von Dauer sein. Welche Menge eines Gutes angeboten und nachgefragt wird, hängt aber nicht nur, wie eben dargestellt, von der Höhe des Preises nur dieses einen Gutes, sondern auch von den Preisen anderer Güter und Produktionsfaktoren ab. Alle Preise, bzw. alle Märkte, stehen untereinander in Zusammenhang (sog. Interdependenz). Diese Abhängigkeit hat sich für alle sehr deutlich bei der «Energiekrise» bemerkbar gemacht. Die auf dem Weltmarkt eingetretene Erhöhung der Preise für Erdöl durch die erdölproduzierenden Länder hat auf den Binnenmärkten der erdölverbrauchenden Länder bei vielen Gütern, bei deren Erzeugung dieser Rohstoff von Bedeutung ist, zu erheblichen Preissteigerungen geführt (z. B. bei Benzin, Heizöl, Kunststoffen).

In Wirklichkeit findet und erhält der Markt das Gleichgewicht nur sehr schwer, sondern es wird erst, wenn überhaupt, nach langen Anpassungsprozessen erreicht.

Marktforschung Als Marktforschung (↓ *Markt*) bezeichnet man einmalige (Marktanalyse) oder laufende (Marktbeobachtung) Marktuntersuchungen als Grundlage für die Prognose (Voraussage) der zukünftigen Marktentwicklung, der *Absatzplanung* und der *Absatzpolitik*. Marktforschung gliedert sich in die Erforschung der *Beschaffungs-* und *Absatz*-Märkte, der Konkurrenz und *Konjunktur*. Die Beschaffungsforschung untersucht die Situation und die Entwicklung auf den Beschaffungsmärkten mit dem Ziel, rechtzeitig auf Veränderungen eines Beschaffungsmarktes reagieren zu können bzw. neue Beschaffungsmöglichkeiten zu ermitteln. Die Absatzforschung beschäftigt sich mit allen Bedingungen der Absatzmärkte, welche Veränderungen der Absatzsituation zur Folge haben könnten (z. B. der *Bedarf* und die *Kaufkraft* der Bevölkerung, Modetrends usw.). Die Konkurrenzforschung ermittelt und beobachtet die Konkurrenzsituation auf einem Absatzmarkt (z. B. die Anzahl, Standorte und Marktanteile der Konkurrenten). Die Konjunkturforschung beobachtet die gesamtwirtschaftliche Entwicklung, um sich auf Konjunkturschwankungen einstellen zu können (z. B. Steigerung der *Kapazität* bei einem längeren Konjunkturaufschwung).

Methoden der Marktforschung sind die Primärforschung und die Sekundärforschung. Die Primärforschung bezieht ihre Informationen aus Erhebungen (z. B. Befragungen), welche primär für eine bestimmte Marktuntersuchung durchgeführt werden. Die Sekundärforschung verwendet Zahlen und Daten, die in erster Linie für andere Zwecke gesammelt wurden (z. B. Zahlen der eigenen *Buchführung*, Tabellen in Statistischen Jahrbüchern, Konjunkturberichte in Fachzeitschriften usw.) und nun sekundär durch die Marktforschung ausgewertet werden. Die Primärforschung wird häufig von Marktforschungsinstituten im Auftrag der jeweiligen Unternehmen durchgeführt.

Marktübersicht oder Markttransparenz heißt, daß die Vorgänge am ↓ *Markt* (z. B. Tauschbeziehungen zwischen *Angebot* und *Nachfrage*; Umfang, Qualität und *Preise* der gehandelten ↓ *Güter*) von den Beteiligten durchschaubar sind.

Der Verbraucher benötigt Übersicht über das Angebot an *Konsum*gütern, da er nur so seinen *Bedarf* bestmöglich befriedigen kann. In Wirklichkeit kann er nicht immer die Qualität der Waren richtig einschätzen. Er muß sich häufig allein auf die Aussagen des Verkäufers, des Herstellers oder gar dessen *Werbung* verlassen, die häufig nicht der Aufklärung des Verbrauchers über die technischen Eigenschaften und die Preiswürdigkeit eines Gutes dienen, sondern allein der *Absatz*steigerung. Es ist daher eine Verbraucherpolitik notwendig, die kritisches Urteilsvermögen bei der Güterauswahl fördert. Beispiele für eine solche Politik sind *Haushalts*beratungsstellen und *Warentest*.

Marktwirtschaft Mit Marktwirtschaft bezeichnet man im Gegensatz zur *Planwirtschaft* die dem ↓ *Markt* überlassene Form des *Wirtschaftens*. Die «reine» (auch «freie») Marktwirtschaft entspricht der Vorstellung des *Liberalismus* (siehe auch *Kapitalismus*).

Die «reine» Marktwirtschaft gibt es in Wirklichkeit nicht, sondern ausschließlich Mischformen. Sie sind freien Marktwirtschaften ähnlich; der Staat nimmt jedoch einen großen Einfluß auf das Wirtschaftsleben (*Wirtschaftspolitik*). Die Bundesrepublik Deutschland bezeichnet sich seit 1948 als «soziale Marktwirtschaft» (sozial = gesellschaftlich), ein Begriff, der von Müller-Armack und Erhard eingeführt wurde. In diesem marktwirtschaftlichen Mischsystem hat der Markt, auf dem möglichst frei bewegliche *Preise* *Angebot* und *Nachfrage* zum Ausgleich bringen sollen, vorrangige Bedeutung. Wichtigste Voraussetzung hierfür ist der *Wettbewerb*. Seine Erhaltung sollen die staatliche Einrichtung der Wettbewerbsaufsicht durch das Bundeskartellamt (Kontrolle von *Monopol*en, *Oligopol*en, *Kartell*en, *Konzern*en) und das

Wettbewerbsrecht («Gesetz gegen den unlauteren Wettbewerb»; «Gesetz gegen Wettbewerbsbeschränkungen») gewährleisten. In der Praxis scheitert das allerdings häufig daran, daß der Mißbrauch wirtschaftlicher Macht nur schwer zu beweisen ist (siehe auch *Konzentration*).
Da sich in einem rein marktwirtschaftlichen System Löhne (*Lohn*) und *Gewinne* nach der erbrachten Leistung (siehe *Leistungsgesellschaft*) richten, muß dafür gesorgt werden, daß leistungsunfähige oder leistungsgeminderte Menschen (z. B. Rentner, Invaliden) ein ausreichendes *Einkommen* erhalten (*Sozialversicherung*). Mit Hilfe von Sozialeinkommen (Renten usw.), *Subventionen*, unterschiedlichen *Steuer*belastungen und anderen Maßnahmen versucht der Staat, zu große Unterschiede in der Verteilung des Gesamteinkommens auszugleichen. Seit 1967 besitzt die Bundesregierung durch das «Gesetz zur Förderung der Stabilität und des Wachstums der Wirtschaft» (kurz: Stabilitätsgesetz) in erweitertem Umfang die Möglichkeiten, in das freie Spiel marktwirtschaftlicher Kräfte einzugreifen (Wirtschaftspolitik), um volkswirtschaftlich wichtige Ziele (*magisches Viereck*) zu erreichen. Die soziale Marktwirtschaft enthält also neben den grundsätzlichen Merkmalen einer Marktwirtschaft auch solche einer Planwirtschaft.

Massenfertigung Ein *Unternehmen* betreibt Massenfertigung, wenn das gleiche Produkt über einen längeren Zeitraum auf Lager (*Lagerhaltung*) gefertigt wird und die Kunden ab Lager beliefert werden. Auf diese Weise wird ein hoher Auslastungsgrad von Maschinen und *Arbeit*skräften (*Kapazität*) erreicht, der in Verbindung mit *Automation* und *Rationalisierung*smaßnahmen eine beträchtliche Senkung der Produktions*kosten* ermöglicht. Die so hergestellten ↓ *Güter* bezeichnet man als Massenbedarfsgüter, beispielsweise Büroklammern oder Glühlampen, weil sie ständig durch einen großen Käuferkreis nachgefragt werden.
Auf Grund des hohen Automationsgrades werden bei der Massenfertigung überwiegend angelernte Arbeitskräfte ohne besondere Qualifikationen beschäftigt (siehe auch *Serien-*, *Fließband-* und *Einzelfertigung*).

Massengut ↓ *Güter*, die in großen Mengen produziert oder abgebaut werden, wie Erze, Kohle, Kies, Holz, Sand usw. Sie besitzen bei einem häufig sehr hohen Gewicht einen relativ niedrigen Wert. Unternehmen, die Massengüter produzieren (Massenproduktion) oder verbrauchen, müssen bei ihrer Standortwahl (*Standortfaktoren*) insbesondere die *Kosten* für Anlieferung und Abtransport berücksichtigen, da die Transportkosten am relativ geringen *Preis* der *Güter* einen hohen Anteil haben.

Merkantilismus (von lat. mercator = Kaufmann) ist das wirtschaftspolitische System der absolutistischen Staaten im 16. bis 18. Jahrhundert. Der Staat nahm in dieser Zeit starken Einfluß auf die *Wirtschaft*, um mit ihrer Hilfe den nationalen (*volkswirtschaft*lichen) Reichtum zu vergrößern und die Macht des Staates zu erhöhen. Die Grundüberlegung der Merkantilisten bestand darin, daß Staatsreichtum mit hohen Edelmetallbeständen gleichzusetzen sei. Daher war die *Wirtschaftspolitik* darauf ausgerichtet, alles zu fördern und zu unterstützen, was *Geld* und Edelmetalle ins Land brachte. Als Ziel galt daher eine aktive Handelsbilanz (↓ *Zahlungsbilanz*), also ein Überschuß der *Ausfuhr* über die Einfuhr. Dies sollte unter anderem erreicht werden durch Ausfuhr

hochwertiger Fertigwaren, Exportprämien, Einfuhrverbote und -zölle (*Zoll*), billigen Bezug der Rohstoffe aus eigenen Kolonien und gezielte Bevölkerungspolitik (mehr *Arbeit*skräfte).
In Deutschland, bzw. in den nach dem Dreißigjährigen Krieg entstandenen Kleinstaaten auf deutschem Boden, entwickelte sich eine besondere Art des Merkantilismus, die Kameralismus genannt wird (von lat. camera = Kammer; gemeint ist die Schatzkammer der Fürsten). Beim Kameralismus, der «Lehre vom fürstlichen Staatshaushalt», kam es darauf an, möglichst hohe fürstliche Staatseinkünfte zu erzielen, um die Staatsausgaben (z. B. Besoldung des Militärs und der Beamten, Finanzierung des Baus von Schlössern) decken zu können. Die *Steuer* wird in dieser Zeit zu einer ständigen Einrichtung. Noch heute ist die staatliche Verwaltung nach den Grundsätzen des Kameralismus gestaltet (kameralistische *Buchführung* bei Behörden).
Bedeutende politische Vertreter des Merkantilismus waren in Frankreich Ludwig XIV. und sein Finanzminister J. B. Colbert, in Preußen Friedrich der Große und in England Oliver Cromwell. Auf den Merkantilismus folgte der *Liberalismus* (siehe auch *Kapitalismus*).

Messe Messen dienen der Anbahnung und dem Abschluß von Kaufverträgen zwischen Kaufleuten (*Kaufmann*) und geben durch die ausgestellten Muster der Erzeugnisse (Mustermesse) einen Überblick über die Leistungsfähigkeit und technische Entwicklung der einzelnen *Wirtschaft*szweige. Ferner bietet sich den *Produzent*en und Käufern (Wiederverkäufer), die häufig allein zu einer Messe Zutritt haben, die Möglichkeit zu Qualitäts- und *Preis*vergleichen sowie zum Anknüpfen von Geschäftsverbindungen.

Minderung Als Minderung bezeichnet man das Recht des Käufers einer Ware, vom Verkäufer eine Herabsetzung des *Verkaufspreis*es zu fordern, wenn die gelieferte Ware Mängel aufweist und diese Mängel rechtzeitig dem Verkäufer mitgeteilt werden (*Mängelrüge*).
Die Minderung wird nach §§ 459, 462 Bürgerliches Gesetzbuch geregelt.

Mindestreservepolitik Die Mindestreserve stellt eine Zwangs-Einlage der *Kreditinstitut*e (Banken) bei der Deutschen ↓ *Bundesbank* (Notenbank) dar. Sie ist ein bestimmter Anteil (Prozentsatz) der bei den Banken unterhaltenen Einlagen (z. B. ↓ *Depositen*, Spareinlagen der Bankkunden), den diese bei der Bundesbank unverzinslich unterhalten müssen, den sie also nicht zur Vergabe von *Kredit*en verwenden dürfen. Dieser Prozentsatz ist nach oben begrenzt und unterscheidet sich nach der Art der Einlagen; zum Beispiel beträgt er für Spareinlagen höchstens 10 %, für solche Einlagen, über die der Kunde jederzeit verfügen kann (Sichteinlagen), jedoch bis zu 30 % (siehe *Kontokorrent*). Diese Mindestreserven dienen eigentlich zur Sicherheit der Bankkunden. Sie sind aber auch Gegenstand der ↓ *Geldpolitik* der Bundesbank (siehe auch *Diskont-* und *Offenmarktpolitik*), die durch Veränderung der Höhe der Mindestreserve versucht, den Geldwert (*Kaufkraft*) in der *Volkswirtschaft* zu erhalten. Je höher nämlich die Mindestreservesätze (innerhalb der gesetzlichen Grenzen) von der Bundesbank festgelegt werden, desto weniger *Geld* steht den Kreditinstituten für ihr Kreditgeschäft zur Verfügung. Die *Wirtschaft* kann sich also bei den Banken nur noch in geringerem Umfang verschulden (z. B. die *Konsumenten* für den Kauf eines Fernsehgeräts, die Produzenten für den Kauf von Maschinen). Die *Nachfrage* in der

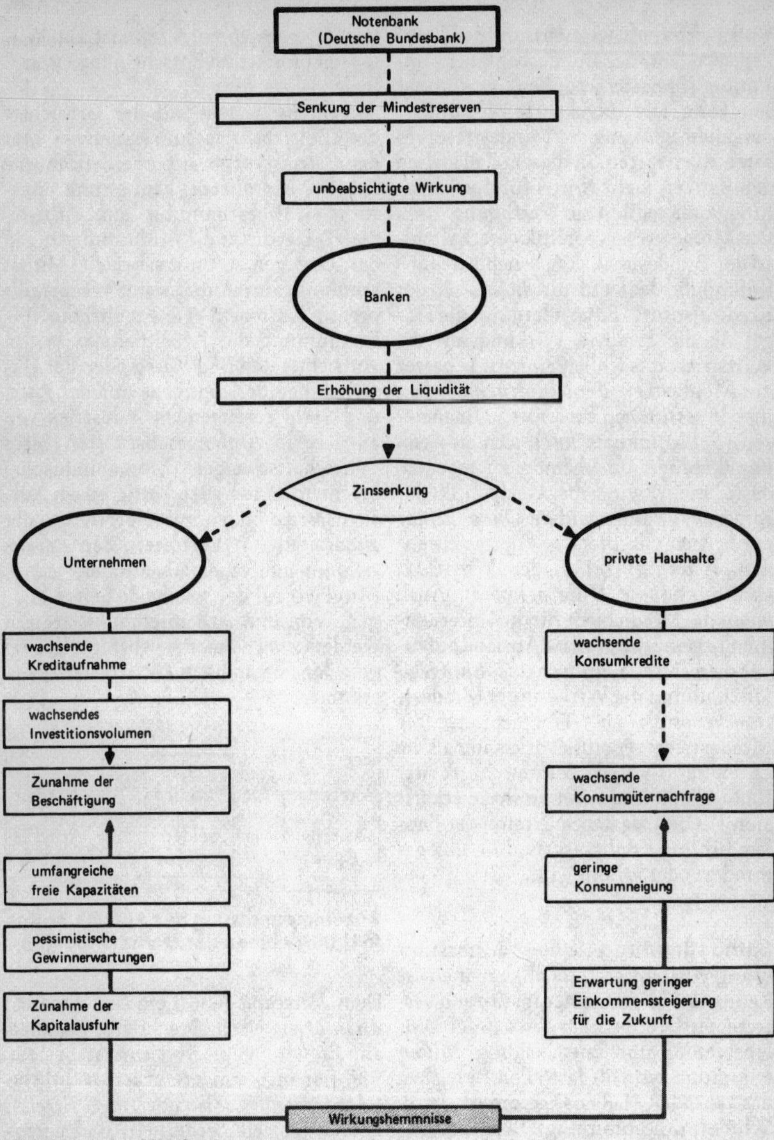

Senkung der Mindestreserven

(Quelle: Tiedtke-Witthof: *Wirtschafts- und Gesellschaftslehre*, Verlagsbuchhandlung Dr. Max Gehlen, Bad Homburg v. d. H., S. 226)

Volkswirtschaft wird entsprechend sinken, was von der Bundesbank bei ↓ *Inflation* (Preissteigerungen) gewünscht sein kann. Die umgekehrte Wirkung ist von einer Senkung der Mindestreservesätze zu erwarten. In diesem Fall stehen den Banken mehr Mittel für die Schöpfung von Krediten zur Verfügung.

Die Mindestreservepolitik verschafft also der Bundesbank eine erhebliche Einflußmöglichkeit auf die *Liquidität* der Kreditinstitute. Es ist allerdings die Frage, ob die erhoffte Wirkung auf die Wirtschaft tatsächlich eintritt. Je besser die Möglichkeit der *Unternehmen* ist, ihre *Investition*en selbst zu finanzieren (*Selbstfinanzierung*), sich also von Bankkrediten unabhängig zu machen, desto mehr wird die Geldpolitik der Bundesbank unterlaufen. Diese Gefahr ergibt sich vor allem aus der wachsenden ↓ *Konzentration* der Wirtschaft (*multinationale Unternehmen*). Auch wenn die Möglichkeit für die Unternehmen besteht, *Kapital* im Ausland aufzunehmen (Kapitaleinfuhr, ↓ *Zahlungsbilanz*), nimmt die Wirkung der Mindestreservepolitik ab. Trotzdem ist die Mindestreservepolitik wirksamer als die Offenmarkt- und Diskontpolitik der Bundesbank und zählt zu ihren schärfsten Waffen, da der Spielraum der Banken für ihre Kreditvergabe direkt gemindert oder erhöht wird.

Mitbestimmung Unter Mitbestimmung versteht man im allgemeinen die Teilnahme aller in einer Institution vertretenen Gruppen am Prozeß der Willensbildung und Entscheidung. Mitbestimmung wird in fast allen Bereichen des sozialen Lebens gefordert (z. B. Schülermitbestimmung). Bei der Forderung nach wirtschaftlicher Mitbestimmung geht es um die Beteiligung der *Arbeitnehmer* und ihren Organisationen (*Arbeitnehmerverbände*) am Willensbildungs- und Entscheidungsprozeß in der *Wirtschaft*.

Allgemein besteht auf der Grundlage des «Betriebsverfassungsgesetzes» über den *Betriebsrat* ein auf innerbetriebliche Fragen begrenztes Mitbestimmungsrecht (Mitbestimmung am Arbeitsplatz). Davon ist die Mitbestimmung in den *Organ*en zu unterscheiden (Mitbestimmung im Aufsichtsrat = Kontrollorgan). Nach dem «Gesetz über die Mitbestimmung der Arbeitnehmer in den Aufsichtsräten und Vorständen der Unternehmen des Bergbaus und der Eisen und Stahl erzeugenden Industrie» von 1951 ist in *Aktiengesellschaften* dieses Wirtschaftszweiges (Montanindustrie) bei mehr als 1000 Beschäftigten ein Aufsichtsrat zu bilden mit 5 Vertretern der *Kapital*seite, 5 Vertretern der *Arbeitnehmer* und einem «neutralen» elften Mitglied, auf das sich beide Seiten einigen. Von den Arbeitnehmervertretern werden zwei vom Betriebsrat und drei von der zuständigen Gewerkschaft bestimmt.

Zusammensetzung des Aufsichtsrates in Unternehmen der Montanindustrie

Dem *Vorstand* gehört ein sog. Arbeits*direktor* als gleichberechtigtes Mitglied an. Er wird vom Aufsichtsrat bestellt und hat insbesondere arbeitsrechtliche (*Arbeitsschutz, Tarifvertrag, Streik*), soziale (soziale Sicherheit) und personelle Aufgabenbereiche.

Das Mitbestimmungsgesetz von 1976 gilt für *Kapitalgesellschaft*en und *Kon-*

Konzerne mit mehr als 2000 Arbeitnehmern. Wie bei der Montan-Mitbestimmung werden hiernach die Aufsichtsräte mit der gleichen Zahl von Vertretern der Anteilseigner und der Arbeitnehmer besetzt. Im Unterschied zur Montan-Mitbestimmung, die unverändert in ihrem Geltungsbereich erhalten bleibt, hat im Fall der Stimmengleichheit («Patt») nicht ein «neutrales» Aufsichtsratsmitglied, sondern der Aufsichtsratsvorsitzende den Stichentscheid.
Die Wahl des Aufsichtsratsvorsitzenden und seines Stellvertreters muß mit Zweidrittelmehrheit des Aufsichtsrats erfolgen; wird diese Mehrheit auch nur für einen der beiden nicht erreicht, so wählen die Aufsichtsratsmitglieder der Anteilseigner aus ihrer Mitte den Vorsitzenden und die der Arbeitnehmer aus ihrer Mitte den Stellvertreter. Die Aufsichtsratsmitglieder der Arbeitnehmer werden durch Urwahl oder durch Wahlmänner und die der Anteilseigner von dem dafür zuständigen Organ (z. B. Hauptversammlung) gewählt. Ein Teil der Aufsichtsratssitze der Arbeitnehmer ist für die in dem Unternehmen vertretenen Gewerkschaften reserviert. Dem Vorstand gehört ein Arbeitsdirektor an (↓ *Aktiengesellschaft* und zugehörige Abbildung).

Monopol (von gr. monos = allein und gr. polein = verkaufen) ist im Gegensatz zum *Wettbewerb* eine Marktform, bei der nur ein Anbieter und viele Nachfrager (oder umgekehrt nur ein Nachfrager und viele Anbieter) vorkommen. Der erste Fall bezeichnet das *Angebots*-Monopol, der zweite das *Nachfrage*-Monopol. Ein zweiseitiges (bilaterales) Monopol ist dann gegeben, wenn auf beiden Seiten des ↓ *Markt*es nur jeweils ein Anbieter bzw. Nachfrager vorhanden ist, wenn also beispielsweise auf dem *Arbeits*markt die Gewerkschaft (*Arbeitnehmerverband*) als einziger organisierter Anbieter und der *Arbeitgeberverband* als einziger Nachfrager nach Arbeitskräften auftritt.
Der Angebotsmonopolist, der hier als Beispiel behandelt werden soll, hat also keine Konkurrenten. Er kann frei bestimmen (diktieren), zu welchem *Preis* er seine Ware verkaufen will, um den größtmöglichen *Gewinn* zu erzielen. Er kann auch die Angebotsmenge verknappen, um so einen höheren Preis nehmen zu können. Die Nachfrager (z. B. *Verbraucher*) können nur noch darüber entscheiden, ob und gegebenenfalls wieviel sie zu diesem Preis zu kaufen bereit bzw. in der Lage sind. Je mehr die Nachfrager auf ähnliche aber billigere ↓ *Güter* ausweichen können (z. B. von Butter auf Margarine), desto weniger kann der Monopolist seine Ware nach seinem Belieben verteuern. Da die produzierte Menge bei einem Monopol im allgemeinen jedoch teurer als bei Wettbewerb ist, unterliegen marktbeherrschende *Unternehmen* der Mißbrauchsaufsicht (↓ *Marktwirtschaft*).
Für die Erzeugung bestimmter Güter und *Dienstleistungen* besitzt der Staat ein Monopol (Staatsmonopol): Branntweinmonopol, Postmonopol (Bundespost), Fernsehmonopol. Häufiger als Monopole sind in der Wirklichkeit *Oligopole*.

multinationale Unternehmen («Multis») sind in mehreren Staaten angesiedelte Groß*unternehmen*, die häufig durch Zusammenschlüsse internationaler *Konzerne* zustande kommen. Die wirtschaftliche Macht der international verflochtenen Unternehmen entzieht sich weitgehend der Kontrolle der einzelnen Länder, da deren Gesetze an den jeweiligen Staatsgrenzen enden. Eine internationale Kontrolle besteht

Die größten «Multis» (1973)

	Rang	Konzernname	Land	Branche	Umsatz Mrd. Dollar	Beschäftigte
in der Welt	1	General Motors	USA	Auto	35,8	810 920
	2	Exxon	USA	Öl	25,1	137 000
	3	Ford Motors	USA	Auto	23,0	474 318
	4	Royal Dutch/Shell	NL/GB	Öl	18,7	168 000
	5	Chrysler	USA	Auto	11,8	273 254
	6	General Electric	USA	Elektro	11,6	388 000
	7	Texaco	USA	Öl	11,4	74 918
	8	Mobil Oil	USA	Öl	11,4	73 900
	9	Unilever	NL/GB	Nahrung	11,0	353 000
	10	IBM	USA	Elektro	11,0	274 108
außerhalb der USA	1	Royal Dutch/Shell	NL/GB	Öl	18,7	168 000
	2	Unilever	NL/GB	Nahrung	11,0	353 000
	3	Philips	NL	Elektro	8,1	402 000
	4	British Petroleum	GB	Öl	7,7	68 700
	5	Nippon Steel	Japan	Eisen & Stahl	7,6	96 841
	6	Volkswagen	BRD	Auto	6,4	215 058
	7	Hitachi	Japan	Elektro	6,0	150 834
	8	Hoechst	BRD	Chemie	5,6	150 834
	9	Daimler Benz	BRD	Auto	5,6	155 973
	10	Toyota Motor	Japan	Auto	5,6	56 932
der Bundesrepublik Deutschland	1	Volkswagen	BRD	Auto	6,4	215 058
	2	Hoechst	BRD	Chemie	5,6	150 834
	3	Daimler Benz	BRD	Auto	5,6	155 973
	4	Siemens	BRD	Elektro	5,5	303 000
	5	BASF	BRD	Chemie	5,4	52 230
	6	Bayer	BRD	Chemie	4,7	109 831
	7	Thyssen	BRD	Eisen & Stahl	4,2	92 245
	8	AEG-Telefunken	BRD	Elektro	4,2	174 900
	9	Mannesmann	BRD	Eisen & Stahl	3,5	104 888
	10	Ruhrkohle	BRD	Bergbau	3,2	155 900

nicht. Die «Multis» können sich jenen Staat auswählen, der sie am meisten begünstigt (z. B. *steuer*lich). Die *Markt*macht ist um so wirksamer, je wirtschaftlich schwächer das Niederlassungsland ist. Auf Grund ihrer ökonomischen Bedeutung verfügen sie über gewichtige Verhandlungstrümpfe, mit denen sie einzelne Länder gegeneinander ausspielen können.
Die gesamten «Multis» der Welt verfügten 1971 über kurzfristig verfügbare Finanzmittel in Höhe von 268 Milliarden Dollar und damit um mehr als das Doppelte aller *Währungsreserven* sämtlicher Notenbanken (z. B. Deutsche *Bundesbank* in der Bundesrepublik) und internationalen Finanzinstitute. Das führt zu der Gefahr, daß die ↓ *Konjunkturpolitik*, und hierbei insbesondere die *Geldpolitik*, unterlaufen wird. Die *Umsätze* einzelner «Multis» übersteigen häufig die Höhe des Bruttosozialprodukts (↓ *Sozialprodukt*) einzelner Länder. Beispielsweise war 1973 der Umsatz des größten multinationalen Konzerns «General Motors» (siehe Tabelle) höher als das Bruttosozialprodukt der Schweiz (rd. 30 Mrd. Dollar) oder dreimal so hoch wie das Griechenlands (rd. 12 Mrd. Dollar).

N

Nachfrage Unter Nachfrage ist die Menge an *Gütern* zu verstehen, die der Käufer bei unterschiedlichen *Preis*en bereit und in der Lage ist, mit seinem Geld*einkommen* am ↓ *Markt* zu erwerben (kaufkräftige Nachfrage). Er läßt sich bei der Auswahl der Güter von seinen Bedürfnissen (*Bedarf*) bzw. vom Nutzen leiten, den ihm ein Gut bringt. Je mehr man von einem Gut besitzt, desto überflüssiger wird ein Kauf weiterer Güter gleicher Art («Sättigung»); der Nutzen weiterer Gütermengen nimmt also ab. Daher wird der Käufer nur dann mehr von einem Gut nachfragen, wenn der Preis dieses Gutes sinkt, oder umgekehrt: je höher der Preis eines Gutes ist, desto weniger wird davon gekauft.
Beispiel: Nachfrage eines Verbrauchers nach Erdbeeren auf einem Wochenmarkt

Nachfrage (kg)	Preis (je kg in DM)
0	5
5	4
10	3
15	2
20	1

Bei einem Preis von 5 DM pro kg ist offensichtlich niemand bereit, dieses Gut zu kaufen. Der Preis ist zu hoch. Sinkt der Preis, so nimmt die Nachfrage nach Erdbeeren zu.
Diese Beziehung zwischen Nachfragemenge und Preishöhe (sog. Nachfragefunktion) veranschaulicht in der folgenden Abbildung die von links oben nach rechts unten fallende Kurve (Nachfragekurve):

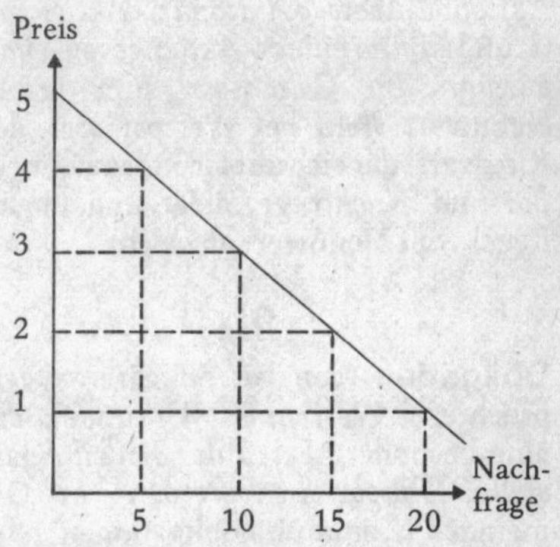

Die Höhe des tatsächlich vom Verbraucher zu zahlenden Preises bestimmt sich am Markt und wird dort vom *Angebot* der *Produzenten* dieses Gutes mitbestimmt.

Ein ähnlicher Zusammenhang besteht auch zwischen der Nachfrage nach ↓ *Produktionsfaktoren* (*Arbeit, Boden, Kapital*) und deren Preisen (*Lohn*, Grundrente, *Zins*). Je höher beispielsweise der Lohn ist, desto mehr nimmt die Nachfrage der Unternehmen nach Arbeitskräften ab.
Zu einem Nachfrageüberhang kann es nicht nur durch steigende Nachfrage, sondern auch bei unveränderter Nachfrage jedoch sinkendem Angebot kommen. Tritt eine erhebliche Verteuerung der Produktionsfaktoren (z. B. der Rohstoffe, wie Kupfer, Blei u. a., oder der Arbeit durch Lohnsteigerungen) ein, so besteht die Möglichkeit, daß das gesamtwirtschaftliche Angebot abnimmt (z. B. durch *Konkurs*e nicht mehr wettbewerbsfähiger Unternehmen oder *Kurzarbeit*). Ein geringeres Angebot führt bei gleicher Nachfrage am Markt zu Preiserhöhung (↓ *Inflation*).

Nennwert Der auf ↓ *Geld* oder einem *Wertpapier* aufgedruckte Betrag (Nennbetrag, Nominalwert), der beispielsweise die Beteiligungshöhe eines Aktienbesitzers (*Aktionär, Aktie*) am Grund*kapital* einer ↓ *Aktiengesellschaft* anzeigt. Im Gegensatz zum festen Nennwert steht bei Wertpapieren der *Kurs*wert, der sich auf Grund von *Angebot* und *Nachfrage* bildet und in der Regel vom Nennwert abweicht.

O

Obligation (von lat. obligare = verpflichten) *Wertpapier* (Urkunde), das eine besondere Form der *Anleihe* darstellt. Obligationen werden von Gemeinden (Kommunalobligationen) oder großen *Industrie*unternehmen (Industrieobligationen) ausgegeben, um *Fremdkapital*, zum Beispiel für größere *Investition*en, zu beschaffen. Bei der Ausgabe werden *Kreditinstitut*e eingeschaltet. Auf der Obligation ist außer dem *Nennwert* auch der *Zins*satz angegeben, den der Käufer pro Jahr erhält. Bei der Ausgabe der Obligationen werden außerdem die *Tilgung*sdauer und der Tilgungsbeginn festgelegt.

offene Handelsgesellschaft (oHG) Eine *Personengesellschaft*, in der sich mindestens zwei Personen zum Betrieb eines Handels*gewerbe*s unter gemeinschaftlicher *Firma* zusammengeschlossen haben. Sie ist unter den Handelsgesellschaften die am weitesten verbreitete *Unternehmensform*. Eine oHG wird durch einen Gesellschaftsvertrag gegründet. Die Eintragung in das *Handelsregister* des zuständigen Amtsgerichts ist von allen Gesellschaftern anzumelden. Jeder einzelne Gesellschafter haftet in vollem Umfang mit seinem *Kapital*anteil und seinem privaten *Vermögen* für die *Verbindlichkeiten* der oHG. Zur Geschäftsführung und Vertretung sind alle Gesellschafter persönlich berechtigt und verpflichtet, wenn nichts anderes im Gesellschaftsvertrag vereinbart wurde. Am Schluß eines Geschäftsjahres wird auf Grund der *Bilanz* der *Gewinn* oder Verlust ermittelt. Vom Gewinn erhält jeder Gesellschafter, wenn nichts anderes vereinbart worden ist und der Gewinn es zuläßt, zunächst einen Anteil in Höhe von 4 % seines Kapitalanteils; der restliche Gewinn, soweit vorhanden, wird nach Köpfen verteilt. Ein Verlust wird entsprechend nach Köpfen verteilt.
Die Auflösung der oHG kann beispielsweise durch einen Beschluß der Gesellschafter, durch *Konkurs* der Gesellschaft oder eines Gesellschafters und durch den Tod oder die *Kündigung* eines Gesellschafters erfolgen. Die oHG bietet ihren Gesellschaftern die kapitalmäßige Beteiligung an einer Gesellschaft mit der Berechtigung zur Geschäftsführung.

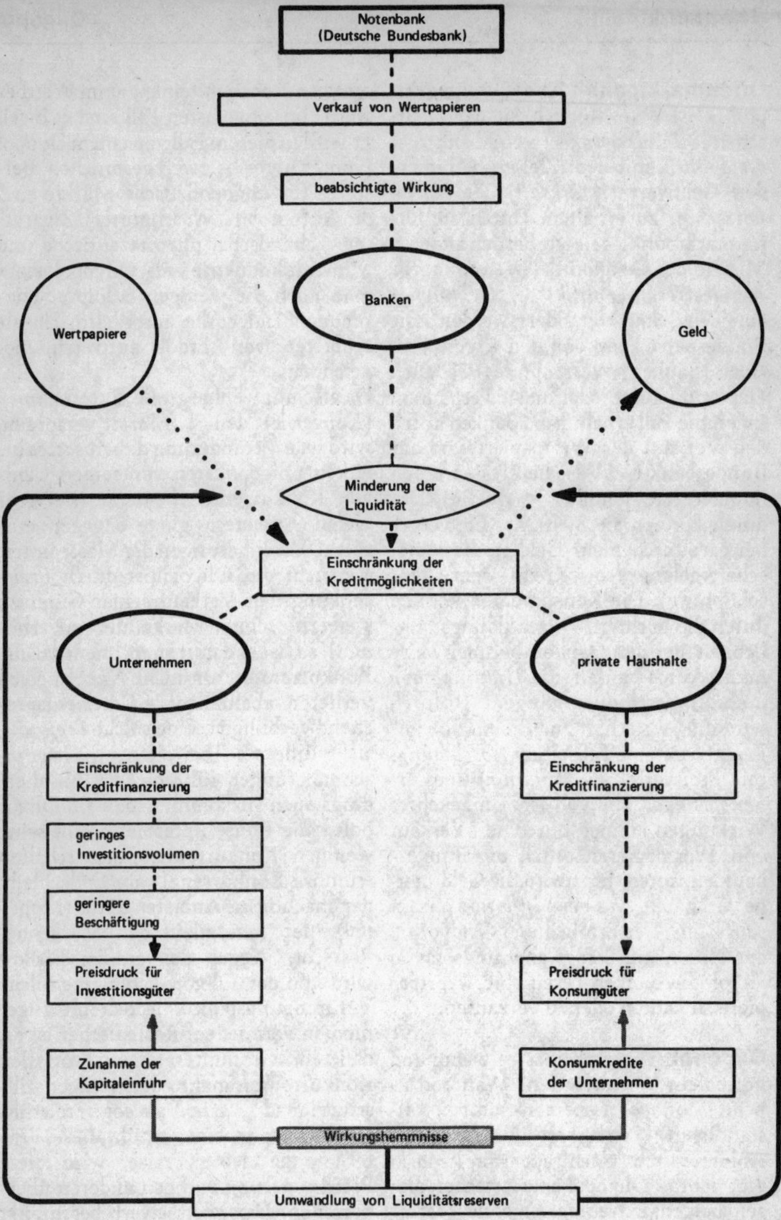

(Quelle: Tiedtke-Witthoff: *Wirtschafts- und Gesellschaftslehre*, Verlagsbuchhandlung Dr. Max Gehlen, Bad Homburg v. d. H., S. 227)

Offenmarktpolitik Die Offenmarktpolitik ist eine Möglichkeit der Deutschen *Bundesbank* (Notenbank), ↓ *Geldpolitik* mit dem Ziel zu betreiben, den Geldwert (*Kaufkraft*) der *Volkswirtschaft* zu erhalten. Durch die Offenmarktpolitik soll wie bei den anderen Mitteln der Geldpolitik (*Diskontpolitik, Mindestreservepolitik*) die *Geldmenge* der *Wirtschaft* verändert werden. Die Bundesbank kann von den *Kreditinstituten* (Banken) *Wertpapiere* (u. a. auch *Devisen*) kaufen oder an sie verkaufen. Im ersten Fall erhalten die Banken durch den Verkauf der Wertpapiere von der Bundesbank *Geld*, das heißt, sie werden liquider (lat. liquidus = flüssig). Dadurch können sie mehr *Kredite* vergeben, wodurch mehr Geld in die Wirtschaft gelangt (sog. Kredit- oder Geldschöpfung). Die Konsumenten können durch die leichtere Verschuldungsmöglichkeit bei den Banken beispielsweise mehr Autos kaufen, die *Unternehmen* mehr *Investitionen* tätigen. Dadurch wird die Wirtschaft zur *Produktion* angeregt, was im Fall eines *Abschwungs* mit *Preis*verfall (↓ *Deflation*) und *Arbeitslosigkeit* sinnvoll ist. Umgekehrte Wirkungen können durch den Verkauf von Wertpapieren durch die Bundesbank eintreten. Jetzt wird die Geldmenge verknappt, was bei ↓ *Inflation* ratsam sein kann. Der Erfolg dieser Geldpolitik der Notenbank hängt allerdings davon ab, ob die Banken bereit sind, Wertpapiere zu kaufen oder zu verkaufen.

Oligopol (von gr. oligos = wenig und gr. polein = verkaufen) Während es beim *Monopol* nur einen und bei vollständigem *Wettbewerb* unzählig viele Anbieter (bzw. Nachfrager) am ↓ *Markt* gibt, ist das Oligopol eine zwischen diesen beiden Extremen liegende Marktform: nur wenige Anbieter (oder auch Nachfrager) von *Gütern* und *Dienstleistungen* stehen miteinander im Wettbewerb; im einfachsten Fall sind es zwei. Es wird in diesem Fall von einem Dyopol (von gr. dyos = zwei) gesprochen. Beispiele für oligopolistische Märkte sind die Automobil-, Waschmittel-, Zigaretten-, chemische, pharmazeutische und Mineralölindustrie; als Oligopol kann man auch die wenigen erdölproduzierenden Länder, die am Weltmarkt als Anbieter von Erdöl auftreten, bezeichnen.
Da also nur wenige große *Unternehmen* (*Konzerne*) den ↓ *Markt* versorgen, wird jede Veränderung des *Absatzes* bei einem Oligopolisten von seinen wenigen Konkurrenten bemerkt. Bei sehr vielen Anbietern ginge dagegen eine solche Veränderung in der Masse unter. Versucht ein Oligopolist durch *Preissenkung* den Verkauf seiner Güter zu steigern (seinen Marktanteil zu erhöhen), so hat er damit zu rechnen, daß die Konkurrenten, um nicht *Nachfrage* zu verlieren, ebenfalls ihre Güter entsprechend verbilligen. Eine solche *Preispolitik* würde also bei allen zu *Gewinn*schmälerungen führen. Es kann allerdings auch vorkommen, daß ein Oligopolist die Preise unterbietet, um seine wenigen Konkurrenten auszuschalten (ruinöse Konkurrenz); am Ende bleibt der mächtigste Anbieter übrig (Monopol), der nun allein den Markt beherrscht. Wegen des großen Risikos wird von den Oligopolisten eine solche Verdrängungspolitik jedoch im allgemeinen vermieden. Realistischer ist es, daß ein Großunternehmen von den Konkurrenten mehr oder weniger stillschweigend (*Kartell*) als sog. Preisführer anerkannt wird; erhöht dieses Unternehmen seine Preise, wird diese Preissteigerung von den anderen übernommen. Der Wettbewerb beschränkt sich in den meisten Fällen des Oligopols allein auf Qualitäts-, Werbe- (*Wer-*

bung) oder *Kundendienst*konkurrenz. Da bei fehlendem Preiswettbewerb keine Preissenkungen zu erwarten sind, sondern eher eine Neigung zur Preistreiberei besteht (*Inflation*), unterliegen marktbeherrschende Unternehmen der Mißbrauchsaufsicht (↓ *Marktwirtschaft*).

Operations-research (von engl. operations research = Unternehmensforschung) Der zusammenfassende Begriff für mathematische Methoden, mit deren Hilfe die *Unternehmens*leitung bestmögliche (optimale) Entscheidungen im Hinblick auf die unternehmerischen Zielsetzungen, zum Beispiel einen möglichst hohen *Gewinn*, zu finden versucht. Operations-research stellt sog. Entscheidungsmodelle zur Verfügung, die unter Berücksichtigung der unternehmerischen Daten, wie dem geplanten *Absatz* (*Absatzplanung*), der geplanten *Produktion* oder der geplanten *Finanzierung* von *Investition*en, die Wahl der in der jeweiligen Situation besten Entscheidung ermöglichen sollen. Die Methoden der Operations-research werden in der *Wirtschaft* insbesondere bei der aufeinander abgestimmten Planung des Absatzes, der Produktion, des Einkaufs, der *Lagerhaltung*, der Investition und der Finanzierung angewendet.

Organ (gr. organon = Werkzeug) Organe sind Einrichtungen einer sog. «juristischen» Person (z. B. *Anstalt*). Da juristische Personen Träger eigener Rechte und Pflichten sind, benötigen sie Handlungsträger, die Willensentscheidungen fassen, nach außen verdeutlichen und umsetzen. Diese Funktion erfüllen die Organe.
Die Organe der Grundform einer juristischen Person – ein sog. Verein – bestehen nur aus *Vorstand* und Hauptversammlung, während bei juristischen Personen speziell des Handelsrechts vielfältige Variationen auftreten. Als wichtigste sind zum Beispiel die Organe der *Aktiengesellschaft* zu nennen: die Hauptversammlung (Gesamtheit der *Aktionäre*), der Aufsichtsrat und der *Vorstand*. Die Organe einer *Gesellschaft mit beschränkter Haftung (GmbH)* sind die Gesellschaftsversammlung (Gesamtheit der Gesellschafter), die Geschäftsführer und von einer bestimmten Beschäftigungszahl ab der Aufsichtsrat.

Organisation Allgemein ist unter Organisation eine nach gewissen Grundsätzen gestaltete, systematisch gegliederte An- und Einordnung von Aufgaben und Arbeitsvorgängen im Rahmen einer wirtschaftlichen, technischen, verwaltungsmäßigen oder sozialen Einrichtung (Institution), wie z. B. eines *Unternehmens*, einer Partei, der Kirche, des Rathauses oder eines internationalen Zusammenschlusses, zu verstehen.
Die *Betriebswirtschaftslehre* versteht unter Organisation den Aufbau eines *Betriebe*s und die Regelung des Zusammenwirkens seiner einzelnen Bereiche bzw. die sinnvolle Zuordnung der im Betrieb beschäftigten Personen und des vorhandenen Produktiv*vermögens* (Maschinen, Werkzeuge usw.). Das Ziel der Organisation ist ein möglichst reibungsloser und wirtschaftlicher Betriebsablauf.
Die Aufbauorganisation oder statische (feststehende) Organisation ist durch die Aufteilung des Betriebes in einzelne Abteilungen (und *Arbeits*plätze) mit festgelegten Aufgabenbereichen gekennzeichnet (z. B. Einkaufsabteilung, Lohnbuchhaltung, Lager, Registratur und die verschiedenen Werkstätten), das heißt, jeder Aufgabe, die durch den Betriebszweck entsteht, wird eine bestimmte Abteilung bzw. ein bestimmter Arbeitsplatz zugeordnet.

Die Ablauforganisation oder dynamische (bewegte) Organisation regelt das Zusammenwirken der einzelnen Abteilungen und Mitarbeiter des Betriebes und bestimmt Art und Weise des betrieblichen Arbeitsablaufs.

Eine gute Organisation ist zwar Voraussetzung für einen funktionierenden Betriebsablauf, sie sollte den Mitarbeitern jedoch Spielraum zum Mitdenken und verantwortlichen Handeln lassen, um deren Selbständigkeit und Leistungsbereitschaft zu fördern.

Organisation erdölexportierender Länder; OPEC (engl. Abk.: Organization of Petroleum Exporting Countries) Diese Wirtschaftsgemeinschaft wurde 1960 in Wien gegründet, um die Interessen der erdölfördernden Länder zu schützen. Mitglieder sind Abu Dhabi (Arabische Emirate), Algerien, Ecuador, Indonesien, Irak, Iran, Katar, Kuwait, Libyen, Nigeria, Saudi-Arabien und Venezuela. Die von den arabischen Ölländern seit 1973 gemeinsam betriebene Ölpolitik hat durch kräftige Erhöhung der Ölpreise in den ölverbrauchenden Ländern zu erheblichen wirtschaftlichen Belastungen geführt. Zum Beispiel ist in der «Ölrechnung» der Bundesrepublik Deutschland für die gesamte Einfuhr an Rohöl im Jahre 1974 eine Verteuerung von über 150 % gegenüber dem Vorjahr eingetreten (*Zahlungsbilanz*).

Zeit	Menge		Einfuhrpreis 1)		Wert	
	Mio t	Veränderung gegen Vorjahr in %	DM/t	Veränderung gegen Vorjahr in %	Mio DM	Veränderung gegen Vorjahr in %
	A. Rohöl					
1970	98,8	+ 10,3	60,11	— 5,0	5 938	+ 4,8
1971	100,2	+ 1,5	76,62	+ 27,5	7 679	+ 29,3
1972	102,6	+ 2,4	72,23	— 5,7	7 411	— 3,5
1973	110,5	+ 7,7	82,20	+ 13,8	9 083	+ 22,6
1974	102,5	— 7,2	223,87	+172,3	22 956	+152,7
1973 1. Vj.	27,2	+ 4,3	74,30	+ 1,0	2 021	+ 5,3
2. Vj.	27,8	+ 13,1	72,88	+ 1,0	2 023	+ 14,3
3. Vj.	27,4	+ 7,7	73,85	+ 3,3	2 023	+ 11,2
4. Vj.	28,1	+ 6,1	107,16	+ 49,5	3 016	+ 58,6
1974 1. Vj.	24,4	— 10,5	219,67	+195,7	5 346	+164,5
2. Vj.	25,7	— 7,3	222,05	+204,7	5 715	+182,5
3. Vj.	26,4	— 3,6	224,75	+204,3	5 934	+193,3
4. Vj.	26,0	— 7,4	228,70	+113,4	5 961	+ 97,7
	B. Andere Mineralölerzeugnisse 2)					
1973	—	—	—	—	4 997	+ 94,4
1974	—	—	—	—	6 746	+ 35,0
	C. Mineralölerzeugnisse insgesamt					
1973	—	—	—	—	14 080	+ 41,1
1974	—	—	—	—	29 702	+111,0

1 Cif-Preis frei deutsche Grenze. – 2 Zum Beispiel Benzin, Dieselkraftstoffe und Heizöle.

«Ölrechnung» der Bundesrepublik Deutschland

(Quelle: *Monatsberichte der Deutschen Bundesbank*, 27. Jg., Nr. 2 vom Februar 1975, S. 37)

Organisation für Wirtschaftliche Zusammenarbeit in Europa (OEEC)

Organisation für Wirtschaftliche Zusammenarbeit und Entwicklung (OECD) Die OEEC (engl. Abkürzung für: Organization for European Economic Cooperation) bzw. der «Europäische Wirtschaftsrat», wie die OEEC auch genannt worden ist, wurde 1948 von siebzehn europäischen Staaten mit Sitz in Paris gegründet. 1949 kam die Bundesrepublik Deutschland hinzu. Nicht dazu zählen die heutigen COMECON-Staaten (*Rat für gegenseitige Wirtschaftshilfe*).

Die Gründung dieser internationalen Organisation ging auf einen Plan des damaligen US-Außenministers Marshall zurück (Marshall-Plan), der vorsah, die Wirtschaftskraft der hart vom Krieg betroffenen westeuropäischen Staaten durch ein Wiederaufbauprogramm (European Recovery Program, Abk.: ERP) zu stärken. Diese Hilfe bestand vor allem in finanzieller Unterstützung (ERP-Mittel) sowie amerikanischen Lieferungen von Waren und Rohstoffen. Mit der Gründung der OEEC war ferner die Absicht verbunden, eine Grundlage für die Zusammenarbeit der europäischen Staaten zu schaffen. Handelshindernisse zwischen

den Staaten sollten im Laufe der Zeit beseitigt und die freie *Konvertibilität* der *Währungen* hergestellt werden. Die Sowjetunion bekämpfte den Marshall-Plan als «Dollarimperialismus» und zwang Polen und die Tschechoslowakei, die angebotene amerikanische Unterstützung abzulehnen. Für den Wiederaufbau Westeuropas war das ERP-Programm hilfreich, nützte aber gleichzeitig auch den US-*Unternehmen*: die europäischen Staaten kauften mit geliehenen US-Dollars amerikanische Produkte, und amerikanische *Konzerne* eroberten den westeuropäischen *Markt*, indem sie Firmen kauften oder gründeten.
Im Jahre 1961 wurde die OEEC durch die Organisation für Wirtschaftliche Zusammenarbeit und Entwicklung (OECD; engl. Abk. für: Organization for Economic Cooperation and Development) abgelöst. Unter den 23 Mitgliedern befinden sich auch Australien, Kanada, Japan und die USA. Hauptaufgaben sind die Abstimmung der ↓ *Konjunkturpolitik*, die Währungspolitik sowie die Koordinierung der Entwicklungshilfe der Mitgliedsstaaten.
Die OECD-Mitglieder stellen etwa 60 % der Weltindustrieproduktion sowie 70 % der Weltexporte, sie leisten über 90 % der Entwicklungshilfe für die Dritte Welt (*Entwicklungsländer*).

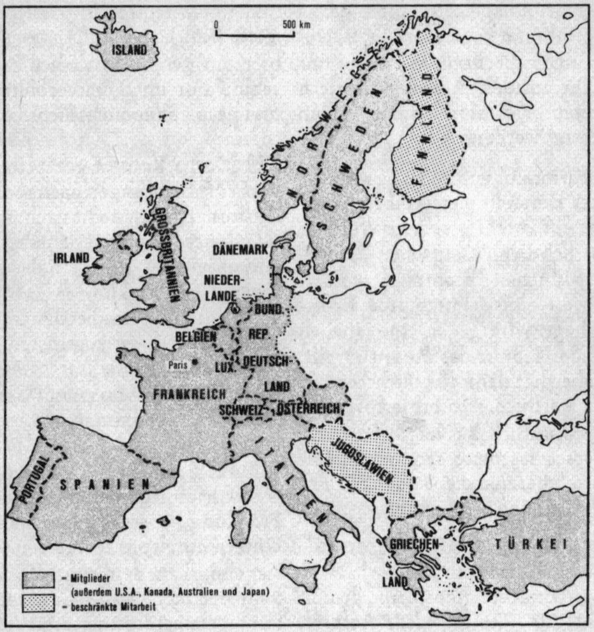

Mitglieder der ‹Organisation für Wirtschaftliche Zusammenarbeit und Entwicklung›/OECD

(Quelle: *Der Fischer Weltalmanach 1974*, S. 210)

P

Parität (von lat. paritas = Gleichgewicht) ist der amtlich festgesetzte Wert einer *Währung*seinheit (z. B. 1 DM) gegenüber einem bestimmten Maßstab, beispielsweise gegenüber einer ausländischen Währung oder dem *Gold.*
Die Parität der Deutschen Mark wird nicht mehr am US-Dollar oder am Gold, sondern an den sog. Sonderziehungsrechten (SZR) des *Internationalen Währungsfonds (IWF)* gemessen. Seit dem 29. 6. 1973 beträgt die Parität der D-Mark: 1 DM = 0,31058 SZR (oder umgekehrt: 1 SZR = 3,21979 DM). Rechnerisch entspricht eine Werteinheit der SZR = 0,888671 g Feingold.
Auf dieser Grundlage kann mit anderen ebenso verfahrenden Ländern (z. B. Dänemark) der *Wechselkurs* bestimmt werden. Die von den einzelnen Ländern festgesetzten Paritäten müssen vom IWF bestätigt werden.

Patent Erfindungen neuer Produkte oder neuer Herstellungsverfahren können durch ein Patent geschützt werden, das schriftlich beim Deutschen Patentamt in München beantragt werden muß. Soweit eine schutzwürde Erfindung vorliegt, wird gegen eine jährlich zu leistende Gebühr das Patent erteilt. Sein Inhaber hat dann für höchstens 18 Jahre das Recht, die patentierte Erfindung wirtschaftlich zu verwerten, also zum Beispiel das neue Produkt in seinem *Betrieb* herzustellen, oder das Patent zu verkaufen (*Lizenz*).

Personengesellschaft, Personalgesellschaft Die Personengesellschaft ist eine ↓ *Unternehmensform,* die im Gegensatz zur *Kapitalgesellschaft* im wesentlichen auf den persönlichen Eigenschaften und der Mitarbeit der Eigentümer (mindestens 2 Gesellschafter) beruht. Eine *Kapital*einlage ist zwar nicht erforderlich, doch haften die Gesellschafter grundsätzlich für die *Verbindlichkeiten* der Personengesellschaft mit ihrem gesamten Vermögen, also nicht nur mit ihrer eventuell eingebrachten Kapitaleinlage. Die Rechte und Pflichten der Gesellschafter (wie z. B. Geschäftsführungsbefugnis und *Gewinn*verteilung) werden im allgemeinen in einem Gesellschaftsvertrag festgelegt oder unterliegen der gesetzlichen Regelung.
Bei der Personengesellschaft besteht eine stärkere Bindung der Gesellschafter an ihre Gesellschaft als bei den Gesellschaftern einer Kapitalgesellschaft. Personengesellschaften sind zum Beispiel die *offene Handelsgesellschaft (oHG)* und die *Kommanditgesellschaft (KG),* nicht jedoch die *Stille Gesellschaft,* da hier ein gesellschaftlicher Zusammenschluß nur im Innenverhältnis besteht und nach außen nicht sichtbar ist.

Pfändung Kommt ein Schuldner seinen Verpflichtungen nach mehrmaligen Aufforderungen nicht nach, so kann der *Gläubiger* einen Gerichtsbeschluß erwirken. Dieser ordnet in der Regel eine Zwangsvollstreckung in das *Vermögen* des Schuldners an, bei der Gegenstände und *Forderungen* zugunsten des Gläubigers beschlagnahmt werden. Die Pfändung wird von einem Gerichtsvollzieher vorgenommen. Wertvolle und leicht transportierbare *Güter* (z. B. Schmuck) werden sofort von ihm in Verwahrung genommen, während die Pfändung bei schwer transportierbaren Gütern durch das Aufkleben von Pfandsiegelmarken, dem sog. «Kuckuck», gekennzeichnet wird. Gegenstände, die zur Lebensführung und Berufsausübung notwendig sind wie Kleidung, Hausrat, Werkzeuge usw., sind nicht pfändbar.
Grundstücke, Gebäude, Schiffe und

(Quelle: Betriebswirtschaftslehre der Unternehmung, Wuppertal o. J., 5. Auflage, nach S. 320, Verlag Europa-Lehrmittel)

Flugzeuge werden im Wege der *Hypothek* gepfändet.

Pfandbriefe ↓ *Wertpapier* (Urkunde), durch das wie bei *Anleihen* und *Obligationen* ein *Forderungs*recht beurkundet ist. Pfandbriefe werden von bestimmten *Kreditinstituten* herausgegeben. Ihr Verkauf soll diesen Banken Mittel, vor allem zur *Finanzierung* des Wohnungsbaus, verschaffen. Die Kapitalanlage in Pfandbriefen ist für den Sparer besonders sicher, da sie durch *Hypotheken* gesichert sind. Für die Rückzahlung des in Pfandbriefen angelegten *Kapitals* dienen diese Hypotheken als Pfand (*Pfändung*).

Planwirtschaft; zentrale Planwirtschaft Die Planwirtschaft (oder Zentralverwaltungswirtschaft) ist im Gegensatz zur *Marktwirtschaft* eine *Wirtschafts*ordnung, in der die wirtschaftlichen Entscheidungen darüber, was und wieviel produziert werden soll, nicht einer Vielzahl von *Verbrauchern* und *Unternehmen* (dezentral) am ↓ *Markt* überlassen, sondern vom Staat (zentral) getroffen werden. An die Stelle des Marktes tritt der Plan (zentraler Volkswirtschaftsplan). Dem einzelnen *Betrieb* (*Volkseigener Betrieb*) wird die Erzeugung der *Güter* art- und mengenmäßig und gewöhnlich auch zeitlich vorgeschrieben (*Produktions*-Soll). Die Zentrale setzt, häufig nach politischen Gesichtspunkten, die *Preise* fest. In der Wirklichkeit (z. B. der DDR, Sowjetunion) bestehen Schwierigkeiten in der Abstimmung der *Produktion* mit den Bedürfnissen (*Bedarf*) der Menschen, falls überhaupt eine solche Abstimmung gewollt ist (z. B. Bevorzugung von *Investitionen* gegenüber dem sofortigen *Verbrauch*).

Gegenüber der zentralen Entscheidung über die Produktion ist die Vergesellschaftung (*Sozialisierung*) des Eigentums an den Produktionsmitteln (*Kapital*) ein nachgeordnetes Unterscheidungsmerkmal zur Marktwirtschaft. «Verstaatlichung, die Abschaffung des Privateigentums an den Produktionsmitteln, bedeutet an sich noch keinen wesentlichen Unterschied, solange die Produktion über die Köpfe der Bevölkerung hinweg zentralisiert und kontrolliert wird» (H. Marcuse).
Seit dem Zweiten Weltkrieg bestehen in Deutschland zwei Wirtschaftssysteme nebeneinander: das überwiegend marktwirtschaftliche der Bundesrepublik Deutschland und das überwiegend zentralverwaltungswirtschaftliche der Deutschen Demokratischen Republik. So wie die Wirtschaftsordnung der Bundesrepublik keine «reine» Marktwirtschaft ist, handelt es sich auch bei der Wirtschaftsordnung der Deutschen Demokratischen Republik um keine reine Planwirtschaft. Nach dem «Neuen Ökonomischen System der Planung und Leitung der Volkswirtschaft» (abgekürzt: NÖSPL; eingeführt 1963) wurden in der DDR-Wirtschaft im Laufe der letzten Jahre einzelne Merkmale des *Kapitalismus* bzw. der Marktwirtschaft übernommen. Die Leistung eines *Betriebes* wird unter anderem auch nach dem *Gewinn* beurteilt. Die *Lohn*höhe ist vom Gewinn abhängig. Betriebe, die von ihnen hergestellte Güter nicht absetzen können oder Waren unter den Herstellkosten verkaufen, müssen den daraus entstehenden Schaden tragen. Damit kommt der Ausrichtung der Produktion am Markt, das heißt am Bedarf, eine größere Bedeutung zu. Hierzu war es erforderlich, wirtschaftliche Entscheidungen nicht mehr ausschließlich zentral zu treffen, sondern teilweise auf die Betriebe zu verlagern (Dezentralisierung). So kann die Grobplanung der Zentrale durch eine Feinplanung der Betriebe ergänzt werden.
Die DDR verfügt über den höchsten *Wohlstand* innerhalb der sozialistischen Länder. Trotz wirtschaftlichen Wachstums (siehe auch *Sozialprodukt*) seit den Krisenjahren 1961 bis 1963 ist aber der Rückstand gegenüber der Bundesrepublik noch beträchtlich. Durch eine bewußt hohe *Akkumulation* der Investitionsmittel in der *Industrie* (zu Lasten der heutigen Versorgung mit *Konsumgütern* und der *Infrastruktur*) soll der künftige Wohlstand erheblich gesteigert werden.

Präferenz (von lat. praeferre = vorziehen) Allgemein die Bevorzugung für eine Sache oder Person. In der *Wirtschaft* werden Präferenzen zum Beispiel durch die Festlegung von *Konditionen* (Geschäftsbedingungen), den *Kundendienst*, die *Produktgestaltung*, die Zusammensetzung des *Sortiment*s und die *Werbung* geschaffen. Mit Hilfe dieser «Präferenzpolitik» versucht man die Käufer für ein bestimmtes Produkt einzunehmen, obwohl es sich nur unwesentlich von den Erzeugnissen der Konkurrenz (*Wettbewerb*) unterscheidet (sachliche Präferenz). Eine Präferenz kann ferner durch die Vorliebe eines Kunden für eine bestimmte Verkäuferin (persönliche Präferenz) oder ein in der Nähe gelegenes *Geschäft* (räumliche Präferenz) sowie durch einen Wechsel der Mode oder des allgemeinen Geschmacks (zeitliche Präferenz) entstehen. Diese möglichen Präferenzen werden in der *Absatzpolitik* eines *Unternehmen*s berücksichtigt.

Prämie (von lat. praemium = Vorteil, Belohnung) 1. Ein zusätzlicher zum Grund*lohn* gezahlter Betrag als Anreiz für besondere Leistungen des *Arbeit-*

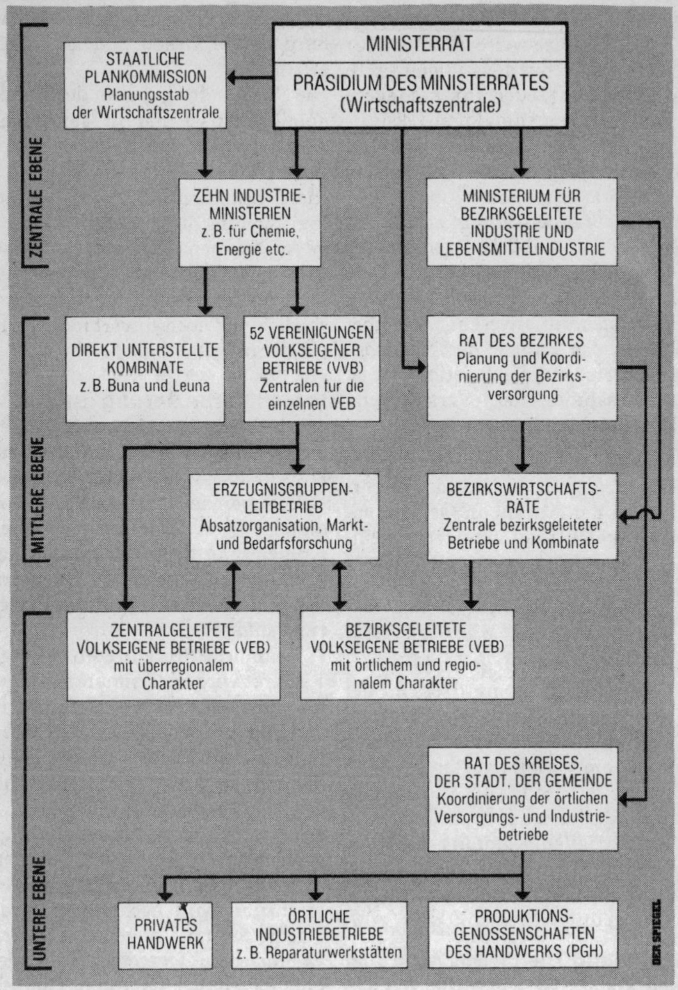

Zentral gelenkt – total geplant
Das Leitungssystem der DDR-Wirtschaft
(Quelle: *Der Spiegel* Nr. 44, 1974, S. 50)

nehmers im *Betrieb* (Leistungsprämie). Es werden beispielsweise Prämien für besondere qualitative Leistungen (z. B. wenig Ausschuß) oder für besondere quantitative (mengenmäßige) Leistungen, für Verbesserungsvorschläge und für überdurchschnittliche Verkaufserfolge gewährt.

Beim sog. Prämien*sparen* erhält der Sparer neben den üblichen Zinsen eine Prämie vom Staat, die eine breitere Vermögensbildung bewirken soll.

2. Im *Versicherungs*wesen bezeichnet die Prämie das Entgelt des Versicherungsnehmers für die Leistung (v. a. Risikoübernahme) der Versicherung (Risikoprämie).

Preis Der Preis gibt den Wert eines Gutes in *Geld* (z. B. in DM) an. Er entspricht also der Anzahl an Geldeinheiten, die für den Kauf einer Wareneinheit (z. B. 1 Stück, 1 kg) ausgegeben werden muß (z. B. 3 DM für 1 kg Erdbeeren). Während in einer *Planwirtschaft* (z. B. DDR) der Preis vom Staat (einer Behörde) festgelegt wird (zentrale Entscheidung), kommt er in der *Marktwirtschaft* durch eine Vielzahl von Kauf- und Verkaufsentscheidungen (dezentral) am ↓ *Markt* zustande.

Bei den Preisen der für die *Güter*erzeugung erforderlichen *Produktionsfaktoren* (*Arbeit, Boden, Kapital*) ist in *Lohn*, Grundrente (*Einkommen* aus der Nutzung des Produktionsfaktors Boden) und *Zins* zu unterscheiden.

Preisbindung Die Preisbindung «der zweiten Hand» ist ein Mittel der betrieblichen *Preispolitik*, wobei sich jeder Händler *vertrag*lich gegenüber dem *Produzent*en verpflichten muß, die Ware zu einem bestimmten *Preis* zu verkaufen. Diese vertraglichen Verpflichtungen reichen vom Produzenten bis zum *Einzelhandelsbetrieb*, so daß der Käufer diese Ware in jedem Einzelhandelsbetrieb, befinde er sich nun in Hamburg oder München, zum gleichen Preis erhält.

Die Preisbindung galt in der Bundesrepublik Deutschland in der Regel für *Markenartikel* (z. B. Kraftfahrzeuge, Butter) und Verlagserzeugnisse (Bücher, Zeitschriften). 1974 wurde die Preisbindung durch Gesetz bis auf wenige Ausnahmen (Verlagserzeugnisse, Zigaretten) aufgehoben, um den *Wettbewerb* zu fördern. Seitdem sind grundsätzlich nur noch unverbindliche Preisempfehlungen möglich.

Preisdifferenzierung ist ein Mittel der ↓ *Preispolitik*. Man bezeichnet mit diesem Begriff die unterschiedliche Festsetzung von *Verkaufspreis*en für *Güter* und *Dienstleistung*en, obwohl sie dieselbe Qualität besitzen. Die Preisdifferenzierung dient der Steigerung des *Umsatz*es bzw. der *Gewinn*maximierung. Vier Arten der Preisdifferenzierung sind möglich:

1. Räumliche Preisdifferenzierung: Der ↓ *Markt* wird in Teilmärkte aufgespalten, in denen unterschiedliche Preise verlangt werden (Beispiel: Beim Warenexport in «reiche» Länder kann ein höherer Preis verlangt werden als bei der *Ausfuhr* in «arme» Länder.).

2. Zeitliche Preisdifferenzierung: Zu verschiedenen Zeitpunkten werden unterschiedliche Preise verlangt. Beispiele: Strom wird nachts zum niedrigen Nachtstromtarif abgegeben. Kurz vor Weihnachten werden Waren gleicher Qualität einmal in normaler und einmal in «Weihnachtsgeschenkverpackung» zu verschiedenen Preisen angeboten (*Produktdifferenzierung*).

3. Mengenmäßige Preisdifferenzierung: Bei Abnahme von größeren Mengen einer Ware wird ein Mengen*rabatt* gewährt.

4. Preisdifferenzierung nach dem Ver-

wendungszweck: Zum Beispiel wird Heizöl billiger verkauft als Dieselöl, obwohl es sich von der Beschaffenheit her um die gleiche Ware handelt.

Preisindex für die Lebenshaltung Eine vom Statistischen Bundesamt in Wiesbaden ermittelte und herausgegebene Meßzahl (Index, von lat. index = Anzeiger; *Kennzahl*), die häufig für die Entwicklung des *Preis*niveaus (*Preisniveaustabilität*) und der *Kaufkraft* des *Geld*es (Geldwert) als Maßstab dient. Im Preisindex für die Lebenshaltung kommt die durchschnittliche Preisentwicklung der von den privaten *Haushal*ten nachgefragten *Güter* und *Dienstleistung*en (*Konsum*güter) zum Ausdruck. Am bekanntesten ist der Preisindex für die Lebenshaltung eines Vier-Personen-*Arbeitnehmer*-Haushalts mit mittlerem *Einkommen*. Die Summe der Güter, die der Berechnung des Index zugrunde gelegt werden, bezeichnet man als Warenkorb. Zur Zeit wird der Preisindex für die Lebenshaltungskosten aus etwa 200000 Einzelpreisen berechnet, die man für rund 900 Waren (z. B. Kühlschränke, Herrenanzug, Leberwurst, Kfz-Reparatur) in 119 Städten und Gemeinden der Bundesrepublik Deutschland ermittelt. Diese Preiserhebungen werden in regelmäßigen Zeitabständen wiederholt. Der jeweils neu ermittelte Durchschnittspreis der Güter wird auf ein bestimmtes Jahr (1970), das sog. Basisjahr, bezogen und als Prozentsatz ausgedrückt. Die folgende Tabelle zeigt die Entwicklung des Preisindex für die Lebenshaltung aller privaten Haushalte:

Jahr	1970	1971	1972	1973	1974
Preisindex (%)	100	105,3	111,1	118,8	127,1

Von 1970 bis 1974 sind demnach die Preise für die private Lebenshaltung um 27,1 % gestiegen.

Preisniveaustabilität Unter *Preis*niveau ist der Durchschnitt entweder aller *Güter* in einer *Volkswirtschaft* oder einer bestimmten Gruppe von Gütern zu verstehen, zum Beispiel der *Dienstleistung*en für die Lebenshaltung der privaten *Haushalt*e. Die Entwicklung des Preisniveaus wird durch statistisch ermittelte Preisindizes (*Preisindex für die Lebenshaltung*) dargestellt. Steigt das Preisniveau in einer Volkswirtschaft, spricht man von *Inflation*, sinkt es hingegen, herrscht *Deflation*. Die Preisniveaustabilität als ein Ziel der *Wirtschaftspolitik* der Bundesrepublik Deutschland (↓ *magisches Viereck*) bedeutet nicht, daß alle einzelnen Güterpreise unverändert bleiben sollen, sondern daß der Durchschnitt der einzelnen Preise, die nach oben und unten schwanken können, stabil bleibt.

Preispolitik Die *Preis*politik ist ein Teil der ↓ *Absatzpolitik* eines *Unternehmens*. Die Aufgabe der *betrieb*lichen Preispolitik ist die Anpassung des *Verkaufspreis*es an die jeweilige *Absatz*situation, in der sich das Unternehmen befindet. Entscheidungsgrundlagen für die Festsetzung des Verkaufspreises liefern die *Kostenrechnung* (Festsetzung der Preisuntergrenze) und die *Marktforschung* (Ermittlung der Absatzsituation). Bei vielen etwa gleichstarken Konkurrenten wird sich die Preispolitik auf die Anpassung des Verkaufspreises an den am *Markt* bestimmten *Preis* beschränken müssen, um Absatzeinbußen zu vermeiden. Eine aktive Preispolitik (Festsetzung der Verkaufspreise durch das Unternehmen) ist im allgemeinen nur möglich, wenn das Unternehmen gegenüber seinen Konkurrenten eine wesentlich stärkere Stellung am Markt besitzt (Preisführerschaft). *Preisdifferenzierung* und *Preisbindung* sind preispolitische Maßnahmen (siehe *Monopol, Oligopol*).

Privatisierung (von lat. privatus = nicht öffentlich) Die Überführung von staatlichem Eigentum in privates Eigentum. Dabei werden in der Regel *Vermögen*santeile der öffentlichen Hand an Wirtschafts*unternehmen* als sog. *Volksaktien* dem *Wertpapier*markt zugeführt, um so die *Vermögen*sbildung breiterer Gesellschaftsschichten zu fördern (Vermögensbildung in *Arbeitnehmer*hand).

Produktdifferenzierung Man spricht von Produktdifferenzierung, wenn in ein *Produktion*sprogramm weitere Produkte aufgenommen werden, die sich von dem bereits gefertigten Produkt bei unverändertem Gebrauchszweck durch äußere Form (z. B. die Verpackung) oder Qualität unterscheiden. Beispiele für die Produktdifferenzierung findet man in fast allen *Wirtschaft*sbereichen, beispielsweise im Automobilbau. Das VW-Käfer-Modell kann beispielsweise mit verschiedenen Motorstärken, mit oder ohne beheizbare Heckscheibe, mit oder ohne Stahlschiebedach usw. geliefert werden.
Gründe der Produktdifferenzierung können die deutliche Unterscheidbarkeit des eigenen Produktes von den Produkten der Konkurrenz, oder die Anpassung an neue Moderichtungen sein. Ferner sollen neue Käuferschichten angesprochen werden, die am ursprünglichen Produkt kein Interesse gezeigt haben. Beispiel: Ein mit allen «Extras» und starkem Motor ausgerüsteter VW-Käfer findet unter Umständen das Interesse eines Kunden, der sich nie für einen VW-Käfer in Standardausführung entschieden hätte. Ziel der Produktdifferenzierung ist somit die Steigerung des *Umsatzes*.

Produktion (von lat. producere = hervorbringen) Die Erzeugung von *Gütern* (wie z. B. Automobilen oder Taschenrechnern) und *Dienstleistungen* (wie z. B. die Leistung eines Arztes, der einen Kranken untersucht und behandelt) durch den Einsatz von *Produktionsfaktoren*. Der Produktionsprozeß ist abhängig von den technischen (Anzahl der Maschinen, Neuwertigkeit der technischen Anlagen usw.), personellen (Anzahl der Beschäftigten, Verhältnis von Facharbeitern zu ungelernten Kräften) und organisatorischen Gegebenheiten (*Organisation*) des *Betriebe*s sowie von der Art des zu produzierenden Gutes bzw. der Dienstleistung. Beispielsweise verläuft der Produktionsprozeß von Automobilen, die in *Fließbandfertigung* hergestellt werden, völlig anders als der Produktionsprozeß mundgeblasener Gläser.
Produktion bezeichnet auch das Ergebnis der betrieblichen Leistungserstellung, die *Ausbringung* (z. B. 1000 Einheiten Stahlblech).

Produktionsfaktoren sind die notwendigen Voraussetzungen für die *Produktion* von *Gütern* und *Dienstleistungen*. Die ↓ *Volkswirtschaftlehre* unterscheidet drei Produktionsfaktoren: menschliche *Arbeit, Boden* und *Kapital*. Arbeit und Boden sind im Gegensatz zum Kapital nicht herstellbar. Sie sind ursprüngliche Faktoren der Produktion (sog. originäre Produktionsfaktoren). Arbeit kann in leitende und ausführende, geistige und manuelle oder in ungelernte, angelernte und gelernte Arbeit gegliedert werden. Durch das Zusammentreffen von *Angebot* an Arbeit und *Nachfrage* nach Arbeit (freie Arbeitsplätze) ergibt sich auf dem Arbeits*markt*

der *Preis* (*Lohn*) dieses Faktors (↓ *Einkommen*).
Boden als zweiter ursprünglicher Produktionsfaktor umfaßt den Boden als *Standortfaktor* (günstige Lage eines *Unternehmens*), aber auch die Bodenschätze (Erze, Kohle usw.) und Naturkräfte (z. B. für den Anbau landwirtschaftlicher Produkte). Der Preis für die Nutzung des Bodens heißt Grundrente.
Kapital muß erst produziert werden und wird daher abgeleiteter (derivativer) Produktionsfaktor genannt. Für seine Bereitstellung wird der *Zins* gezahlt.
In der ↓ *Betriebswirtschaftslehre* gehören zu den Produktionsfaktoren neben den Betriebsmitteln (z. B. Gebäude, Maschinen, Werkzeuge, siehe *Kapital*) und *Werkstoffen*, der menschlichen Arbeit und Betriebsleitung auch die Planung und *Organisation* (abgeleitete Produktionsfaktoren einer Unternehmung).

Produktionsgüter sind Rohstoffe (z. B. Eisenerze) und Halbfabrikate (z. B. Stahlbleche), die durch weitere *Produktion*sprozesse zu *Konsum*gütern oder *Investitionsgütern* verarbeitet werden.

Produktivität (von lat. producere = hervorbringen) ist ein Maß für die Ergiebigkeit bei der *Produktion* von *Gütern* und der Bereitstellung von *Dienstleistungen*. Sie wird gemessen am Produktionsergebnis (*Ausbringung*) pro Tag, pro Stunde, pro Arbeiter oder pro Maschine. Man berechnet die Produktivität als mengenmäßiges Verhältnis der Ausbringung zum Einsatz der betrieblichen *Produktionsfaktoren* (z. B. Arbeit). Volkswirtschaftliche Produktivität:
Hier werden die Leistungen der gesamten *Wirtschaft* (*Sozialprodukt*) zu den Produktionsfaktoren in Beziehung gesetzt, insbesondere zum Produktionsfaktor Arbeit (Arbeitsproduktivität) und zum *Kapital* (Kapitalproduktivität).
Die volkswirtschaftliche Arbeitsproduktivität ist demnach das Verhältnis der in einer *Volkswirtschaft* erstellten Güter und Dienstleistungen (Sozialprodukt) zum Einsatz des Produktionsfaktors Arbeit in einer bestimmten Zeiteinheit (z. B. 1 Jahr). Die Arbeitsproduktivität spielt vor allem in der *Lohn*politik (*Inflation*) eine wichtige Rolle.
Die Produktivität läßt sich durch qualitative Verbesserung der Produktionsfaktoren und insbesondere durch *Rationalisierung* steigern. In der Bundesrepublik ist die gesamtwirtschaftliche Arbeitsproduktivität (reales Sozialprodukt je Erwerbstätigen) seit 1960 um rd. 80 % gestiegen (1974).

Produzent (von lat. producens = Hersteller, Erzeuger) Hersteller von Produkten (*Produktion*).

Prokura; Handlungsvollmacht (von lat. procurare = Sorge tragen, versorgen) Als Prokura bezeichnet man die Befugnis des Prokuristen, den *Betriebsinhaber* bei bestimmten *Geschäften* zu vertreten. Die Prokura ermächtigt zu fast allen Entscheidungen, die in einem *Unternehmen* vorkommen können. Deshalb erhalten in der Regel nur Mitarbeiter mit fachlichen und menschlichen Qualifikationen diese Vertretungsvollmacht. Für bestimmte Geschäfte, wie das Unterschreiben von *Bilanzen*, ist die Erteilung der Prokura allerdings gesetzlich verboten.
Der Umfang der Handlungsvollmacht ist nicht nur wesentlich kleiner als die Prokura, sie wird auch nicht in das *Handelsregister* eingetragen. Personen mit Handlungsvollmacht bezeichnet man als Handlungsbevollmächtigte.

Protektionismus (von lat. protegere = beschützen) Wirtschaftlicher Protektionismus liegt vor, wenn inländische Erzeuger vor der Welt*markt*konkurrenz geschützt werden. Maßnahmen dazu können hohe Zölle (*Zoll*) oder *Kontingentierungen* sein. Der Protektionismus erschwert den Welthandel und schadet der internationalen Arbeitsteilung (*Liberalismus*). Während der *Industrie*güterhandel bereits weitgehend liberalisiert ist, besteht in den meisten Staaten ein Agrarprotektionismus (*Agrarpolitik, Europäische Freihandelszone, Europäische Wirtschaftsgemeinschaft*).

Public Relations (engl. public relations = Beziehungen zur Öffentlichkeit) Aus den USA stammende Bezeichnung für die Öffentlichkeitsarbeit der *Unternehmen* und anderer Einrichtungen, die insbesondere auf die Schaffung eines Vertrauensverhältnisses zu den Verbrauchern abzielt. Berichte in den Massenmedien (Rundfunk, Fernsehen, Presse), *Betriebs*besichtigungen und andere der Sympathiebildung dienenden Aktivitäten sollen dabei für die Aufgaben und Ziele der Unternehmen in der Öffentlichkeit werben.

Publizität (von lat. publicare = veröffentlichen) ist die Unterrichtung der Öffentlichkeit über die Lage und Entwicklung eines *Unternehmens*. Die Pflicht zur Publizität soll besonders dem Schutz der *Kapital*geber eines Unternehmens dienen.
Über die gesetzlich vorgeschriebene Eintragung ins *Handelregister* hinaus, sind *Aktiengesellschaften* zur Veröffentlichung von Jahresabschlüssen (siehe *Rechnungswesen*) verpflichtet.

Q

Quittung (von lat. quittare = befreien, aus einer *Verbindlichkeit* entlassen) Die schriftliche Empfangsbestätigung des *Gläubigers* (Empfänger) einer Leistung – *Geld*, Sachen oder *Dienstleistung* – an den leistenden Schuldner.

R

Rabatt (von ital. rabatto = Preisnachlaß) Als Rabatt bezeichnet man einen *Preis*nachlaß beim Einkauf von Waren oder bei der Inanspruchnahme von *Dienstleistungen*. Rabatt wird entweder als feststehender Betrag, als Prozentsatz des *Angebots*preises oder als Drauf- oder Dreingabe zur Ware (Naturalrabatt) angegeben. Man unterscheidet verschiedene Arten der Rabattgewährung. So kann zum Beispiel der Käufer

Muster:

Quittung

Von ....

(Name des Schuldners) (Bezeichnung der Leistung)

....

(Ort, Datum) (Unterschrift d. Empfängers)

einer großen Warenmenge «Mengenrabatt», der außerhalb der Saison kaufende Abnehmer «Saisonrabatt» oder ein langjähriger Kunde «Treuerabatt» erhalten. Bei Räumungsverkäufen oder beim Kauf durch *Betrieb*sangehörige können «Sonderrabatte» eingeräumt werden.
Da mit Rabatten Beeinflussung des *Markt*geschehens möglich und auch bezweckt ist, sind die Möglichkeiten der Rabattgebung vereinheitlicht (Rabattgesetz), so daß Mißbräuche weitgehend ausgeschaltet werden können.

Ratenkauf Kauf eines Gegenstandes ohne sofortige Zahlung des gesamten Kauf*preis*es und ohne Übereignung. Der Käufer kann nach geleisteter Anzahlung, die in der Regel üblich ist, über den Gegenstand verfügen, er gehört ihm allerdings noch nicht. Er verpflichtet sich allerdings *vertrag*lich zur Zahlung von festen Raten (monatlich, vierteljährlich). Der Ratenkauf soll auch die Bezieher geringerer *Einkommen* zum Kauf vor allem teurer Gegenstände bewegen. Für den nach der Anzahlung bzw. nach den einzelnen Ratenzahlungen verbleibenden Restbetrag sind vom Käufer *Zins*en zu zahlen, deren Höhe im Vertrag früher oft pro Monat angegeben waren. Neuerdings («Abzahlungsgesetz» von 1974) muß aber auch der Jahreszins angegeben werden. Zusätzlich kann eine Bearbeitungsgebühr erhoben werden.
Kritisch anzumerken ist, daß der Ratenkauf zu einer Überschätzung der eigenen finanziellen Möglichkeiten führen kann. Da in der Regel einkommensschwache Bevölkerungsgruppen dieses *Finanzierung*smittel wählen, mußten besondere Schutzvorschriften gegenüber gewissenlosen Abzahlungsverkäufern geschaffen werden. So ist es zum Beispiel jetzt möglich, nach Abschluß eines solchen Raten- oder Abzahlungskaufs eine Woche lang ohne Angabe von Gründen vom Vertrag zurückzutreten, wenn man sich die Vor- und Nachteile in Ruhe überlegt hat.

Rat für gegenseitige Wirtschaftshilfe (COMECON; RGW) International unter der Bezeichnung COMECON (engl. Abk. für: Council of Mutual Economic Aid) bekannte Wirtschaftsgemeinschaft sozialistischer Staaten, die 1949 in Moskau gegründet wurde (siehe auch *Organisation für Wirtschaftliche Zusammenarbeit in Europa*).
Mitgliedsstaaten des COMECON sind: Sowjetunion, Bulgarien, Deutsche Demokratische Republik, Kuba, Mongolische Volksrepublik, Polen, Rumänien, Tschechoslowakei und Ungarn. Diese Staaten arbeiten zusammen, um den gegenseitigen Warenaustausch zu fördern, ihre nationalen *Wirtschaft*spläne gegenseitig abzustimmen und die Vorteile der internationalen Arbeitsteilung auszunutzen. Auf wissenschaftlich-technischem Gebiet werden Erfahrungen und Forschungsergebnisse ständig ausgetauscht (siehe auch *Planwirtschaft*).

Rationalisierung (von lat. ratio = Vernunft) Die wohlüberlegte (rationale) Anwendung wissenschaftlicher, technischer und organisatorischer Mittel, um die *Produktion* von *Güter*n und die Bereitstellung von *Dienstleistung*en zu steigern (*Produktivität*), zu verbilligen (*Wirtschaftlichkeit*) und zu verbessern. Rationalisierungsmaßnahmen können in der *Marktwirtschaft* durch den *Wettbewerb* erzwungen und zu einer besseren und billigeren Versorgung des Verbrauchers führen. Neben der Arbeitsteilung, der Mechanisierung, der *Automation* und der Spezialisierung der Produktion auf die Herstellung weniger Produkte oder eines einzigen Erzeugnisses gehören organisatorische Maßnahmen, wie die Arbeitsvorbereitung und die Berücksichtigung wissenschaftlicher, zum Beispiel arbeitspsychologischer Untersuchungen über das Verhalten am Arbeitsplatz, zu den wichtigsten Rationalisierungsmöglichkeiten. Von den negativen Auswirkungen der Rationalisierung sind insbesondere Bandarbeiter (*Fließbandfertigung*) betroffen, die unter den meist eintönigen Arbeitsabläufen leiden (rasche Ermüdung, einseitige Beanspruchung der Fähigkeiten, Verlust der Übersicht über den gesamten Produktionsvorgang).

Raumordnung bzw. Raumordnungspolitik sind Oberbegriffe für eine Reihe raumbezogener Aktivitäten des Staates mit dem Ziel, den aus verschiedenen, unter anderen politischen Gründen unausgeglichenen Lebensraum (entleerten ländlichen Gebieten stehen Ballungsräume gegenüber) so zu ordnen, daß er den wirtschaftlichen, gesellschaftlichen und kulturellen Erfordernissen entspricht. Ziel ist es, einheitliche Lebensverhältnisse im Raum zu erreichen, die heute auf vielen Gebieten nicht gegeben sind (z. B. ungleiche *Arbeitslosenquote*, ungleiche Ausbildungsmöglichkeiten und ärztliche Versorgung zwischen ländlichen und Verdichtungsräumen).
Die Raumordnung kann in der Bundesrepublik Deutschland in Bundes- und Landesraumordnung unterschieden werden. Erstere ist Aufgabe des Bundes, letztere Aufgabe der Bundesländer. Die Bundesraumordnung gilt für die gesamte Bundesrepublik, die Landesraumordnung nur für das jeweilige Land. Auf beiden staatlichen Ebenen gehen, bevor raumordnungspolitische Entscheidungen gefällt werden, planerische Überlegungen voraus. In den Ländern tragen sie die Bezeichnung Landesplanung. Handelt es sich um eine sehr detaillierte Planung für die Entwicklung von Teilräumen eines Landes, spricht man von Regionalplanung.
Da die Raumordnung bzw. Raumordnungspolitik auf den verschiedenen staatlichen Ebenen für viele Lebensbereiche, und nicht nur für die *Wirtschaft*, zuständig ist, ist sie nicht nur Teil der *Wirtschaftspolitik*, sondern der Gesellschaftspolitik ganz allgemein.
Allerdings gibt es für die einzelnen Fachbereiche Fachplanungen; soweit es sich um den wirtschaftlichen Bereich handelt, sollte von regionaler Wirtschaftpolitik gesprochen werden. Als Teilbereich der Wirtschaftspolitik setzt sie sich die Aufgabe, zur Verbesserung der wirtschaftlichen Lage (z. B. gleichmäßige Verteilung des *Einkommen*s im Raum) durch Maßnahmen regionaler Förderung beizutragen. Statt regionaler Wirtschaftspolitik werden in der Bundesrepublik auch die Bezeichnungen Regionalpolitik oder regionale Strukturpolitik verwendet.
Gesetzliche Grundlage für die Raumordnungspolitik des Bundes und der Länder ist das «Raumordnungsgesetz» von 1965. Mittel der Raumordnung sind die Programme (z. B. Bundesraumordnungsprogramm) und Pläne der verschiedenen Planungsträger (Bund, Länder, Bezirke, Gemeinden). Raumordnungspolitische Maßnahmen können unter anderem *Investition*en, zum Beispiel im Bereich der Bildung und des Verkehrs, Finanzhilfen an Gemeinden und Unternehmen (*Subventionen*), Schaffung nichtlandwirtschaftlicher Arbeitsplätze sein. Angestrebt sind mittlere und kleinere Siedlungsverdichtungen in ländlichen Gebieten und eine Entlastung der Ballungsräume.
Die räumliche Unausgeglichenheit, zum Beispiel in wirtschaftlicher Hinsicht, zeigt sich nicht nur innerhalb ei-

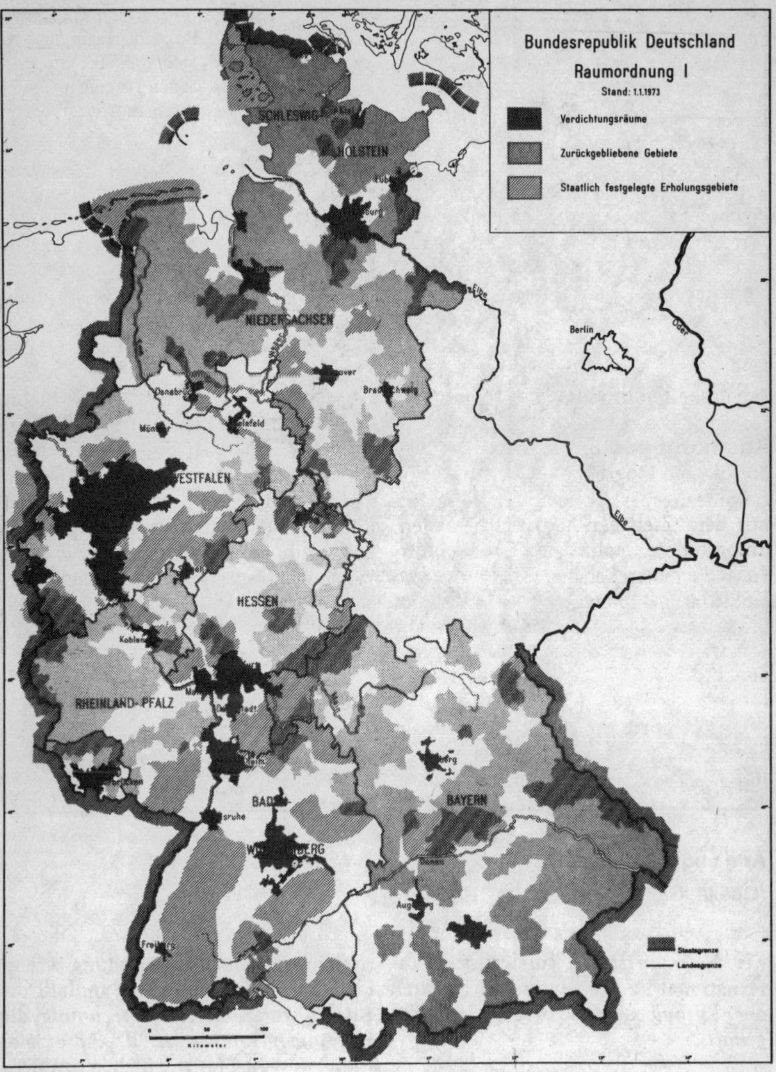

(Quelle: Internationales Institut für Rechts- und Verwaltungssprache Berlin (Hg.): *Raumordnung* (Deutsch und Englisch), Europa Glossar Bd. 18, Berlin und München 1973, Langenscheidt-Verlag

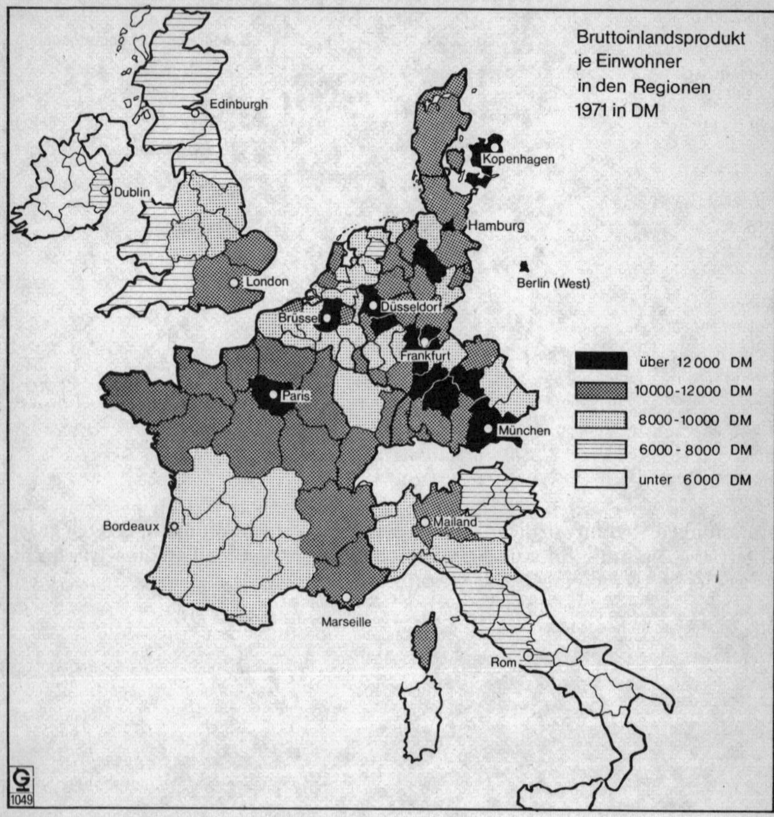

Arm und reich in der EG
(Quelle: Globus Kartendienst, Hamburg)

ner *Volkswirtschaft*, sondern auch international (z. B. unter den Staaten der *Europäischen Wirtschaftsgemeinschaft*).

Rechnungswesen Aufgabe des Rechnungswesens ist die zahlenmäßige Erfassung und Aufzeichnung aller Vorgänge, die sich im *Unternehmen* und seinen *Betrieb*en im Rahmen der betrieblichen Leistungserstellung ereignen. Das Rechnungswesen umfaßt die *Buchführung*, die *Kostenrechnung*, die Planungsrechnung (z. B. *Absatzplanung*) und die Statistik (d. h. die zahlenmäßige Erfassung z. B. der Umsätze, der Auftragseingänge, der Mitarbeiter zur späteren Auswertung; s. *Wirtschaftsstatistik*).
Durch das Rechnungswesen erhält die

Unternehmensleitung Informationen für notwendige unternehmerische Entscheidungen. Ist beispielsweise statistisch ein relativ starker Anstieg der Personalkosten (*Kosten*) festgestellt worden, so wird die Unternehmensleitung in der Regel Entscheidungen treffen, die eine Kostensenkung bewirken sollen. Außerdem kann sie mit Hilfe des Rechnungswesens die Wirksamkeit ihrer Entscheidungen (z. B. die Auswirkungen einer *Rationalisierungs*maßnahme) überprüfen.
Schließlich liefert das Rechnungswesen Unterlagen für die Rechnungslegung eines Unternehmens, in deren Rahmen das Unternehmen gegenüber seinen *Kapital*gebern (siehe *Aktionäre*, *Gläubiger*) oder gegenüber dem Finanzamt (*Steuern*) auf Grund gesetzlicher Bestimmungen verantwortlich Rechenschaft ablegen muß. So muß beispielsweise der Vorstand einer *Aktiengesellschaft* den Jahresabschluß aufstellen, der aus der *Bilanz*, der *Gewinn- und Verlustrechnung* und dem Geschäftsbericht besteht (siehe *Publizität*). Im Geschäftsbericht wird insbesondere die wirtschaftliche Lage des Unternehmens beschrieben (siehe auch *Volkswirtschaftliche Gesamtrechnung*).

Refinanzierung Kreditgewährung, die nicht aus eigenen Mitteln des Kreditgebers (z. B. einer Bank) erfolgt, sondern aus Mitteln, die von ihm selbst erst beschafft werden müssen. Die gebräuchlichste Form der Re*finanzierung* ist die Inanspruchnahme eines *Kredits* durch das kreditgewährende *Kreditinstitut* bei der *Bundesbank* («Bank der Banken»).

Rentabilität Als Rentabilität bezeichnet man das prozentuale Verhältnis des *Gewinns* eines *Unternehmens* zum eingesetzten *Kapital* (*Eigenkapital*, *Fremdkapital*).
Wird in einem bestimmten Zeitraum (z. B. ein Jahr) mit einem *Kapital* von beispielsweise 100000 DM ein Gewinn in Höhe von 20000 DM erzielt, dann beträgt die Rentabilität des eingesetzten Kapitals 20 %:

$$\frac{\text{Gewinn} \times 100}{\text{Kapital}}$$

$$= \frac{20\,000 \times 100}{100\,000} = 20\,\%$$

Je höher der Gewinn ist, den das eingesetzte Kapital abwirft, desto rentabler arbeitet ein Unternehmen. Die Rentabilität zeigt also an, ob sich der Kapitaleinsatz (*Investition*) lohnt.

Rente, dynamische Eine Rente, deren Höhe nicht einmalig festgelegt ist, sondern fortlaufend an die wirtschaftliche Entwicklung (*Sozialprodukt*) angeglichen wird. Auf diese Weise sollen die Rentenempfänger am *Wirtschaftswachstum* bzw. an der allgemeinen *Einkommens*entwicklung teilnehmen (siehe *Sozialversicherung*).

Revision (von lat. revisio = prüfende Wiederdurchsicht) Als Revision bezeichnet man insbesondere die nachträgliche Überprüfung der Ordnungsmäßigkeit des *Geschäfts*ablaufs (z. B. die Aufnahme neuer Gesellschafter in der *Personengesellschaft* oder der *Kapitalgesellschaft*) und des *Rechnungswesens* (vor allem *Buchführung* und *Kostenrechnung*) in einem *Unternehmen* durch sachverständige Prüfer. Wenn Mitarbeiter des Unternehmens die Prüfung durchführen, spricht man von Innenrevision. Sie dient hauptsächlich der internen Kontrolle des Geschäftsablaufs und der Aufdeckung und Berichtigung von Fehlern (z. B. in der Buchführung). Die Außenrevision wird meist von freiberuflich tätigen *Wirtschaftsprüfern* und *Steuerberatern* durchgeführt. Sie erfolgt in der Mehrzahl aller Fälle auf Grund gesetzlicher Vorschriften (z. B. Prüfung der Jahresabschlüsse von *Aktiengesellschaften*).

Rezession (von lat. recessus = Rückgang) Die Rezession ist jener zeitliche Abschnitt der ↓ *Konjunktur*, in dem die *Produktion* bzw. das *Sozialprodukt* zurückgeht, aber im Vergleich zu einer *Depression* in geringerem Umfang (*Abschwung*). Der Rezession geht im allgemeinen die *Stagnation* voraus. Die *Kapazitäten* sind nicht mehr voll ausgelastet, die Beschäftigung nimmt ab. Es besteht die Tendenz zu einem Angebotsüberschuß, da die *Nachfrage* erheblich gesunken ist. Das überschüssige *Angebot* kann normalerweise nur durch sinkende *Preise* (↓ *Markt*) beseitigt werden. Die Rezessionen der letzten Jahrzehnte waren allerdings nicht mit allgemeinen Preissenkungen verbunden (*Stagflation*, ↓ *Inflation*).

S

Sachverständigenrat Der Sachverständigenrat (seit 1963) setzt sich aus fünf Wirtschaftssachverständigen («Rat der Weisen») zusammen. Er hat den Auftrag, der Bundesregierung jährlich einen Bericht (Gutachten) über die gesamtwirtschaftliche Lage (↓ *Konjunktur*) und die künftige wirtschaftliche Entwicklung mit der Empfehlung notwendiger Maßnahmen zu geben. Er darf nur beraten, also keine Anweisungen erteilen. Die Bundesregierung ist verpflichtet, zu diesem Gutachten im sog. Jahreswirtschaftsbericht Stellung zu nehmen.

Saisonschlußverkauf Ein Verkauf zu herabgesetzten *Preisen*, der am Ende einer Saison stattfindet, um die Lagerräume der *Einzelhandelsbetriebe* von saisonabhängigen Waren (z. B. Sommerschuhe) der jeweiligen Saison zu leeren. Auf diese Weise vermeidet der Händler *Kosten* der Lagerung nicht abgesetzter Waren und schafft Platz für solche der anschließenden Saison (z. B. Skistiefel). Sommer- und Winterschlußverkäufe sind ohne behördliche Genehmigung unter bestimmten Bedingungen zugelassen.

Sanierung (von lat. sanare = heilen; siehe auch *Vergleich, Konkurs, Liquidation*) Alle Maßnahmen zur Gesundung eines auf Grund abnehmender *Gewinne* bzw. steigender Verluste, zunehmender Verschuldung oder sich verschlechternder Zahlungsfähigkeit notleidenden *Unternehmens* durch seine Eigentümer oder Gesellschafter (*Unternehmensform*). Nach der Sanierung soll das Unternehmen wieder wirtschaftlich (*Wirtschaftlichkeit*) und erfolgreich (*Rentabilität*) arbeiten können.
Man unterscheidet die personelle Sanierung (z. B. durch bessere Besetzung der Arbeitsplätze), die organisatorische Sanierung (z. B. durch *Rationalisierung*), die sachliche Sanierung (z. B. durch Abstoßen unwirtschaftlich arbeitender Unternehmensbereiche) und die finanzielle Sanierung (vor allem durch die Zuführung neuen *Kapitals*).

Scheck (von engl. cheque = Zahlungsanweisung) Der Scheck ist eine schriftliche (gebührenpflichtige) Anweisung (Scheckformular) des Scheckausstellers an ein *Kreditinstitut*, einen bestimmten Betrag aus seinem Bankguthaben (*Bankkonto*) an die Person auszuzahlen, die den Scheck vorlegt.
Der Scheck bedeutet eine wesentliche Erleichterung des *Zahlungsverkehrs*, denn der Schuldner kann mit Hilfe des

Schecks seine Rechnungen beim *Gläubiger* begleichen oder sich Beträge aus seinem Konto auszahlen lassen.
Beispiel: P kauft im Laden von A einen Mantel. Für den Kaufpreis stellt er einen Scheck der X-Bank aus, bei der er ein *Konto* unterhält. A löst den Scheck bei der X-Bank gegen *Bargeld* ein. Während der Barscheck vom Kreditinstitut sofort in Bargeld eingelöst wird, erfolgt beim Verrechnungsscheck keine Barauszahlung, sondern eine Gutschrift auf dem Konto des Einreichenden (*bargeldloser Zahlungsverkehr*). Auf diese Weise wird ein Mißbrauch bei der Scheckeinlösung vermieden, der vor allem durch Diebstahl des Barschecks möglich ist.
Beispiel: P macht auf dem Scheck den Zusatz «Nur zur Verrechnung». A reicht ihn bei seinem Kreditinstitut (Z-Bank) ein. Die Z-Bank wendet sich an die X-Bank. Ist das Konto des Scheckausstellers gedeckt (ausreichendes Guthaben), so schreibt die X-Bank den Schuldbetrag der Z-Bank gut, die dann ihrerseits ihrem Kunden A die Gutschrift erteilt. Die Scheckkarte garantiert dem Schecknehmer (A) die Einlösung des Schecks durch das jeweilige Kreditinstitut bis zu einem Betrag von 300 DM. Mit Hilfe des «eurocheque» kann der Scheckaussteller nicht nur Rechnungen (z. B. in Kaufhäusern, Gaststätten oder an Tankstellen) im Inland bezahlen oder den Scheck bei inländischen Kreditinstituten einlösen; ausländische Kreditinstitute sind in das «eurocheque-Verfahren» einbezogen. Dadurch werden die Zahlungen insbesondere im internationalen Reiseverkehr wesentlich erleichtert.

Selbstbedienungsladen Selbstbedienungsläden sind *Handelsbetriebe* (hauptsächlich im Lebensmittel*einzelhandel*), in denen der Kunde die in Regalen, Kühltresen, Warenkörben oder anderen Einrichtungen präsentierte und abgepackte Ware auswählt, sie selbst entnimmt, zur Kasse transportiert und dort bezahlt. Kundenberatungen erfolgen in Selbstbedienungsläden im allgemeinen nicht. Die Einsparung insbesondere von Personalkosten kann niedrigere *Verkaufspreise* ermöglichen.

Selbstfinanzierung Die Selbst*finanzierung* erfolgt durch Ansammlung von im *Unternehmen* erzielten *Gewinnen* auf *Kapital*konten (bei *Einzelunternehmen* und *Personengesellschaften*) oder durch die Bildung von Rücklagen (*Kapitalgesellschaften*). Dieser nicht ausgeschüttete Gewinn kann investiert werden und so der Erhaltung und Fortentwicklung des *Unternehmens* dienen. Die Selbstfinanzierung hat insbesondere den Vorteil, daß sie das Unternehmen unabhängig von der *Fremdfinanzierung* macht (siehe auch *Eigenfinanzierung*).

Serienfertigung Eine Art der *industriellen* Fertigung, bei der mehrere gleichartige *Produkte* neben- oder nacheinander in begrenzter Anzahl hergestellt werden. Beispielsweise können in einem *Produktions*betrieb für Büromaschinen eine Schreibmaschinen- und eine Rechenmaschinenserie gleichzeitig in verschiedenen Abteilungen gefertigt werden (*Massenfertigung, Einzelfertigung*). Bei der Serienfertigung werden neben einem Stamm von Facharbeitern auch angelernte Hilfskräfte beschäftigt.

Skonto (von ital. sconto = Abzug) *Preis*nachlaß bei Barzahlung innerhalb einer bestimmten Frist. In der *Wirtschaft* werden meist Kaufverträge auf Ziel (Lieferung ohne sofortige Barzahlung) abgeschlossen. Die Gewährung eines Skontos durch den Verkäufer soll für den Käufer ein Anreiz zur schnellen

Bezahlung sein.
Beispiel: Der Käufer einer Ware erhält eine Rechnung mit dem Vermerk: zahlbar in 3 Monaten netto; binnen 14 Tagen 3 % Skonto. Zahlt der Käufer innerhalb von 14 Tagen, darf er 3 % vom Rechnungsbetrag als Skonto abziehen. Ansonsten hat er 3 Monate Ziel (Zeit) zur Begleichung der Schuld.

Sorten sind ausländische *Banknoten* und Münzen (*Devisen*). Das Sortengeschäft wird für *Kreditinstitute* auf Grund des zunehmenden Auslandstourismus immer bedeutender.

Sortiment (von ital. sortimento = Warenauswahl, Warenangebot) Warenangebot und -auswahl eines *Unternehmens*. Vor allem *Handelsbetriebe* haben die Möglichkeit, über ihre Sortimentspolitik (Veränderung von Tiefe und Breite des Sortiments) Einfluß auf den *Absatz* ihrer Waren zu nehmen. Ein spezialisiertes (tiefes) Sortiment findet man im allgemeinen bei *Kaufhäusern*, welche sich auf wenige Warengruppen spezialisiert haben und deshalb innerhalb dieser Warengruppe eine große Auswahl anbieten können (z. B. Fernsehgeräte der Typen A, B, C, D usw. im Elektrokaufhaus). Ein breites Sortiment bieten *Warenhäuser* an, deren Sortiment sich aus vielen Warengruppen zusammensetzt und innerhalb dieser Warengruppen keine große Auswahl zuläßt (es sind sind nur Fernsehgeräte der Typen A und B zu haben, dafür aber noch viele andere Warengruppen, wie Textilien, Möbel usw.). Man findet in der Praxis mehrere Zwischenformen (z. B. sehr große *Geschäfte* mit breitem und tiefem Sortiment).

Sozialisierung (von lat. socialis = gesellschaftlich) oder Vergesellschaftung ist die entschädigungspflichtige Überführung privaten Eigentums (Grund und *Boden*, Naturschätze und Produktionsmittel) in Gemeineigentum oder andere gemeinwirtschaftliche Rechtsformen, so daß der Staat oder staatliche Institutionen (Körperschaften) Eigentümer werden. Im Gegensatz zu einer Enteignung, zum Beispiel eines Feldes für die Anlage eines Truppenübungsplatzes, spricht man jedoch erst dann von einer Sozialisierung im Sinn des Artikels 15 Grundgesetz, wenn in die Wirtschaftsordnung der ↓ *Marktwirtschaft* derart eingegriffen wird, daß einzelne Bereiche völlig neue Strukturen erhalten. In der Praxis ist dieses Mittel als staatliche *Wirtschaftspolitik* bisher nicht angewandt worden.
Dessen ungeachtet gab es sehr lange vor dem Grundgesetz historisch bedingte Wirtschaftszweige, die staatlich geführt waren und heute noch werden. Im wesentlichen handelt es sich dabei um die Versorgungsleistungen (Energie, Verkehr).
Im Gegensatz hierzu hat die Sozialisierung in den *planwirtschaft*lichen Ländern (Sowjetunion, Deutsche Demokratische Republik) eine große Rolle gespielt. Heute sind dort nahezu alle *Betriebe* sozialisiert (in der DDR z. B. *Volkseigene Betriebe*, *Landwirtschaftliche Produktionsgenossenschaft*en).

Sozialprodukt Die *volkswirtschaftliche Gesamtrechnung* bildet die Grundlage für die Berechnung des Bruttosozialprodukts. Unter den verschiedenen Sozialproduktbegriffen ist das sog. Bruttosozialprodukt zu *Markt*preisen das gebräuchlichste Maß für die wirtschaftliche Tätigkeit einer *Volkswirtschaft* in einer bestimmten Periode (z. B. Jahr). Es ist der zu den jeweiligen Marktpreisen ausgedrückte Wert aller inländischen Sach*güter* und *Dienstleistung*en (Inländerprodukt). Es entspricht der Höhe nach der Summe aus dem gesamten *Konsum* der privaten und öffentlichen *Haushalte*, den Brutto-*Investitionen* und der Differenz zwischen den Exporten und Importen (siehe *Ausfuhr*). Werden von dem Bruttosozialprodukt zu Marktpreisen die *Abschreibungen*, also der *Verschleiß* und das Veralten der Anlagen (z. B. Maschinen) der *Unternehmen* (Ersatzinvestitionen), abgezogen, so erhält man das Netto-Sozialprodukt zu Marktpreisen. Hierin sind also nicht die Brutto-, sondern Netto-Investitionen enthalten. Diese Größe entspricht noch nicht dem Gesamt*einkommen*, das Inländern (den privaten Haushalten und Unternehmen) letztlich zufließt. Es müssen noch die in den *Umsätzen* enthaltenen indirekten *Steuern* (z. B. die Mehrwertsteuer, *Zoll*), die bei der Ermittlung des *Gewinns* der Unternehmen abzugsfähig sind, abgezogen werden; hinzugezählt werden dagegen alle *Subventionen*, die ja bei den Unternehmen einen Zugang an Einkommen darstellen. Das Ergebnis ist das Volkseinkommen, also die Summe aller Erwerbs- und *Vermögens*einkommen (*Löhne*, Gewinne, *Zinsen*, Pachten usw.) der Inländer. Es wird auch Netto-Sozialprodukt zu Faktorkosten genannt.

Die folgende Systematik soll die Sozialproduktbegriffe und entsprechenden DM-Beträge für zwei Vergleichsjahre zusammenstellen:

Den bisherigen Sozialproduktbegriffen liegt die Bewertung der *Preise* der jeweiligen Perioden (Jahre) zugrunde. Herrscht *Inflation*, so erhöht sich dadurch schon der Gesamtwert des Sozialprodukts, ohne daß die mengenmäßige Produktion der Volkswirtschaft gestiegen sein muß (*Produktivität*). Aus diesem Grund bezeichnet man das Sozialprodukt zu «jeweiligen» Preisen auch als nominelles Sozialprodukt und hebt davon das «reale» Sozialprodukt ab. Diesem werden die Preise eines zurückliegenden Jahres (z. B. 1962) zugrunde gelegt (sog. Basisjahr) und von da an nicht mehr die Preis-, sondern nur noch

Sozialprodukt (nominal)	Jahre (in Milliarden DM) 1960	1973
Bruttosozialprodukt zu Marktpreisen	303	927
– Abschreibungen	– 26	– 104
= Nettosozialprodukt zu Marktpreisen	277	823
– indirekte Steuern	– 43	– 124
+ Subventionen	+ 2	+ 14
= Volkseinkommen	236	713

Bruttosozialprodukt in Milliarden DM

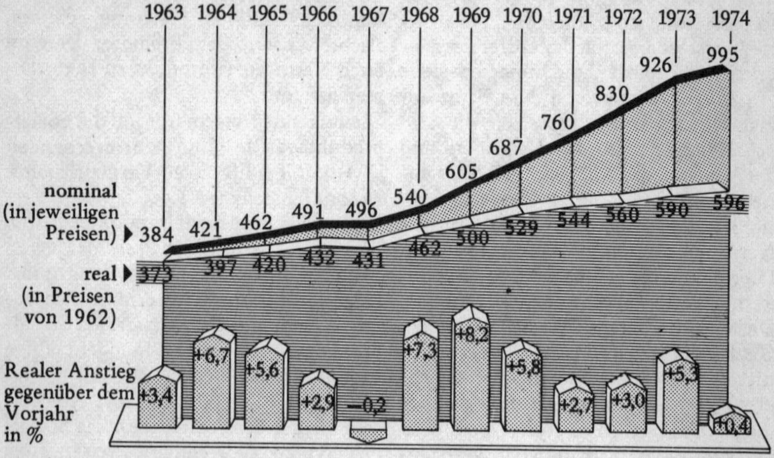

Das Sozialprodukt der BRD

die Mengenentwicklung gemessen. Der Unterschied in der Entwicklung der Höhe des nominalen und realen Sozialprodukts zeigt die Abbildung oben.

In der Deutschen Demokratischen Republik wird die gesamtwirtschaftliche *Ausbringung* nicht Sozialprodukt, sondern «Nationaleinkommen» genannt. Im Gegensatz zu den kapitalistischen Ländern sind in dieser Globalgröße in sozialistischen Ländern prinzipiell keine Dienstleistungen enthalten; entsprechend der marxistischen Lehre stellt nur die materielle Produktion einen Wert dar. Dieser Unterschied in der statistischen Bestimmung des Sozialprodukts, das allgemein als Maßstab für den *Wohlstand* betrachtet wird, erschwert internationale Wohlstandsvergleiche (siehe auch *Wirtschaftswachstum*).

Sozialstruktur (sozial von lat. socialis = gesellschaftlich, die menschliche Gesellschaft, Gemeinschaft, betreffend; Struktur von lat. structura = Mauerwerk, Aufbau) Die Sozialstruktur ist der nach verschiedenen sozialen Gesichtspunkten, zum Beispiel nach der Stellung im *Beruf* (*Arbeiter, Beamter, Angestellter*), nach Bildung (z. B. Berufsschulabschluß) oder *Einkommen* gegliederte Aufbau der Gesellschaft.

Die Darstellung rechts zeigt, wie sich die Erwerbspersonen (das sind die selbständig und unselbständig Beschäftigten sowie Arbeitslosen) auf verschiedene Berufsgruppen verteilen und welche Veränderungen (berufliche Mobilität) dabei seit 1950 eingetreten sind.

Sozialversicherung Die Sozialversicherung ist, im Gegensatz zur *Individualversicherung*, eine gesetzliche Pflichtversicherung für den größten Teil der arbeitenden Bevölkerung und umfaßt die Kranken-, Renten-, Unfall- und Arbeitslosenversicherung. *Arbeiter* und

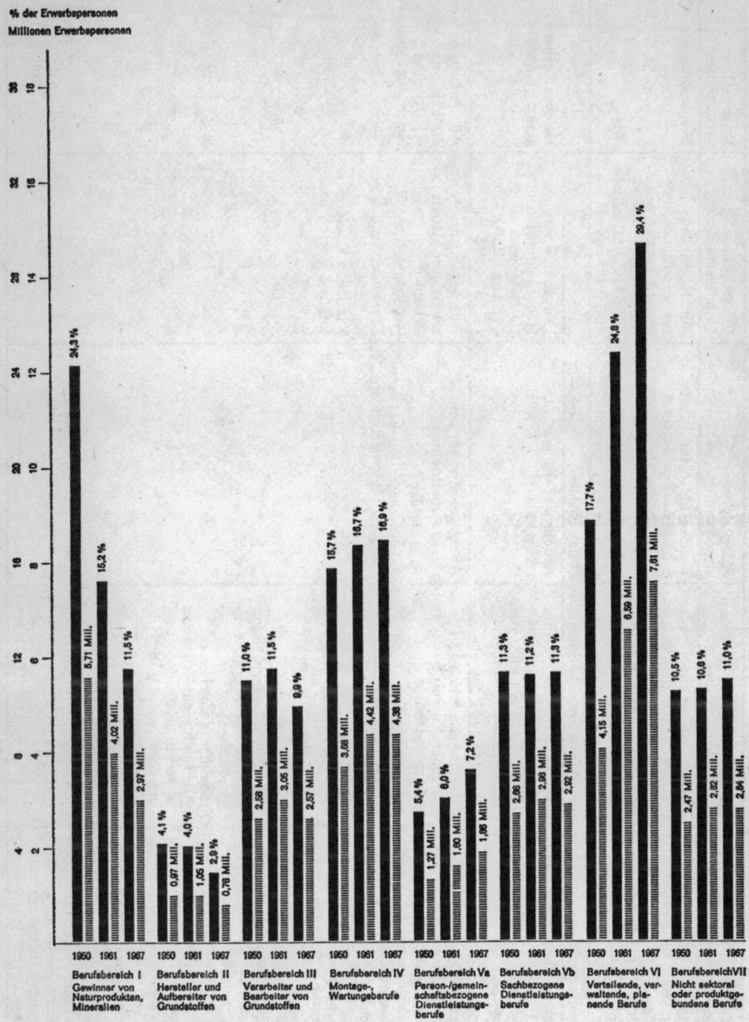

Wandel der Berufsstruktur 1950–1967
Die absolute und relative Besetzung der 8 Berufsbereiche 1950, 1961 und 1967 mit Erwerbspositionen insgesamt
– Summendifferenzen durch Runden der Zahlen; 1967 nur Erwerbstätige –

(Quelle: *Materialien aus der Arbeitsmarkt- und Berufsforschung 12,* 1972, S. 603, *Datensammlung zum Wandel der Berufe*, hg. vom Institut für Arbeitsmarkt- und Berufsforschung der Bundesanstalt für Arbeit, Nürnberg)

Sozialversicherung

	Gesetzliche Krankenversicherung	Gesetzliche Rentenversicherung	Arbeitslosenversicherung	Gesetzliche Unfallversicherung	Knappschaftsversicherung
Träger	Allgemeine Ortskrankenkassen (AOK), Land-, Innungs-, Betriebs-, Ersatz- und Seekrankenkassen	Landesversicherungsanstalten (LVA) für Arbeiter, Bundesversicherungsanstalt für Angestellte (BfA)	Bundesanstalt für Arbeit, 9 Landesarbeitsämter, 141 Arbeitsämter	Berufsgenossenschaften und Eigenunfallversicherungen von Bund, Ländern, Gemeinden, Bundesbahn und Bundespost	Bundesknappschaft
Gesetzliche Grundlagen	Zusammenfassung der gesetzlichen Regelungen im Sozialgesetzbuch (SGB) Reichsversicherungsordnung (RVO) vom 19. 7. 1911 §§ 165–536 und Erweiterungsgesetze	RVO §§ 1226–1437, Angestelltenversicherung (AVG) vom 20. 12. 1911 und Änderungsgesetze	Arbeitsförderungsgesetz (AFG) vom 1. 7. 1969	Unfallversicherungs-Neuregelungsgesetz (UVNG) vom 30. 4. 1963 und RVO §§ 537–895	Reichsknappschaftsgesetz (RKnG)
versicherter Personenkreis	**Versicherungspflichtige:** Alle Arbeiter. Angestellte mit einem Monatsgehalt bis zu 85 % der Beitragsbemessungsgrenze für die Rentenversicherung (1977: 3400,– DM). Auszubildende. Studenten. **Versicherungsberechtigte:** Personen, die nicht versicherungspflichtig sind, aber gewisse Voraussetzungen erfüllen (z. B. Examenskandidaten an staatlichen Hochschulen, Studienplatzbewerber). **Weiterversicherungsberechtigte:** Personen, die sich nach Beendigung der Pflichtmitgliedschaft freiwillig weiterversichern können (z. B. Mitglieder, deren Verdienst die Versicherungspflichtgrenze überschritten hat).	**Versicherungspflichtige:** Alle gegen Entgelt beschäftigten Arbeitnehmer. Auszubildende. **Versicherungsberechtigte:** Weiterversicherte: Sie bleiben nach Ausscheiden aus der Pflichtversicherung freiwillig versichert. Höherversicherte: Sie zählen Zusatzbeiträge, um ihre zukünftige Rente zu erhöhen. Freiwillige Versicherte: Alle noch nicht Pflichtversicherten ab dem 16. Lebensjahr (wichtig für Hausfrauen).	Alle gegen Entgelt beschäftigten Arbeitnehmer. Auszubildende. Arbeitnehmer, die bei ihren Ehegatten beschäftigt sind, u. a.	Alle gegen Entgelt beschäftigten Arbeitnehmer. Auszubildende. Lernende, Studierende, Schüler. Kinder in Kindergärten und Vorschulen u. a.	Alle Arbeitnehmer, die in einem knappschaftlichen Betrieb beschäftigt sind.

Leistungen	**Vorbeugung:** z. B. Untersuchungen zur Früherkennung von Krankheiten. **Krankenpflege:** z. B. ärztliche und zahnärztliche Behandlung, Versorgung mit Arzneimitteln, Brillen usw. **Krankengeld:** beträgt 80 % des regelmäßigen Arbeitsentgeltes. **Mutterschaftshilfe:** Kosten und Vermögenseinbußen, die mit der Niederkunft verbunden sind. **Sterbegeld:** Beitrag zur Deckung der mit dem Todesfall verbundenen Kosten. **Familienhilfe:** Entsprechende Leistungen für die Familienangehörigen des Versicherten.	Leistungen zur Rehabilitation: **Medizinische Leistungen:** Hilfe zur Wiederbesserung einer geminderten Erwerbsfähigkeit. **Berufsförderung:** Maßnahmen zur Wiedergewinnung oder Erhöhung der Erwerbsfähigkeit, Umschulungen, Hilfe zur Erlangung einer Arbeitsstelle. **Soziale Betreuung:** Übergangsgelder während Heilbehandlung und Berufsförderung. **Rentenzahlungen:** **Altersruhegeld** ab 65. Lebensjahr, aber flexible Altersgrenze möglich; für Geringerverdiener Mindestrenten. **Erwerbsunfähigkeitsrente** für Versicherte, die einer geregelten Beschäftigung nicht mehr nachgehen können. **Berufsunfähigkeitsrente** für Versicherte, deren Erwerbsfähigkeit in ihrem Beruf sich auf weniger als die Hälfte gemindert hat. **Witwen- und Waisenrenten.**	**Arbeitsvermittlung** mit entsprechenden Ausbildungs-, Fort- Umschulungshilfen; Berufsberatung und Vermittlung von Ausbildungsstellen. **Arbeitslosengeld** für unfreiwillige Arbeitslose, die aber arbeitsfähig und arbeitswillig sind, für höchstens ein Jahr. **Arbeitslosenhilfe,** wenn kein Anspruch auf Arbeitslosengeld besteht. **Kurzarbeitergeld** für Versicherte, die aus wirtschaftlichen Gründen des Betriebes nicht voll beschäftigt werden können. **Schlechtwettergeld** für Versicherte, deren Verdienst durch schlechtes Wetter beeinträchtigt werden kann. **Krankenkassenbeiträge.** **Unterhaltsgeld** bei Maßnahmen zur Eingliederung in den Arbeitsprozeß, Umschulung u. a.	**Heilbehandlung.** **Krankenhilfe** wie bei der Krankenversicherung. **Verletztenrente** nach Beendigung der Heilbehandlung bei mindestens 20 % Erwerbsbeschränkung. **Hinterbliebenenrente.** **Kapitalabfindung** statt Verletzten- oder Hinterbliebenenrente. **Sterbegeld** und **Überführungskosten** an den Bestattungsort.	Die Leistungen entsprechen der der gewerblichen Kranken- und Rentenversicherung, die auf die Besonderheiten des versicherten Personenkreises abgestellt sind. Bei Unfall oder Arbeitslosigkeit tritt die gesetzliche Unfall- oder Arbeitslosenversicherung ein.
Beiträge	Festsetzung durch die Krankenkasse, Berechnung vom Bruttoverdienst, Arbeitgeber und Arbeitnehmer tragen je die Hälfte. Studentenbeiträge: 25 DM monatlich.	18 % vom Bruttoverdienst, höchstens aber von der Beitragsbemessungsgrenze, Arbeitgeber und Arbeitnehmer tragen je die Hälfte.	1,5 % vom Bruttoverdienst, höchstens aber von der Beitragsbemessungsgrenze; Arbeitgeber und Arbeitnehmer tragen je die Hälfte.	Die Beiträge sind allein vom Arbeitgeber zu tragen. Ihre Höhe wird durch ein Umlageverfahren ermittelt, das den mit der Arbeit verbundenen Gefahrenumständen Rechnung trägt.	Die Beiträge werden durch Arbeitgeber und Arbeitnehmer aufgebracht.
	Übersteigt das monatliche Entgelt nicht 10 % der Beitragsbemessungsgrenze, so ist der Beitrag vom Arbeitgeber allein zu zahlen. Selbständige tragen ihren Beitrag allein.				

Angestellte sind unterhalb einer bestimmten *Einkommens*grenze pflichtversichert. *Arbeitnehmer* mit höherem Einkommen und selbständig Tätige sowie Hausfrauen können freiwillige Mitglieder der Renten- und Krankenversicherung werden. Die Sozialversicherung soll die Versicherten gegen Schäden absichern, die die Existenzgrundlage des einzelnen beeinträchtigen können, insbesondere gegen Krankheit, Unfall, Arbeitsunfähigkeit und dadurch entstehenden Verdienstausfall sowie *Arbeitslosigkeit.* Außerdem soll die Sozialversicherung den einzelnen im Alter durch Rentenzahlungen (siehe *Rente, dynamische*) unterstützen. Die einzelnen Arten der Sozialversicherung, ihre Rechtsgrundlage, die Träger, die Versicherten, die Leistungen und die Beiträge zur Sozialversicherung werden in der Übersicht Seite 154 und 155 deutlich.

Die finanziellen (*Finanzierung*) Mittel für die Sozialversicherung werden in der Regel (Ausnahme: Unfallversicherung) zu gleichen Teilen durch Beiträge der Versicherten und (bei Pflichtversicherten) ihrer *Arbeitgeber* sowie ferner mit staatlichen Zuschüssen aufgebracht. Da die Arbeitgeberbeiträge über die *Preise* auf den Konsumenten abgewälzt werden und der Bund aus *Steuer*mitteln der Sozialversicherung, vor allem der Rentenversicherung, erhebliche Zuschüsse gewährt, trägt der einzelne Arbeitnehmer mit mehr als seinem Arbeitnehmerbeitrag zur Finanzierung der Sozialversicherung bei. Die Sozialversicherung ist trotzdem ein wichtiges Instrument der staatlichen Sozialpolitik.

Sparen Die privaten *Haushalte* können ihr ↓ *Einkommen* sparen oder ausgeben (*Konsum*). Sparen bedeutet also Konsumverzicht; es dient der privaten *Vermögens*bildung. Das Sparen erfolgt zum Beispiel durch Einlagen auf ein *Bankkonto* (Spareinlagen), worüber eine Urkunde (z. B. Sparbuch) ausgestellt wird. Spareinlagen dienen nicht dem laufenden Zahlungsverkehr (s. *Kontokorrent*) und können mit gesetzlichen Kündigungsfristen von 3 Monaten und länger angelegt werden. Die *Zins*en richten sich nach der Anlagefrist. Ersparnisse, die nicht *zins*bringend bei *Kreditinstitut*en angelegt, sondern privat angesammelt werden, bezeichnet man als Horte («Sparen im Sparstrumpf»).

Spesen (von ital. spese = Aufwand, Ausgaben) Allgemein werden unter Spesen Aufwendungen verstanden, die jemandem in Ausübung eines Auftrages für einen Auftraggeber entstehen und diesem anzurechnen sind (z. B. Bewirtungsspesen).

Staatshaushaltsplan Der Staatshaushaltsplan (auch Budget) ist eine regelmäßig vorgenommene Aufstellung der für einen zukünftigen Zeitabschnitt veranschlagten (geplanten) staatlichen Einnahmen und Ausgaben. Er ist die Grundlage für alle Leistungen des Staates, die meist «kollektiver» Art sind, also nicht bestimmten Einzelpersonen, sondern allen zur Verfügung stehen (Polizei, Schule, nationale Verteidigung usw.); andere Staatsausgaben kommen nur bestimmten Gruppen zugute (*Subventionen*, Sozialeinkommen). Daneben gibt es von den öffentlichen *Unternehmen* (z. B. Bundesbahn, Bundespost) wahrgenommene Aufgaben, für deren Leistungen ein *Preis* bezahlt werden muß. Dieser Preis kann, wenn die für ihn erbrachte Leistung den allgemeinen Interessen dient, sogar unter den Selbstkosten (*Kostenrechnung*) liegen (Gemeinwirtschaftlichkeit). So werden beispielsweise die *Kosten* für die Zustellung von Briefen oder Paketen nicht durch den Preis (Porto) gedeckt. Dies

hat zur Folge, daß der Staat hierdurch entstehende Verluste aus seinen Einkünften tragen muß.
Die Mittel, die der Staat zur *Finanzierung* seiner Aufgaben benötigt, sind einmal seine Einkünfte, zum anderen *Kredite*. Die Aufnahme von Krediten kann bei der *Bundesbank*, bei *Kreditinstituten* oder am *Geld-* und *Kapitalmarkt* (*Anleihen*) geschehen.
Die Verschuldung des Staates hat ständig zugenommen: Betrug die gesamte Verschuldung Ende 1969 noch etwa 118 Milliarden DM, so wuchs sie bis Ende 1973 auf 171 Milliarden DM. Daran sind der Bund mit 36 %, die Länder mit 23 % und die Gemeinden mit 37 % beteiligt. Die Gemeinden sind also am stärksten verschuldet.
Die Einkünfte bestehen aus den Einnahmen aus Staatsbesitz (aus staatlichen Betrieben, Beteiligungen usw.), Gebühren und Beiträgen (↓ *Abgaben*) und vor allem aus ↓ *Steuern* (einschließlich Zöllen). Die Steuern sind die wichtigste Einnahmequelle des Staates.
Wenn die Ausgaben nicht durch diese Einkünfte gedeckt werden können, wenn also ein Fehlbetrag entsteht, der anderweitig finanziert werden muß (z. B. mit Anleihen), spricht man von einem Budgetdefizit. Nach dem Grundgesetz der Bundesrepublik Deutschland bestehen für die Höhe der Verschuldung normalerweise Grenzen, die nur bei einer Störung des gesamtwirtschaftlichen Gleichgewichts überschritten werden dürfen (Art. 115), beispielsweise zur Ankurbelung der *Wirtschaft* bei *Rezession* (↓ *antizyklische Finanzpolitik*). Besteht dagegen Hoch*konjunktur*, so kann dagegen ein Budgetüberschuß geplant sein (die Einnahmen sind größer als die Ausgaben).

Stagflation Mit Stagflation (zusammengesetzt aus den Begriffen *Stagnation* und *Inflation*) bezeichnet man ein aktuelles wirtschaftspolitisches Problem: Trotz schlechter Auftragslage der *Wirtschaft* (stagnierende *Produktion* und damit stagnierendes *Wirtschaftswachstum*) steigen die *Preise* (Inflation).

Stagnation (von lat. stagnare = stokken) Stagnation ist ein zeitlicher Abschnitt der ↓ *Konjunktur*, in der die *Produktion* ins Stocken gerät. Sie kann Vorläufer eines *Abschwungs* sein. Die Neigung der *Unternehmen Investitionen* zu tätigen, ist nur gering.
Da die *Nachfrage* nach *Gütern* nachläßt, dürfen weitere Erhöhungen der *Preise* wie im vorausgegangenen *Boom* normalerweise nicht eintreten (s. aber *Stagflation*).

Standortfaktoren sind wirtschaftliche Kriterien, die ein *Unternehmen* veranlassen können, sich an einem bestimmten Ort niederzulassen. Die Standortwahl des Unternehmens hängt wesentlich von der Art der *Produktion* ab. Sind für die Produktion Rohstoffe von entscheidender Bedeutung, wird sich der *Betrieb* unter Umständen in der Nähe der Rohstoffvorkommen ansiedeln, wenn er dadurch Transport*kosten* sparen kann. Zum Beispiel waren die für die Eisen- und Stahlerzeugung notwendigen Eisenerzvorkommen im Salzgitter-Gebiet ausschlaggebend für die Standortwahl der Salzgitter AG; die Rohstofforientierung zur Kohle hat den Ballungsraum Ruhrgebiet entstehen lassen. Für andere Unternehmen ist die Nähe zum Absatz*markt*, zum *Verbraucher*, wichtig (z. B. *Einzelhandel*, Bankfilialen.) Vor allem bei Hoch*konjunktur* stellt das Vorhandensein von *Arbeits*kräften, insbesondere für *arbeitsintensive* Betriebe, einen oft ausschlaggebenden Standortfaktor dar; so bevorzugen

beispielsweise die Spielwaren- und Textilindustrie Orte mit Arbeitskräftereserven. Andere Produktionsstätten benötigen große Grundstücke; aus diesem Grund lassen sich beispielsweise Supermärkte oft am Stadtrand nieder.
Ein bedeutender Standortfaktor ist auch der Verkehr bzw. das Vorhandensein bestimmter Verkehrseinrichtungen und Verkehrsträger (z. B. Bahn, Flughafen, Kanal usw.).
Alle genannten Faktoren werden ein Unternehmen bei der Standortsuche beeinflussen, wenn für die Entscheidung allein Kostenvorteile (z. B. billigerer Transport) maßgebend sind. Dazu gehören auch Anreize wie *Steuer*ersparnis (Berlin, *Zonenrandgebiet*), niedrige Energiepreise usw.
Die Standortwahl wird aber nicht immer nur von Kosteneinsparungen abhängig gemacht. Häufig spielen Tradition, schöne Landschaft, Nähe zu Erholungsgebieten, Bildungseinrichtungen (Schulen) für die Mitarbeiter und ihre Angehörigen und vieles mehr eine wesentlich größere Rolle als Kostenvorteile.

Steuerberater leisten (wie der *Steuerbevollmächtigte*) freiberuflich und geschäftsmäßig Hilfe in *Steuer*sachen. Als fachliche Voraussetzungen muß der Steuerberater grundsätzlich ein abgeschlossenes wirtschafts- oder rechtswissenschaftliches Studium nachweisen und eine mindestens dreijährige praktische Tätigkeit auf dem Gebiet des Steuerwesens. Nach dem Ablegen der vorgeschriebenen Prüfung wird von dem Landesfinanzministerium die Bestellung zum Steuerberater ausgesprochen und die entsprechende Urkunde ausgehändigt.

Steuerbevollmächtigter Der Steuerbevollmächtigte leistet freiberuflich und geschäftsmäßig Hilfe in *Steuer*sachen (wie der *Steuerberater*). Um den Beruf des Steuerbevollmächtigten ergreifen zu können, müssen neben einem erfolgreichen Prüfungsabschluß hauptsächlich fachliche und persönliche Eignungen vorliegen (z. B. mittlere Reife; Gehilfenprüfung in steuerberatendem oder kaufmännischem Bereich; vierjährige Tätigkeit im Steuerwesen; Fähigkeit, ein öffentliches Amt zu bekleiden).
Neuerdings können Steuerbevollmächtigte durch eine Zusatzprüfung mit Steuerberatern gleichgestellt werden.

Steuern sind ein Teil der öffentlichen ↓*Abgaben*. Man versteht darunter einmalige oder laufende *Geld*leistungen an den Staat (Bund, Länder, Gemeinden) und auch an Kirchen (Kirchensteuer). Der Steuerzahler (private ↓ *Haushalte*, *Unternehmen*) hat keinen Anspruch auf eine bestimmte Gegenleistung.
Steuern werden erhoben, um staatliche Ausgaben bzw. öffentliche Bedürfnisse (z. B. Krankenhäuser, Schulen) zu finanzieren. Rund 80 % aller Staatsausgaben werden aus Steuern bezahlt. Darüber hinaus versucht man mit Hilfe von Steuern, eine gerechtere Verteilung des *Einkommens* zu erreichen; Reiche werden mehr als Arme belastet. Außerdem dienen Steuern der ↓ *Konjunkturpolitik* (↓ *antizyklische Finanzpolitik*).
Die bei privaten Haushalten erhobenen Steuern sind unter anderem die Einkommensteuer, Lohn- und Kirchensteuer, Erbschaftsteuer, Schenkungssteuer, Kfz-Steuer, Grundsteuer auf Einfamilienhäuser und die Vermögensteuer bei Nichtunternehmen. Davon unterscheidet man die bei Unternehmen anfallenden Steuern, zum Beispiel die Gewerbesteuer und Umsatzsteuer; diese werden im allgemeinen in die *Verkaufspreise* einbezogen und damit auf die Käufer der Waren «überwälzt».

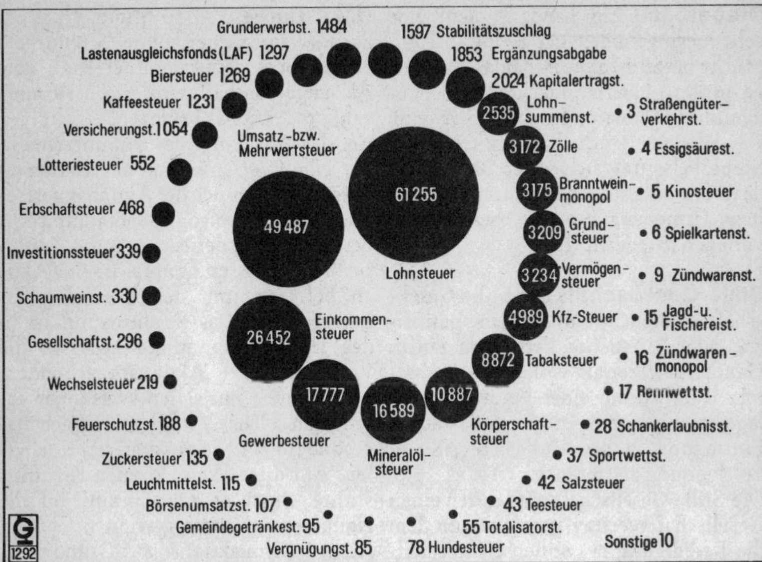

Steuerspirale 1973
Steuereinnahmen in der BRD in Mill. DM

(Quelle: Globus-Kartendienst, Hamburg)

Das Steueraufkommen wird auf Bund, Länder und Gemeinden verteilt, wobei dem Bundeshaushalt (*Staatshaushaltsplan*) der größte Anteil zufließt. Er erhält unter anderem den Ertrag der Mineralölsteuer und der Zölle (*Zoll*), die mit zu den Steuern gerechnet werden.
Den Ländern stehen dagegen unter anderem die Einnahmen aus der Vermögens-, Kraftfahrzeug- und Biersteuer zu. Bund und Länder erheben auch gemeinsame Steuern (Gemeinschaftssteuern); die Lohnsteuer, die veranlagte Körperschaftsteuer sowie die Umsatzsteuer werden in einem bestimmten Verhältnis auf beide verteilt.
Den Gemeinden fließen vor allem die Gewerbe- und Grundsteuern zu. Darüber hinaus sind die Kirchen (Religionsgemeinschaften) berechtigt, nach Maßgabe landesrechtlicher Regelungen Steuern als prozentualen Anteil der Einkommensteuer (zwischen 6 % und 10 %) zur Deckung ihres Finanzbedarfs einzuziehen.
Insgesamt gibt es etwa 50 verschiedene Steuern, unter denen die Lohnsteuer die höchsten Einnahmen erbringt: 1973 mehr als 60 Milliarden DM bei rund 20 Millionen Lohnsteuerzahlern; im Durchschnitt zahlte also jeder Lohnsteuerpflichtige 3000 DM pro Jahr. Von den gesamten Steuereinnahmen (1973: rd. 224 Milliarden DM) entfallen etwa 27 % auf die Lohnsteuer.

Steueroase Ein Land, in dem eine sehr geringe oder gar keine *Steuer*pflicht besteht (u. a. Bahamas, Bermuda-Inseln, Liberia, Liechtenstein, Luxemburg, Monaco, Panama, Schweiz), so daß Steuerpflichtige mit starker Steuerbelastung sich unter Umständen dazu veranlaßt sehen, ihren Wohn- bzw. Firmensitz in ein solches Land zu verlegen (Steuerflucht).

Stille Gesellschaft Die Stille Gesellschaft entsteht, wenn sich eine natürliche oder juristische Person an einem Handelsgewerbe als «stiller Gesellschafter» lediglich mit einer Vermögenseinlage beteiligt, ohne «nach außen» durch Eintragung in das *Handelsregister* in Erscheinung zu treten.
Die Stille Gesellschaft wird durch einen Gesellschaftsvertrag gegründet, in dem die Beteiligung des stillen Gesellschafters am Verlust (maximal bis zur Höhe seiner Einlage), jedoch nicht am *Gewinn* ausgeschlossen werden darf. Die Höhe des Gewinnanteils richtet sich nach der vertraglichen Vereinbarung. Der stille Gesellschafter ist berechtigt, die Richtigkeit der *Bilanz* an Hand der Geschäftsbücher nachzuprüfen (Kontrollrecht). Ein Recht zur Geschäftsführung steht ihm nicht zu (siehe auch *Personengesellschaft*).

Stimmrecht Das Recht eines *Aktionärs*, über die in der Hauptversammlung einer ↓ *Aktiengesellschaft* zu treffenden Beschlüsse abzustimmen. Auf diese Weise soll er Einfluß auf die Geschäftsführung und die *Gewinn*ausschüttung der Aktiengesellschaft nehmen können. Das Stimmrecht des Aktionärs richtet sich nach dem *Nennwert* seiner *Aktien*. Beispielsweise gewährt eine Aktie über 50 DM Nennwert eine Stimme. Bei höherem Nennwert erhöht sich das Stimmrecht entsprechend (500 DM Nennwert = 10 Stimmen). Vorzugs*aktien* können ohne *Stimmrecht* ausgegeben werden; ferner kann eine Aktiengesellschaft eine Höchststimmzahl pro Aktionär festlegen.
Bei der Ausübung des Stimmrechts in der Hauptversammlung der Aktiengesellschaft kann sich der Aktionär vertreten lassen. Beim sog. Depotstimmrecht bevollmächtigt der Aktionär das *Kreditinstitut*, in dessen *Depot* sich seine Aktien befinden, mit der Ausübung des Stimmrechts. Das Kreditinstitut ist in der Hauptversammlung zwar an die Weisungen des Aktionärs gebunden, doch werden nur selten Weisungen erteilt. Ein solches Verhalten läßt sich insbesondere bei Kleinaktionären feststellen. Auf diese Weise können Kreditinstitute einen großen Einfluß auf die Hauptversammlung gewinnen, obwohl sie kein Großaktionär auf Grund eigenen Aktienbesitzes sind.

Streik Der Streik (von engl. to strike = stoßen, schlagen) ist das Kampfmittel der *Arbeitnehmer* zur Erreichung arbeitsrechtlicher Ziele, beispielsweise eine verbesserte Arbeitszeit- und Urlaubsregelung. Unter Streik versteht man die planmäßig und gemeinsam durchgeführte *Arbeit*sniederlegung durch die Arbeitnehmer, bis das gesetzte Kampfziel (z. B. höherer *Lohn*) erreicht ist oder die Streikmaßnahmen eingestellt werden. Der Streik ist rechtlich nur zulässig, wenn er von den *Arbeitnehmerverbände*n nach einer Meinungsbefragung ihrer Mitglieder, der sog. Urabstimmung, organisiert wird. Rechtlich nicht erlaubt sind sog. «wilde Streiks», die ohne die *Organisation* der Arbeitnehmerverbände durchgeführt werden, und solche Streiks, die zwar von den Arbeitnehmerverbänden organisiert werden, deren Kampfziel aber mit dem noch geltenden ↓ *Tarifvertrag*

unvereinbar ist, und die deshalb die tarifvertragliche Friedenspflicht verletzen. Der geschädigte *Arbeitgeber* kann von den Teilnehmern rechtswidriger Streiks Schadenersatz verlangen.
Das Kampfmittel der Arbeitgeber ist die sog. Aussperrung, das heißt die fristlose Entlassung der streikenden Arbeitnehmer. Die praktische Bedeutung der Aussperrung ist insofern beschränkt, als der Arbeitgeber nach Beendigung des Arbeitskampfes zur Wiedereinstellung der zuvor entlassenen Arbeitnehmer verpflichtet ist. Die Aussperrung hat nur aufschiebende Wirkung.
Die folgende Tabelle zeigt die Streiks und Aussperrungen in der Bundesrepublik Deutschland seit 1960. Hier wird deutlich, daß es in dieser Zeit selten zu Aussperrungen gekommen ist.

Subvention Subventionen sind *Geldleistungen* des Staates an *Unternehmen* (nicht an private *Haushalte*). Sie haben vor allem das Ziel, die *Produktion* aufrechtzuerhalten, *Preise* niedrig zu halten oder ↓ *Einkommen* (z. B. in der Landwirtschaft; siehe *Agrarpolitik*) zu erhöhen.

Supermarkt Ein in den USA entwickeltes, nach dem Prinzip der *Selbstbedienungsläden* aufgebautes *Warenhaus* mit einem breiten *Sortiment* auf großen Verkaufsflächen. Der größte Teil des Sortiments besteht im allgemeinen aus Lebensmitteln.

Streiks und Aussperrungen seit 1960

Jahr	Betriebe	Arbeitnehmer beteiligt an Streiks	Arbeitnehmer betroffen von Aussperrungen
	Anzahl	Anzahl in 1000	
1960	28	17,1	–
1961	123	21,1	0,5
1962	196	79,2	0,1
1963	791	100,9	215,5
1964	34	5,9	–
1965	27	6,3	0,0
1966	207	196,0	0,0
1967	744	59,6	–
1968	39	25,2	–
1969	88	89,6	0,0
1970	129	184,3	–
1971	1181	334,3	202,0
1972	54	29,9	–
1973	732	185,0	–

T

Tarifautonomie ist das Recht und die Freiheit der Vertreter der *Arbeitgeber* und *-nehmer* (*Arbeitgeberverbände, Arbeitnehmerverbände*) selbständig, ohne staatliche Einmischung, *Tarifverträge* abzuschließen.

Tarifvertrag Legt die *Arbeits*bedingungen und den Inhalt zukünftiger Arbeits*verträge* für *Arbeitgeber* und *Arbeitnehmer* bindend fest. Er ist eine autonome Vereinbarung (*Tarifautonomie*) zwischen Vertretern der Arbeitnehmer (v. a. *Arbeitnehmerverbände*) und der Arbeitgeber (v. a. *Arbeitgeberverbände*). Da er einen Ordnungszweck im Wirtschaftsleben zu erfüllen hat, bindet er zwingend die Beteiligten (nach Tarifvertragsgesetz). Der einzelne hat deshalb wenig Einfluß auf die Ausgestaltung seines Individualarbeitsvertrages, weil sie durch den Tarifvertrag vorgegeben ist. Eine Einflußnahme läßt sich im allgemeinen nur durch Mitwirkung in den Vertretungs*organ*en erreichen. In der Praxis haben sich in letzter Zeit Einflußmöglichkeiten durch Aktivierung breiter Arbeitnehmermassen in *Unternehmen* (wilde *Streik*s, z. B. 1972 bei Hoesch) gezeigt.
Inhaltlich werden in den Tarifverträgen *Löhne* und Gehälter nach Beschäftigungsmerkmalen und Tätigkeitsfeldern (fachliche Qualifikation, Schwierigkeit und Gefährlichkeit der Tätigkeit u. ä.) gruppiert; meistens wird aber nur eine bestimmte mittlere Tarifgruppe (z. B. die Vergütung eines gelernten Facharbeiters) festgelegt, die man als «Ecklohn» bezeichnet. Ausgehend von diesem Ecklohn kann dann die tatsächliche Entlohnung entsprechend der Eingruppierung des einzelnen festgestellt werden.
Außerdem werden alle sozialen Rahmenbedingungen (z. B. Urlaubstage, Weihnachtsgeld, Betriebsrenten, Sondervergütungen) in die Tarifverträge aufgenommen.
Bei Hoch*konjunktur* kommt es häufig zu sog. übertariflichen Leistungen der Arbeitgeber.
Solange die Tarifverträge laufen, dürfen die Beteiligten keine Kampfmaßnahmen (Streik, Aussperrung) ergreifen (Friedenspflicht). Ferner sind sie gezwungen, die tarifvertraglichen Leistungen zu erbringen (Durchführungspflicht).

Termingeschäft *Geschäft*e an der *Börse*, bei denen der Kauf- bzw. Verkaufspreis von Waren, *Devisen* oder *Wertpapiere*n am Abschlußtag des Kaufvertrages festgelegt wird, während die Erfüllung des *Vertrag*es, also Annahme und Lieferung des Gutes, erst zu einem späteren Zeitpunkt (fester Termin) erfolgt. Durch die Vereinbarung eines festen *Preis*es werden Risiken durch zwischenzeitliche *Kurs*schwankungen sowohl für den Käufer wie den Verkäufer ausgeschlossen (größere Sicherheit). Zweck der Termingeschäfte kann auch die Spekulation, das heißt die Ausnutzung von Kursschwankungen in der Zeit vom Vertragsabschluß bis zur Erfüllung des Vertrages, sein.
Beispiel: A schließt mit B am 14. 1. 1975 ein Termingeschäft zum 30. 1. über den Kauf von 100 Y-*Aktie*n zum Kurs von 190 DM pro Stück ab. Am Erfüllungstermin (30. 1.) beträgt der Tageskurs 210 DM pro Stück. In diesem Fall hat B einen Gewinn erzielt, da er die Aktien zu 190 DM pro Stück erhält, obwohl der Tageskurs 210 DM pro Stück beträgt.

Tilgung Bezeichnung für die regelmäßige Rückzahlung langfristig aufgenommener *Kredit*e (z. B. *Darlehen, Hypothek*) und *Anleihe*n. Höhe und Fälligkeit der Tilgung können in einem sog. Tilgungsplan festgelegt werden (siehe *Kapitaldienst*).

Transithandel (von lat. transitus = Übergang, Durchgang) Der Transit-Durchfuhrhandel wird überwiegend von Außenhandelsfirmen betrieben, die ihren Sitz an bedeutenden Warenumschlagplätzen (Seehäfen, *Börsen*plätzen) haben. Der Transithändler kann Exporteur oder Importeur sein.
Beispiel: Beim Importeur in Bremen kommt eine Weinlieferung aus Frankreich an, von der er einen Teil nach Dänemark weiterverkauft. Bei diesem Transitgeschäft ist Frankreich das Ursprungsland, Deutschland für die weiterverkaufte Teilmenge Transitland und Dänemark Bestimmungsland.
Für den Transithandel gelten besondere *Zoll*bestimmungen.

U

Umsatz (oder Erlös) ist der Wert der innerhalb eines bestimmten Zeitraums (Monat, Jahr) verkauften Produkte eines *Unternehmens*. Er berechnet sich aus der Menge der abgesetzten (*Absatz*) Produkte, multipliziert mit dem entsprechenden Verkaufs*preis* pro Stück (z. B. 20000 Autos × 9500 DM = 190 Millionen DM Umsatz).

Unternehmen, Unternehmung Der Begriff Unternehmen wird an Stelle des Begriffs *Betrieb* nur im marktwirtschaftlichen System (*Marktwirtschaft*) gebraucht. Hierdurch wird das ein Unternehmen kennzeichnende erwerbswirtschaftliche Streben nach größtem *Gewinn* (Gewinnmaximierung), seine Orientierung am ↓ *Markt* und die Möglichkeit, selbständig zu bestimmen, was und wieviel erzeugt wird, als typische Merkmale einer Marktwirtschaft hervorgehoben. In einer (zentralen) *Planwirtschaft* (z. B. DDR) spricht man dagegen ausschließlich von Betrieben (*Volkseigener Betrieb*).
Während im Betrieb (= Werkstatt, Produktionsstätte, Arbeitsstätte) der mehr technische Ablauf der *Produktion* von *Gütern* und *Dienstleistungen* vonstatten geht, tritt die Unternehmung auf dem Markt als äußere Form von Betrieben auf: insbesondere durch die *Unternehmens*- bzw. Rechts*form* (*Einzelunternehmung, Personengesellschaft, Kapitalgesellschaft*). Wichtig ist auch die Form der *Finanzierung* (*Eigenkapital, Fremdkapital*). Insofern ist die Unternehmung eine finanziell und rechtlich organisierte Einheit mit marktwirtschaftlicher Zielsetzung. Ein Unternehmen kann mehrere Betriebe umfassen; so hat beispielsweise die Volkswagenwerk AG (= Unternehmen) in mehreren Städten ihre Betriebe (Werke). Im Sprachgebrauch werden Unternehmen und Betrieb gleichgesetzt.
In der modernen Marktwirtschaft gibt es neben den zumindest langfristig nach größtmöglichem Gewinn strebenden erwerbs- bzw. eigenwirtschaftlichen Unternehmen solche, die ihre Leistungen zu besonders niedrigen, manchmal nicht einmal *kosten*deckenden und damit verlustbringenden *Preis*en anbieten, um aus bestimmten staats-, kultur-, sozial- oder wirtschaftspolitischen (*volkswirtschaft*lichen) Gründen der Allgemeinheit zu dienen. Es handelt sich um öffentliche Unternehmen mit «gemeinwirtschaftlichen» (gemeinnützigen) Pflichten (z. B. Deutsche Bundesbahn, Bundespost; siehe auch *Staatshaushaltsplan*).

Unternehmensform Rechtsform eines *Unternehmens*, durch welches es

nach außen hin in Erscheinung tritt.
Zu unterscheiden sind *Einzelunternehmen*, die im allgemeinen mit einem geringeren *Kapital*einsatz auskommen, und Gesellschaftsunternehmen (Gesellschaften). Ein größerer Kapitalbedarf und der Wunsch nach Verringerung des Risikos und der Haftung haben zu den verschiedenen Formen der Gesellschaftsunternehmen geführt. Je nachdem, ob die Gesellschafter persönlich haften oder ob das Gesellschaftsvermögen der Unternehmung haftet, wird zwischen *Personalgesellschaft*en und *Kapitalgesellschaft*en unterschieden. Personalgesellschaften sind beispielsweise die *offene Handelsgesellschaft (oHG)* und die *Kommanditgesellschaft (KG)*. Kapitalgesellschaften sind *Gesellschaften mit beschränkter Haftung (GmbH)* und *Aktiengesellschaften (AG)*. Die *Genossenschaft* ist eine besondere Gesellschaftsform.

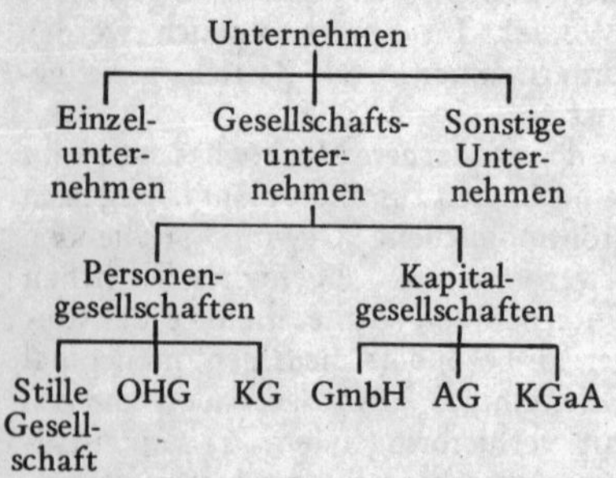

V

Valuta (von ital. valutà = Währung, Wert) ist ein Ausdruck im internationalen *Geld*handel für ausländische *Währungen*. So spricht man von französischer Valuta oder amerikanischer Valuta.
Außerdem bezeichnet man als Valuta auch die Wertstellung der Ein- und Ausgänge auf den *Konten* bei den *Kreditinstitut*en (*Bankkonto*), also zum Beispiel den Tag, an dem ein bestimmter Betrag verzinst wird oder an dem die Verzinsung endet. Eingänge werden meist einen Tag später gutgeschrieben (Einzahlung 1. 3.; Wertstellung 2. 3.), während die Wertstellung der Ausgänge in der Regel einen Tag vor der Auszahlung liegt (Auszahlung 10. 3.; Wertstellung 9. 3.). Die Kreditinstitute machen dadurch einen Zinsgewinn.
Als Valuta-Papiere werden ausländische *Wertpapiere* bezeichnet.

Verband Der Verband ist ein meist freiwilliger Zusammenschluß von Personen und/oder Körperschaften (s. *Anstalten*) zur Wahrung gemeinsamer Interessen. Zu den Berufsverbänden, deren Mitglieder Angehörige desselben *Beruf*s oder ähnlicher Berufe sind und die das Ziel haben, die allgemeinen, ideellen und wirtschaftlichen Interessen ihres Berufs zu vertreten, gehören insbesondere die *Arbeitgeber-* und die *Arbeitnehmerverbände* (Berufsverbände des Arbeitsrechts), die *Industrie- und Handelskammer*n sowie die *Handwerkskammer*n. Letztere sind jedoch Zwangsverbände, meist Körperschaften des öffentlichen Rechts, mit Funktionen, die über eine reine Interessenvertretung hinausgehen (z. B. Prüfung von *Auszubildenden*, Übernahme staatlicher Kontrollmaßnahmen).

Verbindlichkeiten sind Schulden. Man unterscheidet zwischen langfristigen (z. B. *Hypotheke*n- und *Darlehens*schulden) und kurzfristigen (z. B. Lieferverbindlichkeiten und Bankschulden) Verbindlichkeiten.

Verbrauch Unter Verbrauch oder *Konsum* versteht man einmal die Käufe

von *Gütern* und *Dienstleistungen* (Konsumgüter) der privaten und öffentlichen *Haushalte*. Dazu zählen nicht die Käufe von Grundstücken, Wohnungen, Gebäuden usw.
Vom Verbrauch der öffentlichen und privaten Haushalte ist zum Beispiel der Verbrauch von *Betriebsstoffen* bei der *Produktion* zu unterscheiden (Maschinen müssen beispielsweise geölt werden). Hier handelt es sich um einen Begriff der *Betriebswirtschaftslehre*.

Vergleich Allgemein versteht man unter Vergleich, daß sich bisher widersprechende Standpunkte annähern und auf einen gemeinsamen Nenner gebracht werden. Im *Wirtschafts*leben ist ein Vergleich eine Vereinbarung zwischen einem in Zahlungsschwierigkeiten (*Liquidität*) geratenen Schuldner (z. B. ein *Unternehmen*) mit seinen *Gläubigern*, bei der die Gläubiger ihre *Forderungen* stunden (Stundungsvergleich) oder auf einen Teil ihrer Forderungen verzichten (Erlaßvergleich), um die weitere Existenz des Unternehmens zu ermöglichen und einen *Konkurs* abzuwenden. Die Gläubiger werden allerdings in der Regel nur dann zu einem Vergleich bereit sein, wenn mit einer baldigen Gesundung des Unternehmens zu rechnen ist (vgl. *Sanierung, Konkurs, Liquidation*).
Ein Vergleich zur Abwendung des Konkurses nach der Vergleichsordnung kann geschlossen werden, wenn sichergestellt ist, daß mindestens 35 % der Gläubigerforderungen gewährt werden (Mindestrate).

Verkaufspreis Der ↓ *Preis*, zu dem eine Ware oder eine *Dienstleistung* auf dem ↓ *Markt* angeboten wird.

Vermögen Der Vermögensbegriff wird wie der des *Kapitals* sehr uneinheitlich verwendet. Grob kann unter Vermögen die Anlage (Verwendung) von (eigenen oder fremden) Mitteln in Sach- oder *Geld*werten verstanden werden.
Sachwerte bzw. Sachvermögen können eine Eigentumswohnung, ein Grundstück, ein Bauernhof, *Gold*, Schmuck, Anteile an *Unternehmen* (z. B. *Aktien*) sein. Es gehören auch Werkzeuge, Maschinen, Rohstoffe usw. dazu, alle die *Güter* also, die dem *volkswirtschaft*lichen *Produktionsfaktor* Kapital entsprechen.
Geldwerte bzw. Geldvermögen sind dagegen beispielsweise Geldvorräte (Horte), Ersparnisse und festverzinsliche *Wertpapiere* (z. B. *Anleihen* und Lebens*versicherungen*). Soweit die Anlage von Mitteln produktiven Zwecken und nicht dem privaten Gebrauch dient, wie Maschinen, Werkzeuge, Rohstoffe, Halb- und Fertigfabrikate, bestimmte Geldforderungen, Alleineigentum an Unternehmen oder direkte Beteiligungen, Beteiligungspapiere, die aber keine besondere Mitentscheidung verbürgen (z. B. Aktien), spricht man speziell von Produktionsvermögen.
Herrscht *Inflation* oder wird ein allgemeiner *Preis*auftrieb erwartet, werden die privaten Anleger mehr in die dann «sicherereren» Sachwerte «flüchten»; ein umgekehrtes Verhalten würde bei *Deflation* eintreten, da in diesem Fall nicht das Geld-, sondern das Sachvermögen auf Grund des allgemeinen Preisverfalls entwertet wird.
Die Verteilung des Vermögens auf die privaten *Haushalte* (z. B. auf *Arbeitgeber*- und *nehmer*haushalte) bestimmt gleichzeitig die Verteilung des ↓ *Einkommens*, da das Vermögen eine Einkommensquelle darstellt. Besitzen zum Beispiel wenige *Haushalte* fast das gesamte Vermögen, so daß die Masse der Bevölkerung nur auf *Lohn*einkommen

angewiesen ist, wird auch das Einkommen sich sehr einseitig auf nur wenige Reiche konzentrieren, wie beispielsweise in den *Entwicklungsländern* (Dritte Welt). Aber auch in den *Industrie*nationen ist die Vermögens- und Einkommensverteilung in beträchtlichem Maß ungleich.
Dies gilt vor allem für das Produktivvermögen, dessen *Konzentration* sich erheblich verstärkt hat. Nur 1,7 % aller privaten Haushalte besaßen 1966 etwa 74 % dieser Vermögensart; 1960 betrug dieser Anteil noch etwa 70 %. Hierin kann ein wesentliches Zeichen der gestiegenen *Konzentration* der Einkommen auf die abgenommene Zahl der Selbständigenhaushalte (Unternehmenskonzentration) gesehen werden.
Wenn die Konzentration des Produktivvermögens verringert werden soll, muß insbesondere versucht werden, durch *Wettbewerb*spolitik die wachsende Unternehmenskonzentration zu bekämpfen.

Versandhandel Der Versandhandel ist eine besondere Form des *Einzelhandelsbetriebes*, wobei die Ware nicht in einem Laden verkauft, sondern auf Bestellung dem Kunden zugeschickt wird. Das Anbieten der Ware erfolgt nicht direkt, sondern indirekt durch Kataloge, Prospekte usw., so daß der *Werbung* große Bedeutung zukommt. Besonders in Gebieten mit wenigen oder gar keinen Einzelhandelsbetrieben kann der Versandhandel Versorgungslücken schließen.

Verschleiß Die Abnutzung von *Gütern* (Maschinen, Fließbänder, Kraftfahrzeuge usw.) durch ihren Gebrauch oder durch äußere Einflüsse (Witterungseinflüsse, Umweltverschmutzung, Feuer usw.). Infolge der Abnutzung wird die Leistungsfähigkeit (*Kapazität*) der Güter gesenkt. Bei ihrer betrieblichen Nutzung wird ihr Verschleiß durch die *steuer*mindernde *Abschreibung* (steuerlicher Begriff: Absetzung für Abnutzung [AfA]) allerdings teilweise ausgeglichen.
Strebt man bei der Herstellung von Gütern durch Qualitätsminderung eine kürzere Nutzungsdauer an, spricht man von geplantem Verschleiß (z. B. durch Verwendung zu dünner Bleche, durch Sollbruchstellen, durch Herstellung von Gütern, die schwer zu reparieren sind und bei dem geringsten Fehler weggeworfen werden müssen).

Versicherung (genauer: Versicherungs*betrieb*) Versicherungen übernehmen gegen Zahlung einer sog. Versicherungs*prämie* finanzielle Risiken eines Versicherten und ersetzen voll oder teilweise eintretende Schäden. Man unterscheidet die (gesetzliche) *Sozialversicherung* und die (private) *Individualversicherung*.

Vertrag Der Vertrag ist ein mündliches oder schriftliches Versprechen von zwei oder mehr Vertragspartnern, das damit einer Bindungswirkung unterworfen ist. Er kommt dadurch zustande, daß eine Person (z. B. ein Verkäufer oder ein Vermieter) einer anderen Person (z. B. ein Käufer oder ein Mieter) einen Antrag für ein bestimmtes *Geschäft* macht, den der andere annimmt.
Einer der häufigsten und wichtigsten Schuldverträge ist der Kaufvertrag. In ihm einigen sich der Verkäufer und der Käufer über den Kauf, das heißt den Erwerb gegen Bezahlung von bestimmten Gegenständen, wie beispielsweise Grundstücke, Maschinen, Waren und *Wertpapiere*. Auf Grund des Kaufvertrages ist der Verkäufer zur ordnungsgemäßen Übergabe des Kaufgegenstandes verpflichtet und der Käufer muß den

Gegenstand abnehmen und bezahlen. Im Mietvertrag (siehe auch *Lizenz*) ist der zeitlich begrenzte Gebrauch einer Sache, wie zum Beispiel einer Wohnung oder einer Schreibmaschine, geregelt. Der Vermieter ist zur Überlassung der Sache verpflichtet, während der Mieter die Miete, den sog. Miet*zins*, bezahlen muß.

Alle Verträge können grundsätzlich mündlich oder schriftlich abgeschlossen werden. Eine Ausnahme ist der Vertrag über den Kauf eines Grundstückes, der öffentlich, das heißt von einem Notar, beurkundet werden muß. Erst wenn der Vertragspartner geschäftsfähig ist (in der BRD mit dem 18. Lebensjahr), darf er Verträge abschließen.

Die Freiheit, Verträge grundsätzlich jedweden Inhalts mit Partnern eigener Wahl abschließen zu können (Vertragsfreiheit), gehört zu den fundamentalen Rechten der Staatsordnung der Bundesrepublik Deutschland (Art. 2, Abs. 1, Grundgesetz).

Vertreter Als Vertreter bezeichnet man denjenigen, der für eine andere Person in deren Namen und mit deren Billigung rechtsgeschäftlich tätig wird (§ 164 Bürgerliches Gesetzbuch). Im *Wirtschaft*sleben bezeichnet man damit umgangssprachlich den Handelsvertreter, der dazu noch selbständiger *Kaufmann* sein muß. Er «vertritt» einen (oder mehrere) Lieferanten bei dessen (deren) Kunden und hat die Aufgabe, für den vertretenen Lieferanten *Geschäfte* zu vermitteln und abzuschließen. Der Abschluß eines Geschäftes erfolgt jedoch im Namen und auf Rechnung des vertretenen *Unternehmens*.

Abzugrenzen davon ist der Bote, der lediglich eine fremde Erklärung überbringt, während der Vertreter selbst die Erklärung abgibt.

Daneben gibt es noch die Treuhänder, die auch in fremdem Interesse tätig werden, jedoch unter eigenem Namen auftreten und nur im Verhältnis zum Treugeber gebunden sind. Ursprünglich verstand man unter Treuhand die Wahrnehmung der Interessen einer anderen Person (Treugeber), zum Beispiel der Verwaltung eines *Vermögens*, durch den sog. Treuhänder. Dieser besaß das Vertrauen des Treugebers, der ihm sein Vermögen «zu treuen Händen» (daher der Begriff Treuhand) übergab. Heute sind sog. Treuhandgesellschaften Verwaltungsgesellschaften von beispielsweise Immobilien- und Anlagefonds und üben Beratungstätigkeit aus.

Volksaktie *Aktien*, die durch verbilligten Verkauf die Bildung von ↓ *Vermögen*, insbesondere den Empfängern niedriger ↓ *Einkommen*, ermöglichen sollen. Volksaktien wurden bisher von drei großen bundeseigenen Industrieunternehmen ausgegeben, die auf diese Weise teilweise privatisiert (siehe *Privatisierung*) wurden: 1959 die Preussag (Preuss. Bergwerks- und Hütten-*Aktiengesellschaft*), 1961 das Volkswagenwerk; 1965 wurden von der VEBA (Vereinigte Elektrizitäts- und Bergwerks-AG) die letzten Volksaktien angeboten.

Volkseigener Betrieb (VEB) Volkseigene Betriebe sind staatliche *Betriebe* des *Handwerks* und der *Industrie* in der Deutschen Demokratischen Republik (DDR); sie sind also nicht privates Eigentum, sondern gehören dem Staat (*Planwirtschaft*). Volkseigentum ist die wichtigste Eigentumsform sozialistischer Länder. Es ist meistens durch Enteignung (*Sozialisierung*, Verstaatlichung) privaten Eigentums entstanden. Seit 1945 wurden in der DDR immer mehr Betriebe in staatliches Eigentum überführt, zunächst vor allem Industriebetriebe, während Handwerksbe-

triebe größtenteils noch privat geführt werden. Die privaten Handwerksbetriebe dürfen in der Regel nicht mehr als 10 *Arbeits*kräfte beschäftigen. Die Bezeichnung «volkseigen» ist insofern irreführend, als das Volk selbst keinen unmittelbaren Einfluß auf *Investition*en sowie die Menge, Art und Verteilung der zu produzierenden *Güter* hat. Eine *Mitbestimmung* der *Arbeitnehmer* in den Betrieben gibt es praktisch nicht.
Die VEB sind entweder zusammengefaßt zu Vereinigungen Volkseigener Betriebe (VVB) oder Teile eines Kombinats. Die VVB leiten die VEB auf der Grundlage des zentral (staatlich) festgelegten Plans. Kombinate (siehe hierzu auch *Konzern*) sind im Vergleich dazu Großbetriebe, in denen häufig mehrere aufeinanderfolgende, ursprünglich selbständige *Produktions*stufen vereinigt (konzentriert) sind; ein Eisenhüttenkombinat kann zum Beispiel den Erzbergbau, die Roheisengewinnung, die darauf folgende Stufe der Stahlproduktion sowie die Weiterverarbeitung in Walzgut umfassen.

Volkswirtschaft Im engeren und auch heute noch am meisten gebrauchten Sinne die gesamte wirtschaftliche Tätigkeit innerhalb der Grenzen eines staatlich organisierten Volkes (Nationalwirtschaft). Im weiteren Sinne meint man mit Volkswirtschaft den Zusammenhang wirtschaftlicher Vorgänge und Tatbestände ohne Rücksicht auf die staatliche Einheit (z. B. Weltwirtschaft). Diese Deutung wird den heutigen internationalen Verflechtungen (z. B. *Internationaler Währungsfonds*, *Europäische Gemeinschaft*) eher gerecht.

Volkswirtschaftliche Gesamtrechnung Zahlenmäßige Darstellung der *Güter-*, *Dienstleistung*s- und *Geld*ströme zwischen den Sektoren einer *Volks-*

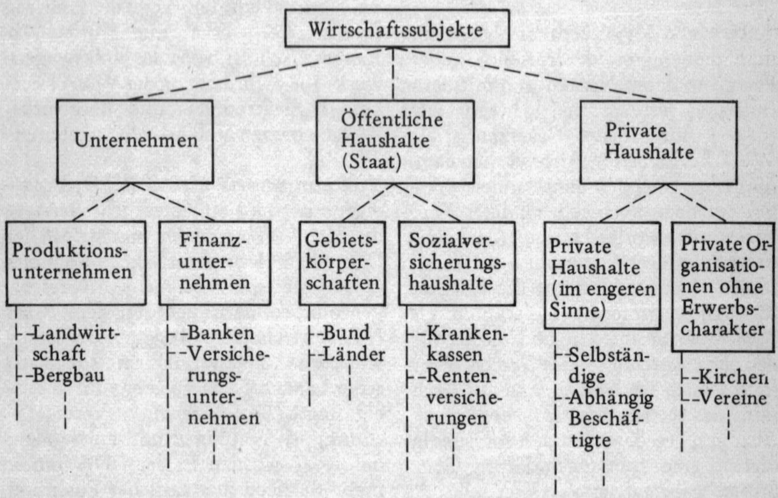

Einteilung der Wirtschaftssubjekte einer Volkswirtschaft

wirtschaft und dem Ausland in *Kontoform*. Zu den Sektoren zählen insbesondere die öffentlichen und privaten *Haushalte* und die *Unternehmen* (siehe *Wirtschaftskreislauf*). Die Volkswirtschaftliche Gesamtrechnung bezieht sich in der Regel auf einen vergangenen Zeitabschnitt und läßt die Entstehung, Verteilung und Verwendung des *Sozialprodukts* bzw. des Volkseinkommens erkennen. Auch für eine zukünftige Schätzung der wirtschaftlichen Entwicklung läßt sich die Volkswirtschaftliche Gesamtrechnung verwenden und dient damit als Grundlage der *Wirtschaftspolitik*.

Volkswirtschaftslehre Die Volkswirtschaftslehre (älterer Begriff: Nationalökonomie) ist neben der *Betriebswirtschaftslehre* ein Teilgebiet der ↓ *Wirtschaftswissenschaften*. Die Volkswirtschaftslehre versucht, die Gesamtheit aller wirtschaftlichen Ereignisse und Tatbestände (z. B. den Tausch am *Markt*, die Höhe der *Investitionen*, den gesamten *Konsum* usw.), die durch die wechselseitigen Beziehungen zwischen den Wirtschaftssubjekten bzw. Einzelwirtschaften (*Unternehmen* bzw. *Betriebe*, *Haushalte*) in einer *Volkswirtschaft* zustande kommen, zu erklären. Sie beschäftigt sich aber nicht nur mit den Bedingungen und der Entwicklung solcher Gesamtgrößen (sog. Makroökonomie), sondern auch mit ihrer Struktur (von lat. structura = Aufbau). Dieses Teilgebiet der Volkswirtschaftslehre ist die sog. Mikroökonomie. Sie stellt sich beispielsweise die Frage nach der «richtigen» Verteilung des *Einkommens* und *Vermögens* auf einzelne soziale Gruppen, zum Beispiel auf *Arbeitnehmer* und *Arbeitgeber*.
Zur Volkswirtschaftlehre zählt auch die Volkswirtschaftspolitik (*Wirtschaftspolitik*).

Vorstand Der Vorstand ist das leitende *Organ* (Geschäftsführung) einer juristischen Person (siehe *Anstalt*, *Körperschaft*, *Stiftung*), zum Beispiel *Aktiengesellschaft* oder *Genossenschaft*, und vertritt diese gerichtlich und außergerichtlich. Er handelt in eigener Verantwortung und ist an keine Weisungen der Hauptversammlung (Gesamtheit der *Aktionäre*) bzw. der Generalversammlung (Versammlung aller Genossen) gebunden. Er kann jedoch jederzeit vom Aufsichtsrat abberufen oder abgelöst werden. Er ist unter anderem dazu verplichtet, einen Jahresabschluß (*Rechnungswesen*) aufzustellen und den Aufsichtsrat regelmäßig über die Unternehmenslage zu unterrichten. Führt der Vorstand seine Aufgaben nicht mit der Sorgfalt eines ordentlichen und gewissenhaften Geschäftsleiters durch, ist er schadensersatzpflichtig.

W

Währung In einer modernen Volkswirtschaft ist für die Tauschbeziehungen zwischen den Wirtschaftseinheiten (*Unternehmen*, *Haushalte*) das *Geld* unentbehrlich. Damit es seine Aufgaben erfüllen kann, benötigt das Geldwesen eine bestimmte gesetzliche Ordnung (z. B. ist es verboten, selbst Geld zu drucken; zur Notenausgabe ist in der Bundesrepublik Deutschland nur die *Bundesbank* befugt). Diese Geldordnung oder Geldverfassung wird auch Währungsordnung oder kurz Währung eines Landes genannt (z. B. DM-Währung).
Die Geldverfassung bestimmt, wie *Zahlungsmittel* genannt und unterteilt werden. Beispiel: 1 Deutsche Mark, eingeteilt in 100 Deutsche Pfennige.
Es ist ein wichtiges Anliegen der *Wirtschaftspolitik*, den Wert des Geldes im

Inland (Binnenwert) zu erhalten (*Geldpolitik, antizyklische Finanzpolitik, Inflation, Deflation, Preisniveaustabilität*).
Weiterhin kann durch die Geldverfassung ein bestimmtes Austauschverhältnis gegenüber dem *Gold* und/oder einer ausländischen Währungseinheit (z. B. 1 DM = 0,80 Francs) festgesetzt werden. Damit hat jede Währung nicht nur einen Binnenwert, sondern auch einen Außenwert (gegenüber ausländischen Währungen; ↓ *Wechselkurs*).
Man unterscheidet zwischen gebundener und freier Währung. Zur gebundenen Währung (oder Metallwährung) zählt die Goldwährung. Bei einer «reinen» Goldwährung kann jedermann Gold in Goldmünzen prägen lassen (gegen eine Gebühr, den sog. Schlagsatz), wobei der ausgeprägte Wert einer gesetzlich festgelegten Menge Feingold entsprechen muß. Der nominelle und stoffliche Wert der Münze stimmen überein. Die moderne Währung ist eine freie Währung (Papierwährung), das heißt, es ist kein bestimmtes Verhältnis zum Feingold gesetzlich festgesetzt. Auf Grund internationaler Abkommen ist jedoch die Bundesregierung grundsätzlich gehalten, mit dem *Internationalen Währungsfonds (IWF)* ein festes Verhältnis zwischen der DM-Währung und Gold oder Dollar zu vereinbaren (dagegen *Floating*).
Die Bezeichnung «harte Währung» beschreibt die Währung von Ländern mit starker *Zahlungsbilanz* und damit reichlichem *Devisen*bestand bei freier *Konvertibilität* (Umtauschmöglichkeit der verschiedenen Währungen). Diese Länder messen der Geldwertstabilität große Bedeutung bei (z. B. Bundesrepublik Deutschland, Schweiz).
In Ländern mit «weicher» Währung sind Devisen knapp, weil deren Zahlungsbilanz schwach ist (z. B. Frankreich, England); im Devisenverkehr werden deshalb nicht selten Beschränkungen eingeführt. Der freie Austausch der ausländischen Währungen kann völlig untersagt werden, während der Staat die knappen Devisen verwaltet (Devisenbewirtschaftung, die nicht nur in *Planwirtschaft*en, sondern in verschiedenen Formen auch in *Marktwirtschaft*en möglich ist).

Währungsreserve Die Währungsreserve eines Landes besteht aus dem Bestand an *Gold* und frei konvertiblen (*Konvertibilität*) *Devisen* und befindet sich in der Regel bei der Zentralbank (*Bundesbank*) des jeweiligen Landes. Bei Ländern mit festen *Wechselkurs*en (siehe auch *Internationaler Währungsfonds*) erhöht sich demnach die Währungsreserve, wenn die Gold- und Devisenzuflüsse während eines bestimmten Zeitraumes größer sind als die Abflüsse. Dies ist beispielsweise bei einem Exportüberschuß (*Zahlungsbilanz*), der für die Bundesrepublik Deutschland seit ihrem Bestehen charakteristisch ist, der Fall: Die Zahlungen des Auslands für die Exporte übersteigen die Zahlungsverpflichtungen des Inlands für die Importe (siehe *Ausfuhr*).
Dagegen schrumpft die Währungsreserve, wenn die Exporte beispielsweise auf Grund verschlechterter *Wettbewerb*sfähigkeit inländischer *Güter* im Ausland sinken oder wenn sich wichtige Importgüter (in der Bundesrepublik die meisten Rohstoffe) verteuern.
Die Gefahr einer Zahlungsbilanzkrise, das heißt der internationalen Zahlungsunfähigkeit eines Landes auf Grund einer wesentlichen Abnahme der Währungsreserve (z. B. durch die in der letzten Zeit erhebliche Verteuerung der Öleinfuhr; siehe *Organisation erdölexportierender Länder*), läßt sich bei einer hohen Währungsreserve, wie in der

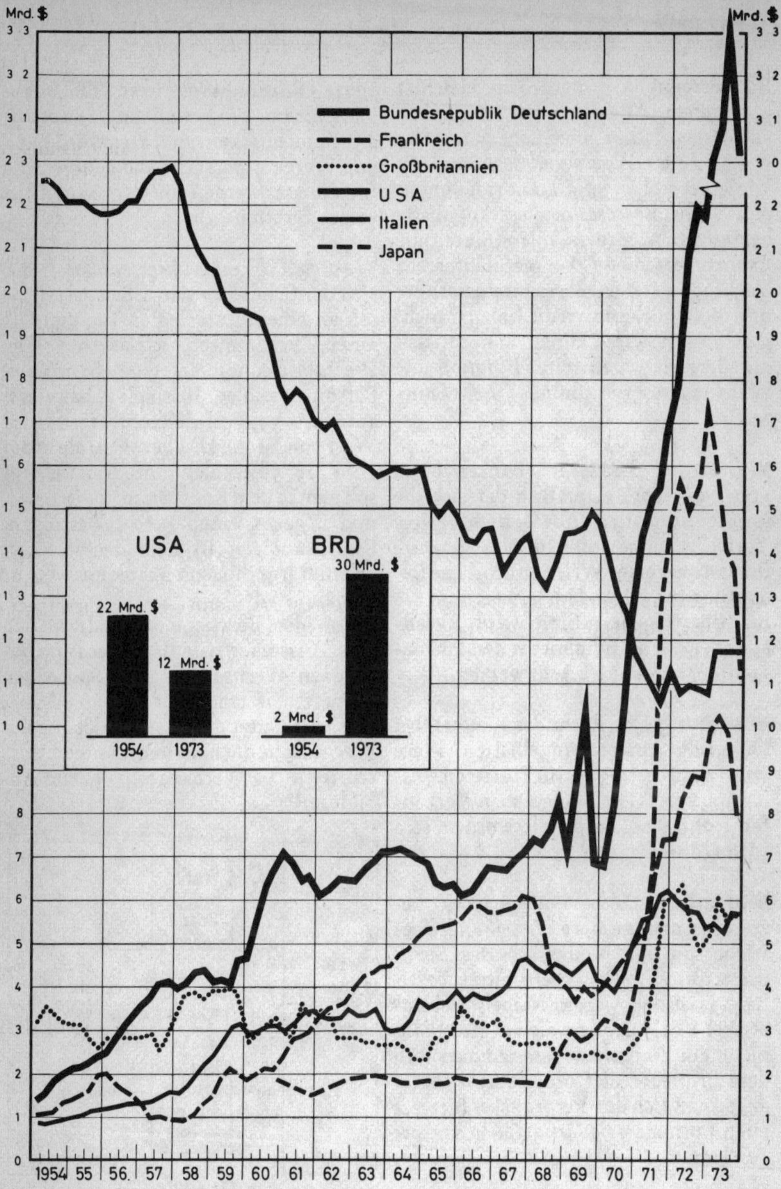

Goldbestände und Devisenreserven

(Quelle: *Ifo Spiegel der Wirtschaft 1975/76*, München 1975, Ifo – Institut für Wirtschaftsforschung)

Bundesrepublik, natürlich leichter überstehen. Allerdings wird das *Wirtschaftswachstum* eines Landes und damit auch der *Wohlstand* des einzelnen von einer hohen bzw. stark zunehmenden Währungsreserve eher ungünstig beeinflußt, weil dem Inland durch die Exportüberschüsse weniger *Güter* zur Verfügung stehen, als es produziert hat und diese Lücke durch die Importe nicht geschlossen wird. Hinzu kommt, daß die derzeitig weltweite *Inflation* die Währungsreserve immer mehr entwertet.

Wallstreet Straße im Bankenviertel von New York (USA), in der sich die größte *Börse* der USA befindet (New York Exchange), die für das gesamte Börsenwesen der Welt beträchtliche Bedeutung hat (*Dow-Jones-Index*).
Im übertragenen Sinn wird «Wallstreet» auch als Symbol für den Finanz*kapitalismus* der USA verwendet.

Wandlung Das Recht des Käufers, bei Lieferung einer mangelhaften Ware vom Kauf*vertrag* zurückzutreten. Allerdings muß der Mangel dem Verkäufer rechtzeitig mitgeteilt worden sein (*Mängelrüge*).

Warenhaus Als Warenhäuser bezeichnet man größere *Einzelhandels*betriebe, die ein breitgefächertes *Sortiment* führen (z. B. Lebensmittel, Textilien, Haushaltswaren, Möbel, Elektroartikel usw.). Anders als ein *Kaufhaus* bietet ein Warenhaus seine Artikel nach dem Prinzip «Alles unter einem Dach» an, so daß sich der *Verbraucher* hier mit allen normalen *Bedarfs*artikeln versorgen kann.

Warentest Seit mehreren Jahren arbeitet in der Bundesrepublik Deutschland die aus öffentlichen Mitteln finanzierte «Stiftung Warentest», die, unabhängig von *Wirtschaft* und *Industrie*, die Brauchbarkeit und *Preis*würdigkeit von Waren untersucht und benotet. Die Ergebnisse werden in der Zeitschrift «test» veröffentlicht.

Wechsel Urkunde (*Wertpapier*), in der sich der Schuldner schriftlich verpflichtet, an einem festgelegten Tag und Ort einen bestimmten *Geld*betrag (die Wechselsumme) an eine bestimmte Person zu zahlen. Beispiel: A hat von B am 10. 1. 1975 eine Warenlieferung im Wert von 20000 DM bezogen, die er am 10. 4. 1975 bezahlen muß. Der Verkauf soll gemäß dem Kauf*vertrag* zwischen A und B gegen einen Wechsel erfolgen. Der *Gläubiger* (B) stellt den Wechsel aus und legt ihn dem Schuldner (A) zur Annahme vor.
Wenn der Bezogene (Schuldner) den vom Aussteller (Gläubiger) auf ihn bezogenen Wechsel, die sog. Tratte, akzeptiert, das heißt mit seinem Akzept versieht, haftet er für die Einlösung der Wechselsumme nach den strengen Vorschriften des Wechselrechts (siehe Abbildung).

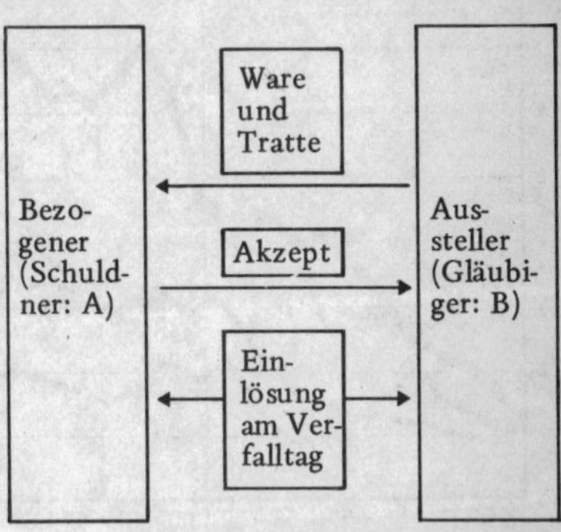

Der Wechsel entstand im 12. Jahrhundert in Italien, als Händler das Risiko des Geldverlustes auf ihren Geschäftsreisen

vermeiden wollten. Deshalb hinterlegten sie einen Geldbetrag bei einem einheimischen Geldwechsler, der ihnen als Gegenwert eine Urkunde übergab, den sog. Wechselbrief, mit dem sie in einer fremden Stadt den Geldbetrag wieder eintauschen konnten. Aus diesen Zahlungsanweisungen entwickelte sich der Wechsel.
Die wirtschaftliche Bedeutung des Wechsels ist größer als die des *Schecks*, da ein Wechsel nicht nur als *Zahlungsmittel*, sondern vor allem auch als *Kredit*mittel verwendet werden kann.
Wenn der Gläubiger (im vorausgegangenen Beispiel: B) den Wechsel zum Beispiel an einen Lieferer weitergibt, um damit seine Schulden zu bezahlen, dient der Wechsel als Zahlungsmittel. Die Weitergabe eines Wechsels erfolgt durch einen Übertragungsvermerk Indossament) auf seiner Rückseite.
Verkauft der Gläubiger den Wechsel vor Fälligkeit an ein *Kreditinstitut*, stellt der Wechsel ein Kreditmittel dar. Das Kreditinstitut zahlt dem Gläubiger sofort die Wechselsumme abzüglich der *Zinsen* (Diskont) für die vorzeitige Einlösung des Wechsels aus. Der Wechsel bietet seinem jeweiligen Inhaber darüber hinaus einen großen Schutz vor Zahlungsausfällen: Wird ein Wechsel nicht rechtzeitig eingelöst, so kann der Wechsel relativ schnell eingeklagt werden, zumal der Bezogene, der Aussteller und alle Indossanten haften. Außerdem wird der Wechselschuldner in der Regel seine Kreditwürdigkeit nicht dadurch aufs Spiel setzen, daß er den Wechsel nicht einlöst. (Zur konjunkturpolitischen Bedeutung, siehe *Diskontpolitik*.)

Wechselkurs, Devisenkurs Die internationale Verflechtung der *Volkswirtschaft*en mit ihren unterschiedlichen *Währung*en erfordert Märkte, auf denen Währungen bzw. *Devisen* getauscht werden (sog. Devisenmärkte oder *Börsen*, zum Beispiel Frankfurt am Main, New York). Wie auf jedem anderen ↓ *Markt* entsteht auch auf einem Devisenmarkt ein *Preis*, der hier Devisenkurs oder Wechselkurs heißt. Der Devisenkurs drückt den Preis einer ausländischen Geldeinheit (z. B. 1 US-Dollar) in inländischer Währung aus. Beispielsweise betrug an der Frankfurter Devisenbörse der Devisenkurs des US-Dollar im Durchschnitt des Monats Januar 1975:

$$\text{Devisenkurs} = \frac{\text{inländische Währungseinheiten}}{\text{1 ausländische Währungseinheit}} = \frac{\text{2,3649 DM}}{\text{1 US-Dollar}} = \text{2,3649 DM je US-Dollar}$$

Der Wechselkurs ist das reziproke (umgekehrte) Verhältnis des Devisenkurses:

$$\text{Wechselkurs} = \frac{\text{1 ausländische Währungseinheit}}{\text{inländische Währungseinheiten}} = \frac{\text{1 US-Dollar}}{\text{2,3649 DM}} = \text{0,42285 US-Dollar je DM}$$

Der Wechselkurs gibt somit an, wieviel 1 DM, ausgedrückt in US-Dollar, wert ist (Preis für 1 DM).
Während man beim Devisenkurs fragt: Wieviel DM bekomme ich für eine Einheit der Auslandswährung? – stellt sich beim Wechselkurs umgekehrt die Frage: Wieviel Auslandswährung erhalte bzw. zahle ich für 1 DM?
Der Wechselkurs ist der Außenwert des inländischen *Geld*es. Angaben (Notierungen) über Wechselkurse führen auch die Bezeichnung «Mengennotierung» für Auslandswährungen.
In den meisten Ländern (z. B. auch in der Bundesrepublik Deutschland) erfolgen die Notierungen an den Devisenbörsen nur als Devisenkurse.
Die Wechsel- bzw. Devisenkurse werden in feste und flexible unterschieden. Bei flexiblen Wechselkursen überläßt man die Kursbildung dem freien Spiel von *Angebot* und *Nachfrage*. Der Kurs kann völlig frei nach oben und nach unten schwanken. Werden beispielsweise aus den USA vermehrt Waren eingeführt, so benötigt der inländische Importeur zum Bezahlen der Ware US-Dollar. Die Nachfrage nach ausländischer Währung (US-Dollar) steigt. Ist diese Nachfrage größer als das Angebot an ausländischer Währung, beispielsweise weil die *Ausfuhr* von deutschen Autos weniger gestiegen ist, so wird der Preis der Auslandswährung durch den Nachfrageüberschuß steigen, der der Inlandswährung im Ausland entsprechend fallen. Die Auslandsware wird dann in Deutschland teurer, da wir für 1 DM weniger Dollar erhalten, bei gleichgebliebenem Dollarpreis der Ware also für 1 Dollar mehr DM aufwenden müssen; die deutschen Autos in den USA werden für die Amerikaner dagegen billiger. Die Amerikaner werden nun vermehrt deutsche Autos kaufen, wodurch an der Börse zum Kauf von DM mehr Dollar angeboten werden. Umgekehrt vollzieht sich die Entwicklung in Deutschland. Durch den anfangs höheren Dollarkurs und die damit verbundene Verteuerung der Einfuhr aus den USA geht die Nachfrage nach US-Waren und damit auch nach Dollar zurück. Der Dollarkurs fällt. Durch eine solche freie Wechselkursbildung würde sich immer eine Übereinstimmung von Exporten und Importen, also ein Gleichgewicht in der ↓ *Zahlungsbilanz* herstellen. Derart freie Kursbildungen gegenüber allen Währungen entsprechen jedoch nicht dem gültigen Währungssystem in der Welt (Weltwährungsordnung). Vor allem wird eingewandt, daß ständig mögliche Kursschwankungen die Kalkulation (siehe *Kostenrechnung*) der mit dem Weltmarkt verflochtenen Wirtschaft erschweren könnten. Das Kursrisiko beispielsweise bei der Aus- und Einfuhr von Waren oder bei der Anlage von *Kapital*, sei zu hoch. Daher ging man nach dem Zweiten Weltkrieg zu fixen (festen) Wechselkursen über.
1944 fand die Konferenz von Bretton Woods (USA) statt, auf der die Kursverhältnisse festgesetzt und unter anderem auch der *Internationale Währungsfonds (IWF)* gegründet wurde. Diese in Bretton Woods ausgehandelte Begründung des Weltwährungssystems auf festen Wechselkursen wurde erheblich von dem englischen Nationalökonomen J. M. Keynes beeinflußt. Jedes Mitglied des IWF, dem fast alle nichtkommunistischen Staaten angehören, legte eine feste Austauschrelation zum Dollar und zum *Gold* fest (*Parität*). Allerdings gibt es auch bei festen Wechselkursen eine Spanne (sog. Bandbreite), innerhalb welcher der Kurs um die abgesprochene Parität schwanken kann.
So betrug beispielsweise der zwischen der Bundesregierung und dem IWF vereinbarte Paritätskurs ab Dezember 1971

3,2225 DM/US-Dollar. Die *Bundesbank* hatte dafür zu sorgen, daß der an der Börse sich freibildende Kurs sich nicht um mehr als 2,25 % nach oben oder unten von diesem festgelegten Paritätskurs entfernte. Der Devisenkurs konnte also nur um ± 0,0725 DM/US-Dollar, das heißt zwischen 3,15 DM/US-Dollar (Untergrenze) und 3,25 DM/US-Dollar (Obergrenze), schwanken. Erreichte er beispielsweise die Obergrenze der Bandbreite (z. B. weil mehr DM als Dollar nachgefragt wurden), so mußte die Bundesbank intervenieren (eingreifen), indem sie selbst Dollar nachfragte (kaufte) und DM verkaufte, um den Dollar zu «stützen» und einen weiteren Anstieg des Devisenkurses zu verhindern. Umgekehrt hatte sich die Bundesbank zu verhalten, wenn der untere Interventionspunkt (Untergrenze der Bandbreite) erreicht wurde.

Dies hat die Folge, daß ein Land, dessen *Wirtschaftspolitik* Geldwertstabilität (siehe *Preisniveaustabilität*, *Kaufkraft*, *Einkommen*, *Geld*) anstrebt, während andere Länder Preissteigerungen (*Inflation*) in Kauf nehmen (z. B. um Vollbeschäftigung zu sichern), mit ständigen Überschüssen in der Zahlungsbilanz zu rechnen hat (z. B. die BRD), weil die Warenausfuhren größer als die Einfuhren sind. Bei (relativ) festen Wechselkursen ist dieses Land dann verpflichtet, den Wertverfall der Auslandswährungen durch deren Ankauf zu verhindern. Auf diese Weise wächst der Bestand an *Devisen* und Gold (*Währungsreserve*). Umgekehrt haben Länder mit größerer Geldentwertung mit Zahlungsdefiziten zu kämpfen; Devisen und Gold fließen ab und das Vertrauen in ihre Währung geht auf die Dauer verloren. Auf diese Weise kommt es zwischen den Ländern zu fundamentalen Ungleichgewichten.

Die Folge sind in der Regel eine Aufwertung (Revalvation) der Währungsparität in dem Überschußland und eine Abwertung (Devalvation) in dem Defizitland (bei Änderungen um mehr als 10 % muß der IWF zustimmen). In der Bundesrepublik wurde die DM nur einmal, nämlich 1949, abgewertet:

vor dem 19. 9. 1949 waren:

1 DM = 0,300 US-Dollar = 0,266 g Feingold

am 19. 9. 1949 (Abwertung: −20,66 %):

1 DM = 0,238 US-Dollar = 0,211588 g Feingold.

Eine Abwertung ist also eine Herabsetzung und eine Aufwertung eine Heraufsetzung der Währungsparität. Die erste Aufwertung der DM erfolgte am 6. 3. 1961 (+5,04):

1 DM = 0,25 US-Dollar = 0,222168 g Feingold

Seitdem wurde die DM mehrfach aufgewertet.

Solche Aufwertungen sollen nicht nur dem internationalen Ungleichgewicht in den Zahlungsbilanzen, sondern auch der Übertragung der Auslandsinflation ins Inland («importierte Inflation») entgegenwirken.

Eine Änderung der Währungsparität (Währungspolitik) erfolgt durch Erklärung der Bundesregierung gegenüber dem IWF. In der Praxis geht eine Abstimmung mit der Bundesbank voraus. Eine Wechselkursänderung gehört aber nicht zu den Instrumenten der Bundesbank!

Nicht immer bestanden in der Bundesrepublik nur feste Wechselkurse. In dem Zeitraum vom 9. 5. 1971 bis 21. 12. 1971 war der Wechselkurs der DM frei (flexibler Wechselkurs). Zur Zeit besteht zwischen mehreren europäischen Ländern eine Übereinkunft, gemeinsam gegenüber dem US-Dollar zu «floaten» (*Floating*), untereinander aber an festen Wechselkursen festzuhalten.

Werbung Der Begriff Werbung bezeichnet jedes Bemühen, Menschen und ihre Entscheidung zu beeinflussen oder sie zu einem bestimmten Handeln zu veranlassen. Zur Werbung bedient man sich im allgemeinen sog. Werbemittel, wie Inserate in Zeitschriften, Rundfunk-, Fernseh- und Kinowerbung, Trikots von Sportlern, Leuchtreklamen usw. Aber auch das persönliche Gespräch oder der Brief kann ein Werbemittel sein.
Bei der *Absatz*werbung soll bei dem Käufer eine *Präferenz* (Bevorzugung) für das Gut (*Güter*) des *Unternehmens* entstehen, das heißt, der Käufer soll in seiner Kaufentscheidung in der Weise beeinflußt werden, daß der Absatz der *betrieb*lichen Produkte gefördert wird. Hinweise auf die besondere Qualität, auf die *Preis*würdigkeit, auf das moderne Aussehen usw. sollen eine entsprechende Entscheidung herbeiführen. Neben der «Erhaltungswerbung», die den bisherigen Absatz sichern soll, erhält die Absatzwerbung bei der Einführung eines neuen Produktes (Einführungswerbung) eine besondere Beachtung. Sie macht das neue Produkt einem großen Käuferkreis bekannt und erleichtert dadurch den Absatz dieses Produktes in größeren Mengen.
Vom unternehmerischen Standpunkt her gesehen kann eine erfolgreiche Werbung die Vorteile der *Massenfertigung* (*Kosten*senkungen) mit sich bringen. Außerdem kann Werbung für den Kunden eine wichtige Informationsquelle sein (Informationswerbung). Leider ist eine solche Informationswerbung selten geworden. Es wird vor allem kritisiert, daß die Werbung zuwenig zuverlässige Informationen biete und nur versuche, mit psychologischem Geschick den Käufer zu überreden (Suggestivwerbung). Außerdem verursache Werbung unnötige Kosten, die den *Verkaufspreis* der Produkte nur erhöhen.

Werkstoffe sind ein betriebswirtschaftlicher ↓ *Produktionsfaktor*, zu dem die Roh-, *Hilfs*- und *Betriebsstoffe* gehören, ferner alle ↓ *Güter*, die als fertige Bestandteile in ein Produkt eingebaut werden, beispielsweise die Batterie in einem Auto.

Wertpapiere sind Urkunden, die einen bestimmten *Vermögen*swert (z. B. ein Zwanzigmarkschein) oder ein Recht (z. B. das Recht des *Aktionärs* auf *Dividende*) verbriefen. Nur derjenige, der das Wertpapier besitzt, kann über den Vermögenswert verfügen bzw. das Recht ausüben. Durch Verkauf von Wertpapieren gehen der Vermögenswert oder das Recht aus dem Wertpapier auf den Käufer über. Im Wertpapiergeschäft der *Kreditinstitut*e kaufen und verkaufen Banken, Sparkassen usw. Wertpapiere für ihre Kunden. Wertpapiere lassen sich in drei Gruppen einteilen.
Zu den *Geld*wertpapieren, die einen bestimmten Geldwert darstellen, zählen *Banknoten*, *Schecks* und *Wechsel*. Warenwertpapiere (z. B. Lagerschein) beurkunden ein Eigentumsrecht an Waren, das heißt, der Eigentümer der Warenwertpapiere kann jederzeit über die Waren verfügen. Kapitalwertpapiere stellen nicht nur einen Geldwert dar, sondern bringen ihrem Eigentümer auch *Zins*en oder *Gewinn*anteile. Man unterscheidet hier zwischen *Gläubiger*- und Teilhaberpapieren. Gläubigerpapiere (*Anleihe*n, *Obligation*en, *Pfandbriefe*) verbriefen ein Forderungsrecht (*Forderung*en). Da sie außerdem einen festen Zinssatz garantieren, spricht man auch von festverzinslichen Papieren. Teilhaberpapiere (insbesondere *Aktie*n) beurkunden ein Mitgliedschaftsrecht an einer Gesellschaft (*Unternehmensform*). Neben dem Stimmrecht verbrie-

fen Teilhaberpapiere einen Gewinnanspruch (*Dividende, Gewinn*). Die Höhe des Gewinns richtet sich nach der Ertragslage des *Unternehmens*.
Eine neuere Form der Wertpapiere sind die Investmentzertifikate, die das Miteigentum an einer *Investmentgesellschaft* darstellen.

Wettbewerb Strebt eine Vielzahl von *Unternehmen* (*Produzenten*) oder *Haushalten* nach dem größtmöglichen eigenen Vorteil (nach dem größten *Gewinn* oder der größten Befriedigung von Bedürfnissen, *Bedarf*), so stehen sie untereinander am ↓ *Markt* in Wettbewerb (Konkurrenz). Jeder einzelne Unternehmer wird versuchen, durch niedrigere *Preise*, bessere Qualität seiner *Güter*, *Werbung*, *Kundendienst* usw. mehr zu verkaufen als die anderen Unternehmer, die gleiche oder ähnliche Waren anbieten. Wer sich nicht ständig um Verbesserung der Güter, Senkung der *Kosten* und damit der Preise sowie Schaffung neuer Produkte bemüht, wird vom Markt verdrängt. Der Unternehmer gibt auf oder macht *Konkurs*.
Die notwendige «Vernichtung» leistungsschwacher Unternehmen ist ein wichtiges Merkmal der ↓ *Marktwirtschaft* und Voraussetzung für steigenden *Wohlstand* der Bevölkerung. In Wirklichkeit versuchen allerdings vor allem Großunternehmen (siehe *Konzentration*), dem Konkurrenzkampf dadurch zu entgehen, daß sie zum Beispiel Absprachen über die Höhe der Preise treffen oder kleinere Unternehmen aufkaufen. Letzteres besonders dann, wenn die Kleinen einem vorangegangenen Preiskampf (Preisunterbietung) nicht

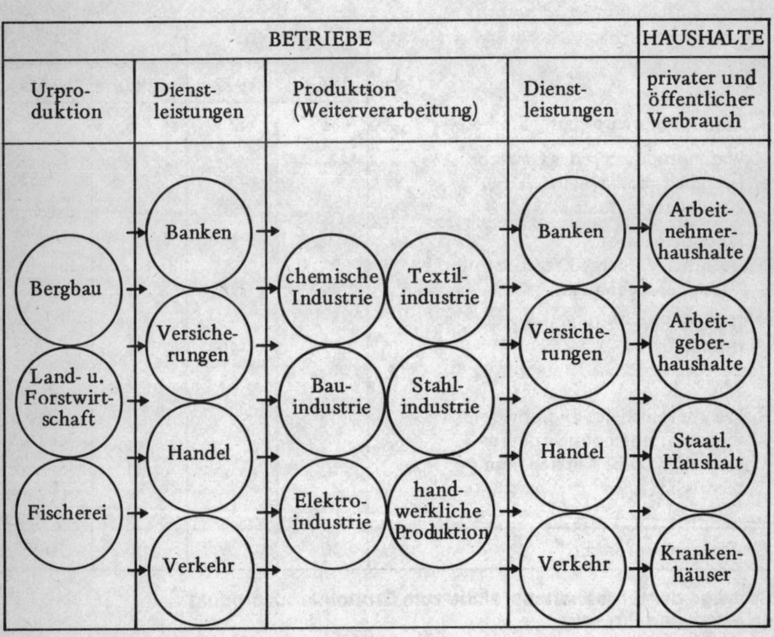

über längere Zeit gewachsen waren. Dadurch wird die Zahl der Wettbewerber verringert. Solchen Mißbrauch wirtschaftlicher Macht (*Monopol*, *Oligopol*, *Konzern*, *Kartell*) zu verhindern und den Wettbewerb auf den Märkten zu erhalten, ist Ziel der staatlichen Wettbewerbspolitik (*Wirtschaftspolitik*). Ein Beispiel hierfür ist das Gesetz gegen Wettbewerbsbeschränkungen (Kartellgesetz), wonach Kartelle, die den Wettbewerb beschränken, verboten sind. Das Bundeskartellamt hat die Aufgabe, Übertretungen des Gesetzes zu verhindern.

Wirtschaft Das wirtschaftliche Handeln (*Wirtschaften*) in einer *Volkswirtschaft* vollzieht sich in einer Vielzahl von *Haushalt*en und *Unternehmen*, die miteinander wechselseitig verbunden sind (*Markt*, *Wirtschaftskreislauf*). Diese Vielzahl von Wirtschaftseinheiten (-subjekten) kann zu größeren Bereichen (Wirtschaftsbereiche, Sektoren, Produktionsstufen) zusammengefaßt werden:

1. Urproduktion (primärer Sektor oder Primärbereich), zu der der Bergbau, die Land- und Forstwirtschaft sowie die Fischerei zählen;
2. weiterverarbeitende *Produktion* (sekundärer Sektor oder Sekundärbereich), zu der das *Handwerk* und die *Industrie* gerechnet werden;
3. *Dienstleistung*sproduktion (tertiärer Sektor oder Tertiärbereich), zum Beispiel die Banken, *Versicherungen* und *Einzelhandelsbetriebe*. Sie ist ein Bindeglied, das allen am Wirtschaftsgesche-

	Mrd. DM		%	
	1960	1972	1960	1972
1. Land-, Forstwirtschaft, Fischerei	17	25	6	3
2. Warenproduzierendes Gewerbe (Bergbau, Energiewirtschaft, Handwerk, Industrie)	165	440	54	52
3. Dienstleistungen: (Handel, Verkehr, Kreditinstitute, Versicherungen u. a.)	94	275	31	33
Unternehmen zusammen (Summe 1. – 3.)	276	740	91	88
4. Staat	22	85	7	10
5. Private Haushalte und private Organisationen ohne Erwerbscharakter (z. B. Kirchen, von privaten Haushalten finanzierte Vereine)	5	14	2	2
Bruttoinlandsprodukt	303	839	100	100

Beiträge der Wirtschaftsbereiche zum Bruttoinlandsprodukt
(in jeweiligen Preisen)

hen Beteiligten ihre Leistungen zur Verfügung stellt.
Aus der Statistik lassen sich Informationen darüber gewinnen, in welchem Ausmaß die einzelnen Bereiche der Wirtschaft mit den von ihnen produzierten *Gütern* und Dienstleistungen zum gesamten Produktionsergebnis der Volkswirtschaft (*Volkswirtschaftliche Gesamtrechnung, Sozialprodukt*) beitragen. Die Bedeutung der einzelnen Wirtschaftsbereiche in der Bundesrepublik Deutschland zeigt die Tabelle (nur Unternehmen) auf Seite 178.
Die Gegenüberstellung der Inlandsproduktion der Wirtschaft in den Jahren 1960 und 1972 ergibt, daß die Bedeutung der Urproduktion in der Bundesrepublik gesunken, die des Dienstleistungsbereiches (tertiärer Bereich) dagegen gestiegen ist. Auch der Staatsanteil, der sich ja ebenfalls aus Dienstleistungen, wie den Leistungen der *Sozialversicherung*, Verwaltungsleistungen,

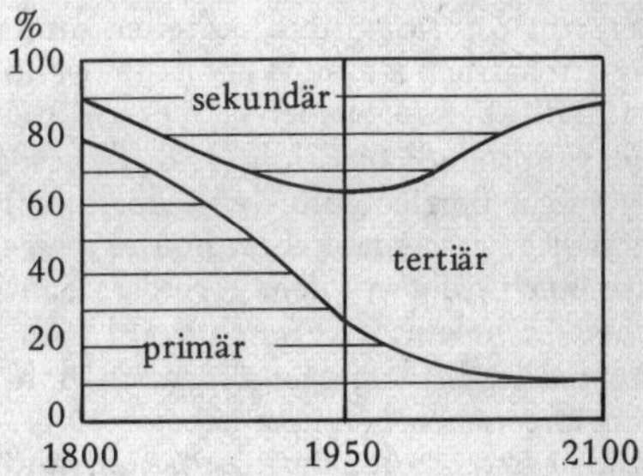

Entwicklung des primären, sekundären und tertiären Produktionssektors

(Quelle: Hans Boesch: *Weltwirtschaftsgeographie*, Braunschweig 1969, S. 24, Georg Westermann Verlag)

Jahresdurchschnitt in 1000

Jahr	Wirtschaft insgesamt	Land- und Forstwirtschaft	Energiewirtschaft und Bergbau	Verarbeitendes Gewerbe	Baugewerbe	Handel	Verkehr und Nachrichtenübermittlung	Banken und Versicherungen	Öffentlicher Dienst[1]	Sonstige Dienstleistungen	Private Haushalte (einschl. priv. Organisationen ohne Erwerbscharakter
1961	20 730	478	792	9 169	1 797	2 129	1 395	451	1 784	2 216	519
1965	21 841	370	707	9 549	2 003	2 281	1 491	511	2 059	2 417	453
1970	22 433	284	528	9 953	1 905	2 436	1 426	582	2 204	2 701	414

1 einschließlich Soldaten

Beschäftigte Arbeitnehmer nach Wirtschaftszweigen seit 1961
Quelle: Statistisches Bundesamt

Unterricht, Straßennutzung usw., zusammensetzt, hat sich vergrößert. Trotz des Strukturwandels ist die Industrie der wichtigste Teilbereich der Wirtschaft geblieben.

Wirtschaften Anlaß des Wirtschaftens ist die Knappheit der Mittel (z. B. des *Einkommens*). Knappheit kommt im Grad der Befriedigung vielzähliger Bedürfnisse (*Bedarf*, z. B. Nahrungsmittel, Bekleidung, Hausbau, Kinobesuch) zum Ausdruck. Die erforderliche «Kunstfertigkeit» des Menschen, seinen *Haushalt* mit den Bedarfsgütern des täglichen Lebens zu versorgen, nannte der griechische Philosoph Aristoteles (384–322 v. Chr.) «Ökonomie» (= Hauswirtschaft). Da die Mittel unterschiedlich (alternativ) verwendbar sind, zwingt die Knappheit dazu, zwischen den verschiedenen Möglichkeiten (Verwendungszwecken) zu wählen. Der private *Haushalt* hat ein begrenztes Einkommen, dessen für den *Verbrauch* bestimmten Teil er irgendwie auf die Käufer von *Konsum*gütern aufteilen muß. Wirtschaftlich ist die Wahl dann, wenn mit Hilfe der gegebenen knappen Mittel der größtmögliche Erfolg (z. B. die bestmögliche Befriedigung der Bedürfnisse) erzielt bzw. wenn ein bestimmter angestrebter Erfolg mit dem geringstmöglichen Mitteleinsatz erreicht wird (ökonomisches Prinzip oder allgemein, d. h. auf alle Lebensbereiche bezogen, Vernunft- bzw. Rationalprinzip). Man muß daher zunächst einmal überlegen, was man erreichen will (Ziel), ehe man plant, wie man am besten zu diesem Ziel gelangt. Das gilt sowohl für die *Planwirtschaft* als auch für die *Marktwirtschaft*, nur kommen unterschiedliche Entscheidungsträger zum Zuge: in der Planwirtschaft entscheidet über Ziele und Mittel eine zentrale Behörde, in der Marktwirtschaft die Vielzahl der Verbraucher und *Unternehmen* (siehe auch *Wirtschaft*, *Wirtschaftswissenschaften*, *Volkswirtschaftslehre*, *Betriebswirtschaftslehre*).

Wirtschaftlichkeit ist eine betriebliche ↓ *Kennzahl*, die als Maß für die Einhaltung des «ökonomischen Prinzips» (↓ *Wirtschaften*) gelten kann. Im Gegensatz zum mengenmäßigen oder technischen Wirtschaftlichkeitsbegriff (↓ *Produktivität*) wird hier eine Bewertung der einzelnen Komponenten vorgenommen. So ist z. B. das Verhältnis von bewertetem Ertrag in DM zu bewertetem Aufwand ein Ausdruck für die Wirtschaftlichkeit eines *Unternehmens*. Läßt sich ein bestimmter Ertrag mit unterschiedlichen Kombinationen von *Produktionsfaktoren* erzielen, kann die Kennzahl auch aus dem Verhältnis von tatsächlich erreichter (Ist-Kosten) zu günstigster *Kosten*situation (Soll-Kosten) ermittelt werden.

Wirtschaftskreislauf Ähnlich wie es im Körper von Lebewesen einen Kreislauf des Blutes gibt, der sich ständig wiederholt, läßt sich auch die *Wirtschaft* durch einen Kreislauf wiedergeben. Ständig fließen *Güter*ströme von den *Produzenten* zu den *Konsum*enten (Güterkreislauf), denen *Geld*ströme (Geldkreislauf) in entgegengesetzter Richtung entsprechen.

Die *Haushalte* fragen auf dem ↓ *Markt* Güter nach (*Nachfrage*), die dort von den *Unternehmen* angeboten werden. Zur *Produktion* der Güter benötigen die Unternehmen *Produktionsfaktoren* (z. B. *Arbeit*), die ihnen auf dem Faktormarkt von den Haushalten angeboten werden und in die Produktion als Realkosten (*Kosten*) eingehen. Damit ist der Güterkreislauf geschlossen. Die in diesem Kreislauf den Haushalten zugeleiteten Güter sind gleichsam ihr reales ↓

Einkommen für die von ihnen bereitgestellten Produktionsfaktoren. In ländlichen Gebieten werden gelegentlich immer noch Naturalien (z. B. Kartoffeln, Eier, Fleischwaren) als Gegenleistung für eine Arbeit (z. B. für eine ärztliche *Dienstleistung*) «gezahlt». Allgemein üblich ist in der modernen *Wirtschaft* jedoch die Bezahlung in Geld. Für das *Angebot* der Haushalte an Faktorleistungen erhalten sie ein Geldeinkommen. Dieses Geld geben die Haushalte für den Kauf von Gütern aus; diese Ausgaben stellen wiederum die Erlöse (*Umsatz*) der Produzenten dar, die davon nun erneut Produktionsfaktoren nachfragen. Dieser Geldkreislauf ist (im Gegensatz zum Güterkreislauf) ein echter Kreislauf, weil (wie im menschlichen Körper das Blut) immer dasselbe Geld umläuft.

Das Schaubild zeigt einen einfachen Wirtschaftskreislauf, der aber das wesentliche des Wirtschaftprozesses (Produktion und Konsumtion) kennzeichnet. Es könnte erweitert und den komplizierten Erscheinungen in der Wirtschaft weiter angenähert werden, wenn beispielsweise das *Sparen* der Haushalte bei den *Kreditinstitut*en und die daraus finanzierten *Investition*en der Unternehmen, der Staat mit seinen Einnahmen (*Steuern*) und Ausgaben (↓ *Staatshaushaltsplan*), die Einfuhr und *Ausfuhr* eines Landes (↓ *Zahlungsbilanz*) und das *Wirtschaftswachstum* der Güterproduktion berücksichtigt würden.

Die Idee des Wirtschaftskreislaufs stammt von dem französischen Gelehrten François Quesnay (1694–1774), der den Zusammenhang von Produktion und Konsum in seinem «Tableau écono-

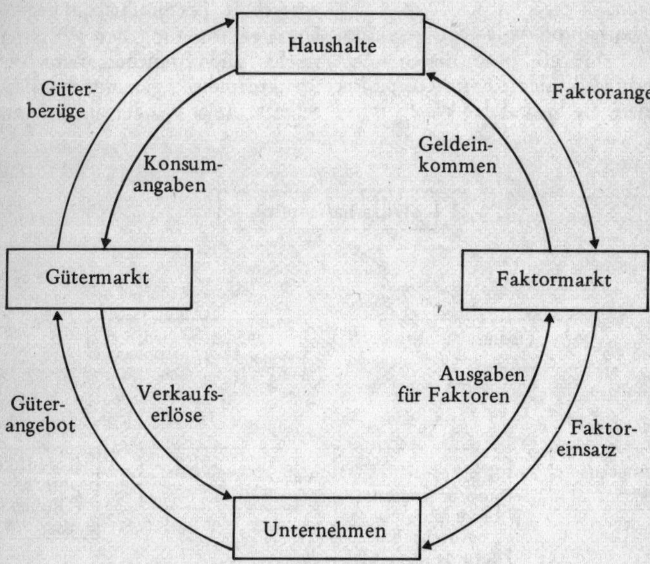

Pfeile innen: Geldkreislauf

Pfeile außen: Güterkreislauf

mique» darstellte und in Geldgrößen erfaßte. Er gilt wegen dieser Leistung als der Begründer der *Volkswirtschaftslehre* als Wissenschaft. Quesnay, selbst Arzt, stand dabei unter dem Eindruck des erstmals 1628 von dem Engländer William Harvey erkannten menschlichen Blutkreislaufs.

Wirtschaftspolitik (*Volkswirtschafts*politik) Unter *Wirtschafts*politik versteht man alle staatlichen Maßnahmen, die entweder die Ordnung des Wirtschaftssystems (*Marktwirtschaft, Planwirtschaft*) festzulegen beabsichtigen (z. B. durch Gesetze für einen funktionsfähigen *Wettbewerb*) oder ökonomische Größen (z. B. den *Verbrauch*, die *Investition*en) in bestimmter Richtung und bestimmtem Ausmaß beeinflussen. Die erste Gruppe von Maßnahmen wird als Ordnungspolitik und die letztere mit Ablauf- bzw. Prozeßpolitik bezeichnet.

Die Ablaufpolitik will den gesamten Wirtschaftsprozeß beeinflussen. Das kann mit Hilfe der *Konjunkturpolitik* geschehen, die bis auf das Wachstumsziel die drei restlichen Ziele des *magischen Vierecks* (Vollbeschäftigung, außenwirtschaftliches Gleichgewicht, Geldwertstabilität) anstrebt. Weil es sich um globale (von lat. globus = Klumpen), also sehr umfängliche Ziele handelt, nennt man sie auch Globalsteuerung. Die Wirkung konjunkturpolitischer Maßnahmen muß relativ rasch einsetzen. Die Wachstumspolitik strebt das längerfristige Ziel des magischen Vierecks an, nämlich ein stetiges, angemessenes *Wirtschaftswachstum* (Erhöhung des *Güter*angebots in der Volkswirtschaft). Wirtschaftswachstum konzentriert sich häufig nur auf bestimmte Wirtschaftsbereiche (z. B. die *Industrie*) und hier manchmal nur auf ganz wenige Industriezweige (z. B. chemische Industrie, elektrotechnische Industrie), die man als Wachstumsindustrie bezeichnet. Ihnen stehen nicht selten notleidende Wirtschaftszweige (z. B. Landwirtschaft, Textilindustrie) gegenüber.

Die Beeinflussung der Wirtschaftsbereiche und Branchen wird von der Strukturpolitik, genauer von der Wirtschaftsbereichs- oder Branchenpolitik,

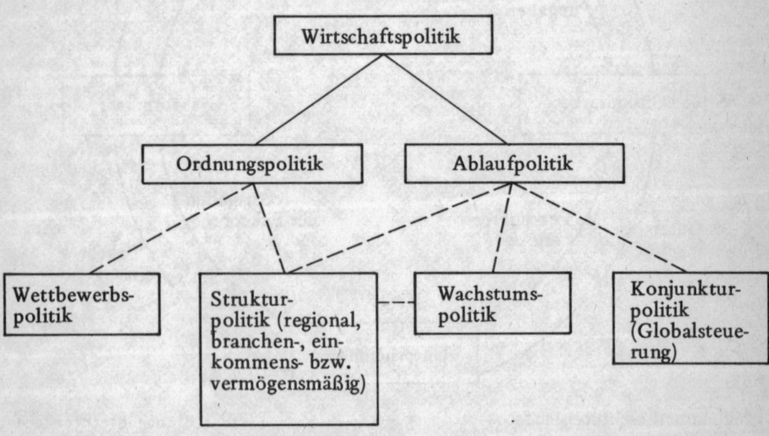

wahrgenommen. Das Wirtschaftswachstum erfolgt auch regional unterschiedlich (*Raumordnung*spolitik); dieser Tatsache soll die regionale Strukturpolitik (regionale Wirtschaftspolitik, Regionalpolitik) gerecht werden (s. auch *Arbeitslosigkeit*).
Zudem begünstigt das Wachstum die sozialen Gruppen nicht gleichmäßig; Unternehmerhaushalte werden eventuell mehr als *Arbeitnehmer*haushalte begünstigt. Hier wird die *Einkommens-* und *Vermögens*politik korrigierend (umverteilend) eingreifen. Zwischen den einzelnen Wirtschaftspolitiken gibt es gegenseitige Beeinflussungen. Wird ein Wirtschaftszweig (z. B. die Landwirtschaft) durch *Subvention*en bzw. andere Hilfen oder eine Region (z. B. das *Zonenrandgebiet*) durch *steuer*liche Erleichterungen begünstigt, so können solche Maßnahmen der Strukturpolitik Auswirkungen auf das Wirtschaftswachstum und damit auf die Wachstumspolitik haben. Das Wirtschaftswachstum wird bei einer Subventionierung der Landwirtschaft (*Agrarpolitik*) möglicherweise weniger groß sein als bei einer anderen Verwendung der Mittel (z. B. für Investitionen im Verkehr). Die Strukturpolitik ist nicht nur Aufbaupolitik, sondern zu einem wesentlichen Teil auch Ordnungspolitik, wie sich überhaupt einzelne Richtungen und Maßnahmen nicht immer eindeutig zuordnen lassen. Die regionale Strukturpolitik läuft innerhalb eines Ordnungsrahmens (der Leitidee der Raumordnung) ab, die von der Ordnungspolitik festgelegt wird. Einen solchen Ordnungsrahmen, nur für einen anderen Sachverhalt, nämlich den Wettbewerb, bestimmt die Wettbewerbspolitik (z. B. durch das Kartellgesetz).
Eine andere Aufteilung gliedert die Wirtschaftpolitik nicht nach den zu verfolgenden Zwecken (z. B. Beeinflussung des Wirtschaftsprozesses bzw., im einzelnen, der Konjunktur usw., oder Erhaltung der marktwirtschaftlichen Ordnung), sondern nach den Instrumenten, die für das Erreichen wirtschaftspolitischer Ziele eingesetzt werden. So kann die Wirtschaftspolitik unterteilt werden in *Geldpolitik, Finanzpolitik* usw.
In jedem Fall versucht die Wirtschaftspolitik, mit ihren Maßnahmen das Verhalten und die Situation der Menschen mit einem bestimmten Ziel zu beeinflussen. Den *Wirtschaftswissenschaften* fällt dabei die Aufgabe zu, die praktische Wirtschaftspolitik (z. B. der Regierung) so zu beraten, daß Fehlschläge möglichst vermieden werden (z. B. durch Prognosen).

Wirtschaftsprüfer Voraussetzungen für den Beruf des Wirtschaftsprüfers sind ein abgeschlossenes Hochschulstudium, eine mindestens sechsjährige Tätigkeit (davon vier Jahre bei einem Wirtschaftsprüfer) und eine Prüfung. Wirtschaftsprüfer sind allein ermächtigt, die Jahresabschlüsse (Rechnungswesen) von *Aktiengesellschaften, Kreditinstituten* und *Versicherungen* auf ihre *steuer-* und handelsrechtliche Richtigkeit hin zu prüfen; sie üben ihre Tätigkeit freiberuflich aus.

Wirtschaftsstatistik Zahlenmäßige Erfassung und Darstellung insbesonde-

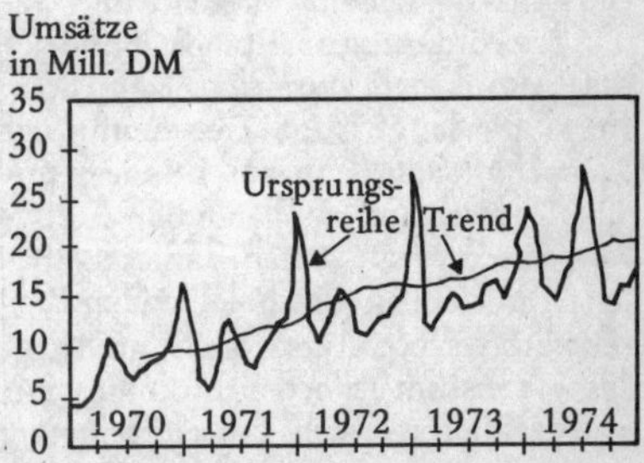

re von wiederkehrenden Vorgängen in einer *Volkswirtschaft* (z. B. die laufende Ermittlung der *Arbeitslosenquote* oder des *Preisindex für die Lebenshaltung*) oder in einzelnen *Betrieb*en bzw. *Unternehmen* (z. B. das Aufstellen einer *Umsatz*statistik, aus der Art, Menge und Wert der verkauften Produkte und die Veränderungen dieser Größen zu vorangegangenen Zeitabschnitten hervorgehen). Auf Grund der statistischen Unterlagen lassen sich häufig Prognosen, das heißt Voraussagen wirtschaftlicher Entwicklungen, anstellen. Trotz unterschiedlicher Einzelwerte zum Beispiel in der Umsatzentwicklung kann man häufig einen Trend ermitteln, der die Grundrichtung der Entwicklung anzeigt (siehe Schaubild).
Die Wirtschaftsstatistik liefert sowohl wichtige Unterlagen für die *Wirtschaftspolitik*, wenn zum Beispiel aus statistisch ermittelten *Preis*steigerungen (*Inflation*) Konsequenzen einer antiinflationistischen Wirtschaftspolitik gezogen werden, als auch notwendige Informationen für unternehmerische Entscheidungen. Der *Absatzplanung* wird zum Beispiel eine Umsatzstatistik zugrunde gelegt.

Wirtschaftswachstum Neben *Preisniveaustabilität*, einem hohen Beschäftigungsstand und außenwirtschaftlichem Gleichgewicht (siehe ↓ *magisches Viereck*) ist stetiges und angemessenes Wirtschaftswachstum nach dem «Gesetz zur Förderung der Stabilität und des Wachstums der *Wirtschaft* vom 8. 6. 1967» die langfristige Zielsetzung der *Wirtschaftspolitik* in der Bundesrepublik Deutschland. Vollständige Stetigkeit würde voraussetzen, daß die Wirtschaft mit einem gleichbleibenden Prozentsatz wächst. Tatsächlich unterliegt das Wachstum jedoch Schwankungen: es beschleunigt sich im *Aufschwung* und nimmt ab im *Abschwung*. Auf Grund *konjunktur*eller Schwankungen kann stetiges Wachstum daher nur am Wachstumstrend (siehe auch *Wirtschaftsstatistik*) orientiert sein.
Die relative Forderung nach «angemessenem» Wachstum besagt, daß die wirtschaftspolitischen Maßnahmen insbesondere eine bestmögliche Ausnutzung der vorhandenen *Produktionsfaktor*en gewährleisten sollen.
Allgemeiner Maßstab für das Wirtschaftswachstum ist die Entwicklung des realen Brutto*sozialprodukt*es, das heißt die jährliche Veränderung der innerhalb einer *Volkswirtschaft* produzierten *Güter* und erstellten *Dienstleistung*en. Die prozentualen Zu- oder Abnahmen des Sozialproduktes gegenüber dem Vorjahr bezeichnet man als Wachstumsraten. Beispielsweise betrug das reale Bruttosozialprodukt der Bundesrepublik 1973 etwa 594 Milliarden DM und 1974 etwa 596 Milliarden DM. Die deutsche *Wirtschaft* ist 1974 also um rund 2 Milliarden DM gewachsen, das entspricht einer Wachstumsrate von 0,4 %

$$\frac{2 \text{ Milliarden DM} \times 100}{594 \text{ Milliarden DM}}$$

Man erhält einen genaueren Maßstab für das Wachstum, wenn man die Wachstumsraten auf die Bevölkerungszahl bezieht, also das Wachstum pro Kopf ermittelt. Steigen reales Sozialprodukt und Bevölkerung um denselben Prozentsatz, so ist trotz positiver Wachstumsrate des Sozialproduktes das Wachstum pro Kopf gleich Null. Beim Pro-Kopf-Maßstab ist die Gefahr wesentlich kleiner, daß aus dem Vergleich der Wachstumsraten verschiedener Länder irrige Schlußfolgerungen gezogen werden. Allerdings sind internationale Vergleiche des Pro-Kopf-Wachstums insofern problematisch, als bei-

spielsweise das Sozialprodukt der Bundesrepublik Deutschland anders ermittelt wird als das sog. Nationaleinkommen der Deutschen Demokratischen Republik.
In den fünfziger und sechziger Jahren hatte das Streben nach möglichst hohem und schnellem Wirtschaftswachstum, also die reichliche Versorgung mit materiellen Gütern, absoluten Vorrang vor allen anderen wirtschaftspolitischen Zielen (Schlagworte: «Wachstumsfetischismus», «Wachstumseuphorie»).
Insbesondere der Mangel an Rohstoffen (Energiekrise) und die zunehmende Umweltverschmutzung haben in jüngster Zeit das Streben nach Wachstum um jeden Preis erheblicher Kritik ausgesetzt. Die «Grenzen des Wachstums» wurden erkannt und «Strategien zum Überleben» entwickelt. Soll Wachstum *Wohlstand* und Lebensqualität des einzelnen erhöhen, dann darf nicht mehr so sehr die Höhe der Güterproduktion, also eine rein quantitative Größe, im Vordergrund stehen; entscheidend für eine Wohlstandssteigerung ist vor allem die Qualität des Wachstums: Was nützen doppelt so viele Kühlschränke wie heute, obwohl heute schon fast jeder Haushalt einen besitzt?! Was nützen doppelt so viele Autos, damit jeder einen Zweitwagen hat, obwohl schon heute die Straßen überfüllt sind und die Luft mit Abgasen verpestet wird?! (siehe *Konsumgesellschaft*).
Daß man trotzdem weiterhin den Anstieg des realen Sozialproduktes als Maßstab für Wohlstand ansieht, liegt an statistischen Meßproblemen: Wenn statt der Zahl der Autos, die wir fahren, die Qualität der Luft und der Gewässer zunimmt, so ist das kaum zu messen und zu bewerten (beispielsweise alte oder lungenkranke Menschen werden reine Luft viel höher bewerten als junge, gesunde Menschen). Die Berücksichtigung qualitativer Größen bei der Beurteilung des Wachstums wird vorerst nur in den «reichen» Ländern möglich sein, während die «armen» Länder (*Entwicklungsländer*, Dritte Welt) auf hohe materielle Produktionszuwachsraten angewiesen bleiben, um für das «explodierende» Wachstum der Bevölkerung nur einigermaßen ausreichende Gütermengen des lebensnotwendigen *Bedarfs* zur Verfügung stellen zu können.

Wirtschaftswissenschaften Die Wirtschaftswissenschaften fragen nach der bestmöglichen Versorgung der Menschen mit *Gütern*. Wegen des unterschiedlichen Blickwinkels wird in Deutschland zwischen *Volkswirtschaftslehre* (früher: Nationalökonomie) und *Betriebswirtschaftslehre* unterschieden.

Wohlfahrtsstaat Ende der zwanziger und zu Beginn der dreißiger Jahre dieses Jahrhunderts zeigte sich auf Grund schwerer Krisen (Weltwirtschaftskrise) in den westlichen *Industrie*staaten, daß eine «freie» ↓ *Marktwirtschaft* allein nicht in der Lage ist, Armut und Massen*arbeitslosigkeit* zu vermeiden (*Kapitalismus*). Der moderne Staat, der sich als Wohlfahrtsstaat versteht, hat sich daher die Aufgabe gesetzt, solche Krisen zu verhindern und soziale Sicherheit zu gewährleisten. Der *Markt* ist darin nach wie vor ein wichtiges Element; daneben gibt es jedoch die vom Markt unabhängige soziale Fürsorge des Staates (z. B. Kriegsopferversorgung, *Sozialversicherung*), um eine möglichst weitgehende Befriedigung der Bedürfnisse (*Bedarf*) auch dort zu sichern, wo der einzelne nicht selbst in der Lage ist, dafür zu sorgen (*Einkommen*, *Vermögen*).

Wohlstand Unter Wohlstand oder Lebensstandard versteht man die Versorgung mit ökonomischen *Gütern* und *Dienstleistungen* (sog. materielle Bedürfnisbefriedigung). Als Maß für den Wohlstand wird die Höhe des ↓ *Sozialprodukts* bzw. das Sozialprodukt pro Kopf der Bevölkerung angesehen.

Da das Sozialprodukt eine Gesamtgröße ist und nichts darüber aussagt, inwieweit der einzelne bzw. einzelne Gruppen tatsächlich in der Lage sind, mit Hilfe ihres *Einkommens* Güter zu erwerben, stellt das Sozialprodukt nur einen unzulänglichen Wohlstandsmesser dar. Der Wohlstand einer *Volkswirtschaft* hängt nicht nur von der Höhe der produzierten Güter und Dienstleistungen, sondern auch von der Verteilung des Einkommens und *Vermögens* ab.

Z

Zahlungsbedingungen (*Lieferungsbedingungen*) Bei den Zahlungsbedingungen handelt es sich um ↓ *Konditionen*, die die Art und Weise der Zah-

1. Handelsbilanz

Warenexporte	Warenimporte Saldo

\+ 2. Dienstleistungsbilanz

Einnahmen aus Dienstleistungs- verkäufen Saldo	Ausgaben für Dienstleistungen des Auslands

\+ 3. Übertragungsbilanz

Einnahmen aus Zinserträgen, Dividenden usw.	Ausgaben für Zinsen, Dividenden usw. Saldo

= Leistungsbilanz oder laufende Rechnung

\+ 4. Kapitalverkehrsbilanz

Forderungen des Auslands	Forderungen an das Ausland Saldo

= Überschuß oder Defizit

\+ 5. Gold- und Devisenbilanz

Abfluß von Devisen Verminderung des Guthabens beim IWF	Zufluß von Devisen Erhöhung des Guthabens beim IWF

= Gesamte Zahlungsbilanz

Schema einer Zahlungsbilanz

lungsabwicklung zwischen Käufer und Verkäufer regeln. Zu den Zahlungsbedingungen gehören vor allem Vereinbarungen über die Fälligkeit der Zahlung (Vorauszahlung, sofortige Zahlung, Ratenzahlung, Gewährung einer Zahlungsfrist), über *Preis*abzüge durch *Rabatt-* und *Skonto*gewährung und darüber, wer die *Kosten* der Zahlung (z. B. Zahlkartengebühren) trägt. Werden keine *vertrag*lichen Vereinbarungen getroffen, so kommt die jeweilige gesetzliche Regelung zur Anwendung: bei einem Kauf wird zum Beispiel, wenn nichts anderes vereinbart ist, die Zahlung bei Übergabe der Ware fällig; entstehen Kosten bei der Zahlung, so trägt sie der Käufer.

Zahlungsbilanz Die Zahlungsbilanz eines Landes ist ein System von Konten (*Konto*), das in der Bundesrepublik Deutschland von der Deutschen *Bundesbank* erstellt und veröffentlicht wird. Die Zahlungsbilanz registriert die Wirtschaftsbeziehungen des Inlands mit dem Ausland (Außenwirtschaft) und ist in fünf Teilbilanzen gegliedert (siehe das vereinfachte Schema links).
Die erste Teilbilanz, Handelsbilanz (1.), registriert die Ein- und *Ausfuhr* (Importe und Exporte) von *Gütern*. In der Bundesrepublik war die Ausfuhr praktisch immer größer als die Einfuhr.
In der Dienstleistungsbilanz (2.) sind die Ein- und Ausfuhr von *Dienstleistungen* verzeichnet. Reist jemand in die USA, werden DM gegen Dollar umgetauscht und in den USA ausgegeben. Diese Ausgaben erscheinen als «Importe» auf der rechten Seite der Dienstleistungsbilanz, da sie ja für eine Dienstleistung (Tourismus) des Auslands anfallen.
In der Übertragungsbilanz (3.) werden die aus *Kapital*beteiligungen aus dem Ausland übertragenen und an das Ausland bezahlten *Zinsen* und *Dividenden* festgehalten.
Diese ersten drei Teilbilanzen werden zusammen Leistungsbilanz oder auch Posten der laufenden Rechnung der Zahlungsbilanz genannt. Die Kapitalverkehrsbilanz (4.) stellt die *Kredite* von und an das Ausland zusammen. Der Überschuß oder Fehlbetrag (Defizit) aus der gesamten Leistungsbilanz und der Saldo der Kapitalverkehrsbilanz ergeben den Überschuß oder das Defizit aller wirtschaftlichen Beziehungen (Transaktionen) mit dem Ausland. Ein Überschuß bedeutet einen Zufluß an *Gold* und *Devisen* (*Währungsreserve*), ein Defizit hat einen Abfluß dieser internationalen *Zahlungsmittel* zur Folge. Diese Veränderungen kommen in der Gold- und Devisenbilanz (5.) zum Ausdruck.
Wie jede Bilanz ist auch die Zahlungsbilanz formal immer ausgeglichen, weil ja jeder Transaktion eine entgegengesetzte Buchung entspricht. Einen Überschuß an Ausfuhr zum Beispiel entsprechen gleich hohe *Forderungen* als Saldo der Leistungsbilanz.
Besteht ein Überschuß bzw. ein Defizit sehr lange, so daß es zu einem erheblichen Zustrom bzw. Abstrom an Gold und Devisen kommt, so wird von einem Ungleichgewicht der Zahlungsbilanz gesprochen.
Die Bundesrepublik ist besonders stark mit dem Weltmarkt (Ausland) verflochten. Das zeigt sich an den hohen Anteilen der Einfuhr und Ausfuhr am Volkseinkommen (*Sozialprodukt*): sie betrugen 1974 23,5 % und 30,1 %. Die Bundesrepublik verdient also einen beträchtlichen Teil des Volkseinkommens durch den Handelsverkehr. Die Einfuhr kann dabei Rückwirkungen auf die Ausfuhr haben. Die Belastung durch die verteuerte Einfuhr von Rohöl aus den OPEC-Ländern (*Organisation erdölexportierender Länder*) hat dort zu hohen Deviseneinnahmen geführt, aus denen

	Veränderungen im Außenhandel in % gegenüber Vorjahr			Anteile in %	
	Ausfuhr			Anteil an der Gesamtausfuhr	
	1.–3. Vj.	4. Vj.	insgesamt	1973	1974
Westliche Industrieländer	+ 26,5	+ 13,7	+ 23,0	76,9	73,2
darunter:					
Länder, die am europäischen Gruppenfloating teilnehmen	+ 29,1	+ 15,3	+ 25,2	25,3	24,5
Vereinigte Staaten von Amerika	+ 11,9	+ 24,6	+ 14,9	8,5	7,5
OPEC-Länder	+ 58,5	+110,8	+ 73,1	3,3	4,5
Entwicklungsländer (ohne OPEC-Länder)	+ 45,3	+ 42,3	+ 44,4	13,5	15,1
Staatshandelsländer	+ 45,9	+ 49,2	+ 46,9	6,1	6,9
Alle Länder	+ 31,4	+ 23,5	+ 29,2	100	100
	Einfuhr			Anteil an der Gesamteinfuhr	
	1.–3. Vj.	4. Vj.	insgesamt	1973	1974
Westliche Industrieländer	+ 14,3	+ 14,9	+ 14,5	75,1	69,5
darunter:					
Länder, die am europäischen Gruppenfloating teilnehmen	+ 19,4	+ 13,1	+ 17,7	29,0	27,6
Vereinigte Staaten von Amerika	+ 15,1	+ 12,1	+ 14,3	8,4	7,8
OPEC-Länder	+152,0	+ 78,0	+127,6	6,9	12,8
Entwicklungsländer (ohne OPEC-Länder)	+ 20,0	+ 16,9	+ 19,2	13,3	12,9
Staatshandelsländer	+ 34,8	+ 10,5	+ 27,1	4,6	4,7
Alle Länder	+ 24,8	+ 20,3	+ 23,6	100	100

Regionale Entwicklung des Außenhandels im Jahre 1974
Ausfuhr (fob) nach Verbrauchsländern, Einfuhr (cif) aus Herstellungsländern

wiederum eine erhebliche Mehr*nachfrage* nach deutschen *Industrie*produkten entstanden ist. Im letzten Vierteljahr 1974 stiegen die Exporte in die OPEC-Länder um 111% gegenüber dem gleichen Zeitraum im Jahr 1973.
So hohe Exportanteile am Volkseinkommen (Exportquote) wie die der Bundesrepublik bringen eine große Abhängigkeit vom Weltmarkt mit sich. Sinkt der Export ins Ausland (z. B. weniger Autos in die USA), so sind einheimische *Kapazitäten* nicht mehr ausgelastet. Die Folgen können bei exportabhängigen

Unternehmen Kurzarbeit, Arbeitslosigkeit und Betriebsstillegungen bis hin zu *Konkurs*en sein.
Langfristige Überschüsse in der Zahlungsbilanz erhöhen die inländische *Geldmenge* und bringen die Gefahr «importierter» ↓ *Inflation* mit sich. Umgekehrt entstehen auch aus Defiziten in der Zahlungsbilanz konjunkturelle Störungen.

Zahlungsmittel Als Zahlungsmittel bezeichnet man alle am *Zahlungsverkehr* beteiligten ↓ *Geld*mittel (*Bar-* und *Buchgeld*) sowie sog. Geldersatzmittel (z. B. Überweisung, *Scheck, Wechsel*). Gesetzliche Zahlungsmittel müssen von jedermann in Zahlung genommen werden. In der Bundesrepublik Deutschland zählen dazu *Banknote*n der Deutschen *Bundesbank* und in beschränktem Ausmaß auch Münzen (*Bargeld*) des Kunden, wohingegen der *Gläubiger* beispielsweise die Annahme eines Schecks ablehnen kann. Wechsel werden meist nicht als Zahlungsmittel, sondern als *Kredit*mittel verwendet. Im internationalen Zahlungsverkehr haben sie jedoch die Eigenschaft eines Zahlungsmittels (*Devisen*).

Zahlungsverkehr Als Zahlungsverkehr bezeichnet man alle *Geld*bewegungen (Zahlungen), die sich zwischen öffentlichen und privaten *Unternehmen* und *Haushalt*en, den *Kreditinstitut*en und dem Ausland abspielen. Der Zahlungsverkehr wird mit Hilfe der verschiedenen *Zahlungsmittel* durchgeführt; unterschieden werden der bare, halbbare und *bargeldlose Zahlungsverkehr.*
Wenn beispielsweise der Käufer eines Autos mit *Banknote*n bezahlt, liegt Barzahlung vor. Voraussetzung für die halbbare Zahlung ist, daß der Zahlende oder der Zahlungsempfänger ein *Konto* (*Kontokorrent*konto) bei einem Kreditinstitut besitzt. Bezahlt der Käufer des Autos also mit einem Bar*scheck,* so liegt ein halbbarer Zahlungsverkehr vor, denn der Verkäufer kann den Barscheck beim Kreditinstitut des Käufers gegen *Bargeld* einlösen, ohne selbst ein Konto besitzen zu müssen. In der heutigen Zahlungspraxis herrscht der *bargeldlose Zahlungsverkehr* (Verrechnungsscheck) vor, der voraussetzt, daß Gläubiger und Schuldner ein Konto bei einem Kreditinstitut haben.

Zins (von lat. census = *Vermögens*schätzung, *Steuer*liste). Der Zins ist der *Preis* (Vergütung) für die leihweise Bereitstellung von *Geld*kapital (*Kapital*). Es gibt verschiedene Erklärungen, warum ein Zins für zur Verfügung gestelltes Kapital zu zahlen ist. Private *Haushalt*e werden beispielsweise nur deshalb *Kreditinstitut*en einen Teil ihres *Einkommens* für eine gewisse Zeit überlassen (*Sparen*) und nicht zu Hause in den Sparstrumpf stecken (horten), um ständig für unvorhersehbare Ereignisse liquide zu sein, wenn ihnen für den Verzicht auf *Liquidität* eine Vergütung, also ein Zins, gezahlt wird.
Je länger jemand einem anderen Geld leiht (Laufzeit), desto größer wird in vielen Fällen außerdem das Risiko, dieses Geld vom Schuldner nicht in voller Höhe zurückzuerhalten. Der Zins stellt also auch eine Prämie für übernommenes Risiko dar und ist für längeres Ausleihen (*Kapitalmarkt*) im allgemeinen höher als für kurzfristiges (*Geldmarkt*). Mit steigendem Zins wird im allgemeinen auch die Bereitschaft wachsen, *Geld* anzubieten. Die Zinshöhe wird aber nicht nur vom *Angebot,* sondern auch von der *Nachfrage* nach Geld mitbestimmt. Bei einem wirtschaftlichen *Aufschwung* (*Konjunktur*) werden die *Unternehmen* vielleicht *Investition*en

vornehmen und dafür Geld leihen wollen; der Zins wird in der Regel steigen. Der *markt*mäßigen, das heißt nur durch Angebot und Nachfrage beeinflußten Zinsbildung wirken häufig Eingriffe vor allem der *Bundesbank* (*Geldpolitik*) entgegen.

Zoll Der Zoll ist eine ↓ *Steuer* (*Abgabe*), die der Staat im grenzüberschreitenden Warenverkehr, also auf die Einfuhr, *Ausfuhr* oder Durchfuhr von *Gütern* erhebt. In der Bundesrepublik Deutschland ist hauptsächlich die Wareneinfuhr mit Zöllen belegt. Zölle können aus folgenden Gründen erhoben werden:
1. Als Einnahmequelle des Staates zur Deckung seiner Ausgaben (Finanzzoll),
2. zum Schutz der heimischen *Industrie* (Schutzzoll, z. B. für die Landwirtschaft) und
3. zum Schutz des Aufbaus junger Industriezweige, bis diese dem Ausland gegenüber wettbewerbsfähig geworden sind (Erziehungszoll, z. B. zum Schutz der jungen Industrie in den *Entwicklungsländern*).
Die Errichtung von Zollschranken widerspricht der Idee des *Freihandels* (*Liberalismus*). Für Industrienationen ist ein Abbau von Handelshemmnissen allerdings leichter zu verwirklichen als für Entwicklungsländer. In der *Europäischen Wirtschaftsgemeinschaft* sind alle Binnenzölle seit 1968 abgebaut; ein gemeinsamer hoher Außenzoll verteuert jedoch Einfuhren aus Nicht-Mitgliedsländern (siehe auch *Europäische Freihandelszone*, *Allgemeines Zoll- und Handelsabkommen*).

Zonenrandgebiet Das sog. Zonenrandgebiet entstand infolge der Teilung Deutschlands nach dem Zweiten Weltkrieg. Es ist ein 40 km breiter Gebietsstreifen entlang der Grenze der Bundesrepublik Deutschland zur Deutschen Demokratischen Republik und der Tschechoslowakei. Dieses Gebiet umfaßt 10 % der Fläche mit 12 % der Bevölkerung der Bundesrepublik. Durch die Grenzziehung wurde das hauptsächlich landwirtschaftlich genutzte Gebiet von seinen *Absatz*- und Bezugsmärkten im Osten getrennt. Seine Randlage innerhalb des Raumes der *Europäischen Wirtschaftsgemeinschaft* trägt zu einer weiteren Verschlechterung seiner wirtschaftlichen Situation bei. Starke Abwanderung der jüngeren und gut ausgebildeten *Arbeit*skräfte, verhältnismäßig wenig *Industrie* und bei ungünstiger *Konjunktur* überdurchschnittlich hohe *Arbeitslosigkeit* sowie relativ niedriges *Einkommen* sind kennzeichnend für diesen Raum. Trotz verstärkter Förderungsmaßnahmen (z. B. Beihilfen für Industrieansiedlungen, *zins*verbilligte *Darlehen*, Bildung von Schwerpunktorten) ist es bislang nicht gelungen, das Zonenrandgebiet der wirtschaftlichen Entwicklung des übrigen Bundesgebietes anzupassen (*Raumordnungspolitik*).

Zwangsanleihe Besondere Form der Staats*anleihe*. Der Staat gibt in der Regel nur dann Zwangsanleihen aus, wenn eine normale Anleihenausgabe durch die Unergiebigkeit des *Kapitalmarkt*es nicht zur gewünschten *Kapital*beschaffung führt. Bestimmte Personen oder *Unternehmen* können dann gesetzlich zum Kauf der Zwangsanleihen gezwungen werden.

Zwischenprodukt Hat in einem *Unternehmen* ein Produkt erst einen Teil des *betrieb*lichen *Produktions*prozesses durchlaufen, bezeichnet man es als Zwischenprodukt (auch: unfertiges Erzeugnis oder Halbfabrikat). Ein Zwischenprodukt wäre beispielsweise ein Fernsehergehäuse, in das noch die Bildröhre eingebaut werden muß.